高职交通运输与土建类专业规划教材

铁路工程施工组织

TIE LU GONG CHENG SHI GONG ZU ZHI

主　编　吴安保
副主编　王恒博　孟维军
主　审　张修身

人民交通出版社
China Communications Press

内 容 提 要

本书以高职教育教学改革和人才培养目标为出发点，针对交通土建类专业中本课程教学特点和专业需要，精心编写而成。本教材分为两部分，共七章，第一至三章为施工组织的基础，主要介绍施工组织概述、施工准备和临时工程、施工过程组织原理；第四至七章为铁路工程施工组织编制，主要介绍路基、桥涵、隧道、铺轨铺碴施工组织的编制方法。

本书可作为高职高专和各类成人教育铁道工程专业、工程造价专业及相关交通土建类专业教材使用，亦可作为铁道工程、土建工程等相关技术人员参考使用。

图书在版编目(CIP)数据

铁路工程施工组织/吴安保主编. --北京：人民交通出版社，2009.1

ISBN 978-7-114-07526-1

Ⅰ.铁… Ⅱ.吴… Ⅲ.铁路工程—工程施工—施工组织 Ⅳ. U215.1

中国版本图书馆 CIP 数据核字(2008)第 205284 号

书　　名：铁路工程施工组织
著 作 者：吴安保
责任编辑：杜　琛
出版发行：人民交通出版社股份有限公司
地　　址：（100011）北京市朝阳区安定门外外馆斜街 3 号
网　　址：http://www.ccpress.com.cn
销售电话：（010）59757973
总 经 销：人民交通出版社股份有限公司发行部
经　　销：各地新华书店
印　　刷：北京市密东印刷有限公司
开　　本：787×1092　1/16
印　　张：14.5
字　　数：339 千
版　　次：2009 年 1 月第 1 版
印　　次：2019 年 6 月第 13 次印刷
书　　号：ISBN 978-7-114- 07526-1
定　　价：27.00 元

前言 Preface

为了满足高等职业教育铁道工程技术专业教学的需要，根据高职交通运输与土建类专业规划教材编写会议纪要，按照《铁路工程施工组织与概预算教材编写大纲》，在陕西铁路工程职业技术学院自编试用教材的基础上，陕西铁路工程职业技术学院与哈尔滨铁道职业技术学院合作编写了《铁路工程施工组织》教材。

由于铁路工程概、预算编制办法随形势发展内容变化较快，陕西铁路工程职业技术学院自编试用教材分为《铁路工程施工组织》和《铁路工程概预算》两本书。

铁路工程施工组织是每一位从事新建、改扩建铁路工程施工管理及工程施工的技术人员必备的基本知识能力。针对高等职业教育的特点，教材在编写过程中，力求重实践、重基础，以培养学生编制单位工程施工组织的能力为中心，加强编制方法的阐述。为了便于自学，每章末给出了适量的思考与练习题，重点章附有编制示例。

本教材共分为七章：一至三章为施工组织的基础，主要介绍施工组织概述、施工准备和临时工程、施工过程组织原理；四至七章为铁路工程施工组织编制，主要介绍路基、桥涵、隧道、铺轨铺碴施工组织的编制方法。

本书由陕西铁路工程职业技术学院与哈尔滨铁道职业技术学院老师合作编写。其中第一、二、四章由陕西铁路工程职业技术学院吴安保老师编写；第五章由哈尔滨铁道职业技术学院孟维军老师编写；第三章由陕西铁路工程职业技术学院王恒博老师编写；第六章由陈维英老师编写；第七章由朱永伟老师编写。

陕西铁路工程职业技术学院吴安保老师任主编并统稿，陕西铁路工程职业技术学院张修身老师担任主审。

本书在编写过程中，陕西铁路工程职业技术学院的领导、教务处、建筑工程系老师均给予了指导和帮助，谨致诚挚的谢意。由于时间仓促，问题实难避免，恳请读者指正。

编　者

2008 年 11 月

目录 Content

第一章 铁路工程施工组织概论

【本章提要】:本章主要讲述铁路工程施工特点、铁路工程施工组织与概预算的意义、施工程序、施工组织原理、施工组织设计概述等内容。

本章对铁路工程施工组织进行了全面介绍。通过学习,了解铁路工程施工特点,熟悉施工组织原理,重点掌握施工组织设计的类型、基本内容及本课程的特点,为学好铁路路基、桥涵、隧道、轨道等施工组织打好基础。

铁路运输是国民经济的大动脉。若要富,先修路。自1976年我国出现第一条运营铁路至2006年末,我国铁路运营总里程为7.7万km。其中包括合资铁路5180km、地方铁路4180km。这远远达不到国民经济可持续发展的需求。因此,中国铁路在“十五”期间的战略部署是“强化八纵八横,构筑快速路网,扩大西部路网,提高线路质量”,初步计划修建6000km新线,完成3000km既有线复线改造和5000km既有线电化改造,并新建1000km地方铁路。展望未来,我国铁路规划将要在21世纪中基本建成15万km全国铁路路网,2万km快高速旅客运输网络,任重而道远。

铁路工程施工是整个项目建设各阶段中,投资量最大,涉及的部门、单位、人员、材料和机具最多,影响因素最多,管理难度最大的阶段,是建设项目管理的重点和难点。无论是投资方,还是承包方,为实现其经济效益并提高其投资效益,做好施工组织设计,组织和管好项目施工极为重要。要组织好施工,就必须根据铁路工程的施工特点,严格按照施工程序,采用科学的技术方法和手段,有计划、有步骤地组织连续均衡生产。

一 铁路工程施工特点

(一)施工战线长

工点极为分散,铁路有多长,施工现场就有多长,而且需要全年不间断地在复杂地质和不同气候条件下野外施工。

(二)技术类型多,结构多样化

仅以桥梁工程的基础而言,就有明挖基础、挖井基础、挖孔桩基础、沉井基础、钻孔桩基础、管柱基础等类型;从结构上说,有石砌基础、混凝土基础、片石混凝土基础、钢筋混凝土基础等。

(三)专业多、工种杂、配套项目繁的系统工程

包括拆迁工程、路基工程、桥梁和涵洞工程、隧道及明洞工程、轨道工程、通信及信号工程、电力及电力牵引供电工程、房屋工程、运营生产设备及建筑物等。为了保证铁路基本建设的顺

利进行，还必须组织安排好准备工作、临时工程、辅助企业、材料供应及运输、生活福利设施等。

（四）施工条件复杂，互相牵扯的因素多

一条铁路是由很多工程组成的，地区、地形、地质、气候、交通、工期等条件的不同，决定了错综复杂的施工顺序、施工方法、运输方法和机具配备。铁路线路往往要经过高山深谷、大江大河、戈壁沙漠、原始森林等困难地区，工程艰巨、技术复杂、交通困难且生活条件差。在施工过程中，地质、气候变化多端，难以预料。特别是既有线改、扩建和增建第二线，需要在行车干扰情况下施工，此时既要保证通过能力和安全运营，又要保证工程任务的完成，导致施工更复杂化。除此之外，铁路工程施工过程中还需要处理好征地、拆迁、补偿、道路、供电、给水等问题，才能使施工顺利进展。

例如，青藏铁路格尔木至拉萨段全长1142km，于2001年6月29日开工，是世界上海拔最高、穿越冻土里程最长的高原铁路。铁路沿途经过海拔4000m以上的地段有960km，最高点为海拔5072m，穿越多年冻土里程550多km。青藏铁路犹如一条神奇的天路，而修建它时所遇到的三大难题——多年冻土、生态脆弱及高寒缺氧，也使这条铁路的诞生具有重大的科技意义。

（五）铁路工程投资大、工期长

在建设期间，外部环境的变化直接影响着建设项目的总投资和总工期。铁路工程施工期限少则数月，多达数年。

二 铁路工程施工组织与概预算意义

修建这样复杂的铁路，而且要在规定期限内，质量良好而又经济地完成施工任务，需要在工地集中众多的劳动力和大批的材料、机械和运输工具。同时，还必须有一套根据各项具体的技术、经济条件，从全局出发，经过周密思考和统筹安排的科学施工组织设计作指导，以及充足合理的资金作保证。唯有如此，才能正确处理人与物、空间与时间、天时与地利、工艺与设备、使用与维修、专业与协作、供应与消耗等各种矛盾，建立良好的施工秩序，保证人尽其才、物尽其用，多、快、好、省地完成铁路基本建设任务。

铁路工程施工组织设计，是在充分研究工程客观情况和施工特点的基础上编制的。它规划、部署全部施工生产活动；制订先进合理的施工方案和技术组织措施；解决施工过程中在组织上的一些主要问题；处理各项技术作业间的关系；合理确定在什么时间、按什么顺序、用什么方法和机具、用多少劳动力和材料来完成施工任务。如组织得好，就可建立正常的施工顺序，主动调整施工中的薄弱环节，及时处理施工中出现的问题，使工地上的工人、机具、材料充分发挥各自的作用，以最少的消耗和最快的速度取得好的效益。如组织不当或没有施工组织设计，就会打乱施工顺序，违反操作规程，互相牵扯、干扰，劳力窝工，机具发挥不了效率，甚至造成停工，降低工程质量，延误施工期限，造成人力、物力、财力的巨大浪费。

铁路工程概预算以建设项目为总体，事先对拟建工程从经济上加以核算，计算出工程造价，也就是建筑产品的计划价格。价格的高低是由生产铁路建筑产品所消耗的人工、材料、机械台班的数量来决定的。只有正确确定工程造价，才能使基本建设计划有比较可靠的编制依据；才能对设计方案进行经济的、合理的比较和选择；才能使建设单位和施工企业之间建立起

承包合同关系;才能正确办理拨款和贷款,使资金得到合理使用;才能使施工单位建立完全的经济核算制,加强企业生产经营管理。

三 施工程序

施工程序是指拟建工程项目在整个施工阶段必须遵守的先后工作顺序。它反映了由设计好的图纸到完成工程实体并交付使用全过程中的科学规律。

施工程序通常按以下四个步骤(或环节)进行。即承接施工项目,签订施工合同;施工准备;组织施工;竣工验收。施工程序中的每一环节都以前一环节的工作成果为依据和前提,同时也为后续工作创造条件。

(一)承接施工项目,签订施工合同

铁路施工企业承接施工项目主要是通过参加招标、进行投标竞争、中标得到的。这已成为施工企业承揽工程的主要渠道。招、投标已是建筑市场承包工程的主要形式。

招、投标工作是按如下方式进行的:建设单位首先通过口头方式、电视广播或报纸等媒介发出某项工程需要施工的招标信息。愿意参加投标的施工单位在通过资格预审以后,获取招标文件,据此编制并投送标函(主要包括投标报价和施工组织设计),施工单位所做的这些工作过程称为投标。所谓招标是指建设单位对拟建工程项目编制招标文件,通过公布招标信息,邀请、审查、评比参加投标的承包单位,并择优选定承包单位的一系列工作的总称。通过评比择优被选中的施工单位,就称为中标单位。我国目前采用的招标方式有公开招标和邀请招标两种。

铁路施工企业无论通过何种方式接受工程任务,都必须按照《合同法》,结合具体工程的特点,与建设单位签订工程合同,以明确双方各自的技术经济责任。合同一经签订,即具有法律效力。

在承接施工任务时,应审阅建设单位主管上级批准的计划任务书、初步设计和总概算、已落实的年度基本建设投资计划、施工图纸等技术文件,未经批准的工程项目一律不得签订工程承包合同。

铁路建筑工程中,涉及的合同主要有以下几种:

(1)勘察设计合同是由建设单位与勘察设计单位,根据主管上级部门批准的计划任务书和有关文件签订的。

(2)施工合同由建设单位与施工企业根据批准的有关文件签订。每一建设项目必须确定一个总包单位。总包单位与建设单位或业主签订总包合同;与其他分包施工企业签订分包合同。分包单位对总包单位负责,总包单位对建设单位负责。

施工合同内容一般包括:工程名称和地点;工程范围和内容;开、竣工日期及中间交工日期;工程质量保修期及保修条件;工程造价;工程价款的支付、结算及交工验收办法;设计文件和技术资料提供日期;材料和设备的供应与进场期限;双方相互协作事项;违约责任等。

(3)物资合同包括各种建筑材料、仪器设备、构件及半成品、非标准件的加工制作合同等,由建设单位或施工企业与物资供应部门或生产厂家签订。

(4)运输合同由建设单位或施工单位与运输专营单位分别按吨位、运距、物品种类等内容签订。

(5)劳务合同主要内容包括人数、使用时间、工资、劳保、待遇等，是由建设单位或施工企业与劳务部门或中介机构及个人签订。

各类合同都应限定内容，明确双方责任与利益，强调违约的处理办法。合同必须由法人签订，条款要简明、具体，文字严谨，并应符合经济合同法的规定。

(二)施工准备

施工准备是保证按计划完成施工任务的关键和前提，其基本任务是为工程施工建立必要的技术和物质条件。它是坚持施工程序的重要环节；是加强施工管理的重要内容。由于施工准备是施工组织与管理过程中很重要的工作，因此，施工准备工作将单独放在第二章作较为详细的阐述。

(三)组织施工

组织施工是实施施工组织设计、完成整个施工任务的实践活动过程。只有通过科学合理的组织施工，才能形成满足用户要求的建筑产品。期间需要把投入施工过程中的各项资源(人力、材料、机械、施工方法、施工环境、资金、时间与空间)有机地结合起来，有计划、有组织、有节奏地均衡施工，以达到工期短、质量高、成本低的最佳效果，这是一个很复杂的系统工程。其中精心组织施工是关键环节。组织施工应着重解决好以下四方面的问题：

1.做好技术管理工作

技术管理是企业对生产技术所进行的一系列组织管理工作的总称。在现代施工中，由于所要求的生产技术水平越来越高，技术装备越来越先进，劳动分工越来越细，工期和质量要求越来越高，因此技术管理工作就显得越来越重要，对技术管理工作的质量要求也就越来越严格。技术管理涉及施工工艺管理、工程质量管理、技术革新及科学实验、安全技术管理、技术文件管理等。

2.按施工组织设计，优化组织施工

根据施工组织设计确定的施工方案和进度计划的要求，科学地优化投入各项资源，严格地组织立体交叉流水施工。为保证施工组织的严密性，就必须加强计划管理，提高计划的可靠性。

3.抓好施工过程的跟踪控制

施工过程中的跟踪控制包括对进度、质量、安全和成本等方面的控制。控制的方法一般包括预测与规划、检查与分析、协调与改进等。

4.加强施工现场平面管理

施工现场平面的合理使用是组织施工的重要内容，平面管理的依据是施工组织设计所确定的施工现场平面图。在施工前和施工过程中均要严格执行平面设计所确定的各项内容，但也应根据实际情况，对施工平面图进行必要的调整和修改。各施工单位必须服从统一指挥，不得各行其是，以保证文明施工。

(四)交工验收

交工验收是工程项目施工的最后一个阶段。竣工验收是一个法定手续，它是全面考核设计和施工质量的重要环节。根据国家有关规定，所有建设项目和单项工程按照设计文件所规定的内容全部建成后，必须进行工程检验与质量等级评定，凡是质量等级不合格的工程不准交工，当然，也不能通车运营。

四 施工组织原理

（一）施工组织概念

施工组织设计是铁路基本建设工程设计文件的重要组成部分，是编制投资（预）估算和设计概算的重要依据。由于铁路基本建设规模较大、工点分散、专业工种多、建设周期长、涉及面广，因此，必须统筹考虑，认真地做好施工组织设计。

由于铁路施工的特殊性，对组织管理的要求更为迫切，难度更大。尤其是随着社会经济的发展和铁路建筑技术的进步，现代铁路施工过程已成为十分复杂的生产活动。对深水复杂的大桥、长隧道及5000m以上的特长隧道等工程（工点），铁路勘测设计院应在初步设计阶段编制个别工程施工组织设计。

一个大型铁路施工项目，不但需要组织安排成千上万的各种专业建设人员和类型繁多的建筑机械、设备，在一定时间和空间内，有条不紊地相互衔接并配合进行施工，而且还需要组织品种繁多、数量巨大的建筑材料、构配件和半成品的生产、检查、运输、储存和供应工作。此外，还需组织施工现场临时供水、供电、搭建生产和生活所需的各种临时建筑物，协调各有关单位和外部关系，对工程质量、进度、成本、安全等进行控制和检查。这些工作的顺利进行，需有计划、组织、指挥与协调等职能作为可靠的保障。试想，由各种乐器组成的乐队，若没有指挥，是无法奏出一首完美的曲子的。同样，由以上各生产要素组成的铁路工程施工，若没有组织管理，是无法达到预期目标的。因此，铁路工程施工中的组织与管理，对于多、快、好、省地完成工程建设任务，提高施工企业的经济效益和社会效益具有十分重要的意义。

何谓铁路工程施工组织？它需要规划、部署全部施工生产活动，制订先进合理的施工方案和技术组织措施，解决施工过程中在组织上的一些主要问题，处理好各项技术作业间的关系，合理确定在什么时间、按什么顺序、用什么方法和机具、用多少劳动力和材料来完成施工任务。铁路工程施工组织就是针对工程施工的复杂性，探讨与研究铁路工程施工全过程以达到最优效果，寻求最合理的统筹安排与系统管理的客观规律的一门学科。具体地讲，施工组织的任务就是根据铁路工程施工的技术经济特点、国家的建设方针政策和法规、业主的计划与要求、提供的条件与环境，对耗用的大量人力、资金、材料、机械和施工方法等进行合理的安排，协调各种关系，使之在一定的时间和空间内，得以实现有组织、有计划、有秩序的施工，以期在整个施工上达到相对最优效果。即进度上耗工少、工期短；质量上精度高、功能好；经济上资金省、成本低。

在我国，施工组织作为一门科学还很年轻，也很不完善，但它日益引起了广大施工管理者的重视，因为它可为企业和承包者带来直接的、巨大的经济效益。目前，铁路工程施工组织学科已成为铁道工程专业的必修课程，也是工程项目管理者必备的知识。

学习和研究铁路工程施工组织，必须具有本专业的基础知识及铁路路基、桥梁、隧道、轨道线路等建筑结构和施工技术知识。施工组织编制是对专业知识、组织管理能力、应变能力等的综合运用。现在，本学科已广泛应用了其他学科知识；同时，也全面发展了现代的定量方法（现代数学方法、网络技术、计算技术等）、计算手段（电子计算机）及组织方法（采用立体交叉流水作业等)，以便在组织工程施工和进行进度、成本、质量控制中，达到更快、更准、更简便的目标。

如前所述，施工对象千差万别，需组织协调的关系更是错综复杂，我们不能把一种固定不变的组织管理方法与模式运用于一切工程上。必须充分掌握施工的特点和规律，从每一环节入手，做到精心组织、科学规划与安排、制定切实可行的施工组织设计，并据此严格控制与管理，全面协调好施工中的各种关系，充分利用各项资源以及时间与空间，以取得最佳效果。

(二)施工组织的原则和方法

根据铁道部、铁建设[2000]95号文，关于发布《铁路工程施工组织调查与设计办法》的通知，结合我国铁路工程项目施工长期实践经验的总结和施工的特点，组织施工应遵循以下原则：

1.认真贯彻国家对工程建设的各项方针和政策，严格执行建设程序

我国50年的基本建设历史表明，凡是遵循基本建设程序的，建设工作就能顺利进行；当违背基建程序时，就会导致施工的混乱，不但会影响工程质量，而且往往导致严重的浪费或工程事故。

2.遵循施工的客观规律性，科学地安排施工程序和施工顺序

铁路工程施工有其本身的客观规律，它既包含施工工艺及其技术方面的规律，又包含施工程序和施工顺序方面的规律。按照这些规律去组织施工，就能有效地发挥生产能力、充分利用各项资源以便创造最佳效果。

铁路工程施工工艺及其技术规律，是分步分项工程施工固有的客观规律。例如：混凝土工程的工艺顺序是选料、拌和、运输、浇捣、养护等。其工序不能颠倒或省略，因为这不仅涉及施工工艺的要求，也是技术、质量保证的要求。

铁路工程施工程序和施工顺序是施工过程中各分部分项工程间存在的客观规律。各分部工程的先后顺序及各分项工程的先后顺序是客观存在的，但在空间上组织立体交错搭接施工，以争取时间、减少消耗，正是组织管理者遵循客观规律的主观能动性表现。虽然，铁路工程施工程序和施工顺序随着工程项目的规模、结构、施工条件与建设要求的不同而有所不同，但其共同遵循的客观规律是存在的。例如："先准备、后施工"，"先站前、后站后"，"先重点、后一般"，"先主体、后附属"，"先土建、后设备"等。

3.积极采用先进的计划技术和组织方法，组织有节奏、均衡、连续的施工

网络计划技术是现代计划管理的最新方法。由于它具有思维层次清晰，表达各工作间的逻辑关系严密，关键工作突出，有利于计划的优化、控制和调整，便于电算等特点，因此在各种计划管理中已得到广泛应用。

流水施工具有生产专业化程度高、生产效率高、工作质量好、资源利用均衡、工期短、成本低等特点。因此，采用流水施工，不仅能使整个工程有节奏、均衡、连续地进行，而且会带来较大的经济效益和社会效益。

4.采用先进科学技术，提高建筑工业化程度

先进科学技术是提高劳动生产率，提高工程质量，加快施工进度，降低工程成本，提高经济效益的有效手段。因此，在编制施工组织设计中应积极采用和推行。

改变铁路工程施工方法与手段较落后的根本出路在于实现工业化。铁路工程实现工业化以桥梁、桥墩成品化、隧道衬砌砌块化、轨排组装基地化为途径，"三高一低"(高速度、高质量、

高工效、低成本）为目的，从而达到用大工业的生产方式，去建造新建铁路和既有线改建的目的。

提高生产装配化程度和施工机械化水平，应从实际出发，逐步发展，要因地制宜，实现工厂预制与现场预制相结合，内部加工与委托加工相结合。在选择施工机械时，应进行技术经济比较，充分利用现有的施工机械设备，并使机械化施工的范围尽量扩大，提高机械化施工的综合效益。

5.严格遵守合同规定，加强目标管理

必须严格按合同的规定，制订高标准的目标数值（工期、质量、成本、安全等指标），并对目标实施管理。施工企业目标管理是通过层层分解落实和定期考核来实现的。

目标管理的内容及实施措施，要纳入各类组织设计内容中。作为投标的施工组织设计是为了满足投标书和签订工程合同的需要而编制的，施工企业为了使投标书具有竞争力，必须按照招标文件要求，认真规划、决策工程造价，提出工期和质量等级要求及文明施工等。施工阶段的施工组织设计是为了满足施工准备及施工全过程的需要而制定的，其追求的主要目标是实现工程承包合同，提高施工效率和效益，据此制定项目施工全过程目标数值与技术组织措施，并层层分散，定期考核，跟踪控制，以保证实现总目标。

6.注重工程质量、确保施工安全

工程质量的好坏，直接关系到国家财产和人民生命的安全，也直接影响到国民经济的发展。因此，必须要对国家、对人民负责，认真按设计和规范进行施工，确保工程质量。安全生产是党和国家保护劳动者的一项重要政策，是施工企业管理的基本内容和原则，也是顺利开展各项施工活动的保障。否则，不仅会耽误工期，影响建设速度，甚至会造成难以弥补的损失。为此，在组织施工时，应经常地进行质量与安全教育，加强预防措施，定职定责，实施监督与控制。

7.科学地安排冬、雨期施工项目，保证全年的均衡性和连续性

8.尽量减少临时工程，合理储备物资，减少物质运输数量，科学规划施工现场平面图

上述原则，既是施工组织管理的需要，又是编制施工组织设计的需要，实施中应认真贯彻执行，以取得最佳的经济效益。

五 施工组织设计概述

(一)施工组织设计的性质和任务

施工组织设计是在施工前编制的，是用来指导拟建工程施工准备和组织施工的全面性的技术、经济文件，也是对施工活动实施科学管理和统筹规划设计的有力手段。由于建筑产品的多样性及生产的单件性等特点，每项工程都必须单独编制施工组织设计，施工组织设计经批准后才允许正式施工。

施工组织设计是在充分研究工程的实际情况和施工特点的基础上编制的，用以规划部署施工活动的各个方面，按最适宜的施工方案和技术组织措施组织施工，使其实现最好的经济效益。

施工组织设计的基本任务是根据业主对建设项目的各项要求，选择经济、合理、有效的施工方案；确定合理、可行的施工进度；拟定有效的技术组织措施；采用最佳的劳动组织，确定施

工中劳动力、材料、机械设备等的需要量;合理布置施工现场的空间,以确保全面、保质、保量、高效地完成最终的建筑产品。

(二)施工组织设计的作用

施工组织设计在每项建设工程中都具有重要的规划作用、组织作用、指导作用以及竞标作用。具体表现在:

(1)施工组织设计是施工准备工作的一项重要内容,同时又是指导各项施工准备工作的依据。可以说施工组织设计是整个施工准备工作的核心。

(2)施工组织设计可体现实现基本建设计划和设计的要求,可进一步验证设计方案的合理性与可行性。

(3)施工组织设计为拟建工程确定了施工方案、施工进度和施工顺序,它是指导开展紧凑、有秩序的施工活动的技术依据。

(4)施工组织设计所提出的各项资源需要量计划,直接为供应工作提供依据。

(5)施工组织设计对现场所作的规划与布置,为现场的文明施工创造了条件,并为现场平面管理提供了依据。

(6)施工组织设计对施工企业的施工计划起决定和控制性作用。施工计划是根据施工企业对建筑市场所进行科学预测和中标的结果,结合本企业的具体情况,制订出的企业不同时期应完成的生产计划和各项技术经济指标。而施工组织设计是针对具体的拟建工程对象的开、竣工时间编制的指导施工的文件。因此,施工组织设计与施工企业的施工计划两者之间有着极为密切、不可分割的关系。施工组织设计是编制施工企业计划的基础,反过来,编制施工组织设计又应服从企业的施工计划,两者相辅相成、互为依据。

(7)施工组织设计是统筹安排施工项目生产的投入与产出过程的关键和依据。建筑产品的生产和其他工业产品的生产一样,都是按要求投入生产要素,通过一定的生产过程,生产出产品,而中间转换的过程离不开管理。铁路施工项目也是如此,从承担工程任务开始到竣工验收交付使用为止的全部施工过程的计划、组织和控制,以及投入与产出过程的管理基础,就是科学的施工组织设计。

(8)通过编制施工组织设计,可充分考虑施工中可能遇到的困难与障碍,主动调整施工中的薄弱环节,事先予以解决或排除,从而提高施工的预见性,减少盲目性,使管理层和作业层做到心中有数,为实现建设目标提供技术保证。

(9)施工组织设计是竞标、评标的需要。投标时的施工组织设计必须提供招标方所关心的施工方案、部署、质量保证措施、进度安排、投入劳力、施工机械和现场布置等,以作为竞标、评标的依据。

(三)施工组织设计的分类

施工组织设计按设计阶段、中标前后、编制对象范围、使用时间和编制内容的深度及广度不同,有以下分类:

1. 按设计阶段的不同分类

大中型项目施工组织设计的编制是随着项目设计的深入而深入的。因此,施工组织设计要与设计阶段相配合,按设计阶段的不同编制不同广度、深度和作用的施工组织设计。

1)当项目设计按两个阶段进行时,施工组织设计分为施工组织总设计(扩大初步施工组织设计)和单位工程施工组织设计两种。

此时,设计阶段与施工组织设计的关系为:初步设计完成后可编制施工组织设计大纲;技术设计之后可编制施工组织总设计;施工图设计完成后可编制单位工程施工组织设计。

2)当项目设计按三个阶段进行时,施工组织设计分为施工组织设计大纲(初步施工组织条件设计)、施工组织总设计和单位工程施工组织设计三种。

此时,设计阶段与施工组织设计的关系为:初步设计完成后可编制施工组织设计大纲;技术设计之后可编制施工组织总设计;施工图设计完成后可编制单位工程施工组织设计。

2.按中标前后的不同分类

施工组织设计按中标前后的不同,分为标前施工组织设计(简称标前设计)和标后施工组织设计(简称标后设计)两种。

标前施工组织设计是指在投标之前编制施工项目管理规划,作为编制投标书和进行签约谈判的依据。标后施工组织设计是在中标、签订合同以后编制的,作为具体指导施工全过程的技术文件。两种施工组织设计的不同点如表1-1所述。

标前与标后施工组织设计的区别 表1-1

种　类	服务范围	编制时间	编制者	主要特征	追求主要目标
标前设计	投标与签约	投标前	经营管理层	规划性	中标和经济效益
标后设计	施工准备至验收	签约后开工前	项目管理层	作业性	施工效率和效益

3.按编制对象范围的不同分类

施工组织设计按编制对象范围的不同可分为施工组织总设计与单位工程施工组织设计两种。

1)施工组织总设计。施工组织总设计是以一个标段或一个建设项目为编制对象,以批准的初步设计或扩大初步设计为主要依据,在总承包企业的总工程师领导下进行编制,用以指导整个建设工程施工全过程的各项施工活动的、全局性的技术经济性文件。

2)单位工程施工组织设计。单位工程施工组织设计是以一个单位工程(一座桥涵、一座隧道或一段路基土石方工程)为编制对象,在施工图设计完成后,由直接组织施工的项目部负责编制,用以指导单位工程施工全过程的各项施工活动的技术经济性文件。

施工组织总设计与单位工程施工组织设计是同一建设项目不同广度、深度和作用的两个层次。

施工组织总设计是整个建设项目的全局性战略部署,其内容和范围比较概括,属控制型;单位工程施工组织设计是在施工组织总设计的控制下,以施工组织总设计和企业施工能力为依据编制的,针对具体的单位工程,把施工组织总设计的内容具体化、详细化,属实施指导型。

4.按编制内容的繁简程度的不同分类

施工组织设计按编制内容的繁简程度不同可分为完整的施工组织设计和简明的施工组织设计两种。

1)完整的施工组织设计。对于重点工程,规模大、结构复杂、技术要求高、采用新结构、新技术、新工艺的拟建工程项目,必须编制内容详尽的完整施工组织设计。

2)简明的施工组织设计(施工简要)。对于非重点的工程,规模小、结构简单、技术不复杂且以常规施工为主的拟建工程项目,通常可编制仅包括施工方案、施工进度计划和施工平面图

（简称一案、一表、一图）等内容的简明施工组织设计。

（四）施工组织设计的内容

施工组织设计的内容，是由其应回答解决的问题组成的。无论是群体工程还是单位工程，其基本内容如下：

1. 工程概况及特点分析

施工组织设计应首先对拟建工程及工程特点进行调查分析并加以简述，目的在于搞清工程任务的基本情况。这样做可使编制者掌握工程概况，以便"对症下药"；对使用者来说，也可做到心中有数；对审批者来说，可使其对工程有概略的认识。因此，这部分具有多方面的作用，不可忽视。

工程概况包括：拟建工程的建筑、结构特点，工程规模及用途，建设地点的特征，施工条件，施工力量，施工期限，技术复杂程度，资源供应情况，上级、建设单位提供的条件及要求等各种情况的概要和分析。

2. 施工方案

施工方案选择即根据上述情况的分析，结合人力、材料、机械、资金和施工方法等可变因素与时间、空间的优化组合，全面布置任务，安排施工顺序和施工流向，确定施工方法和施工机械。对承建工程可能采用的几个方案进行分析，通过技术经济比较、评价，选出最佳方案。

3. 施工准备工作计划

施工准备工作计划主要为明确施工前应完成的施工准备工作的内容、起止期限、质量要求等，主要包括：施工项目部的建立，技术资料的准备，现场"三通一平"、临建设施、测量控制网准备，材料、构件、机械的组织与进场，劳力组织等。

4. 施工进度计划

施工进度计划是施工组织设计在时间上的体现。进度计划是组织与控制整个工程进展的依据，是施工组织设计中的关键内容。因此，施工进度计划的编制要采用先进的组织方法（如立体交叉流水施工）和计划理论（如网络计划、横道计划等）以及计算方法（如各项参数、资源量、评价指标计算等），综合平衡进度计划，规定施工的步骤和时间，以期达到各项资源在时间、空间的合理利用，达到既定的目标。

施工进度计划包括划分施工过程、计算工程量、计算劳动量、确定工作天数和工人数或机械台班数，编排进度计划表及检查与调整等工作。为了确保进度计划的实现，还必须编制与其相适应的各项资源需要量计划。

5. 施工（总）平面图

施工现场（总）平面布置图是施工组织设计在空间上的体现，它是以合理利用可供施工使用的现场空间为目的，本着方便生产、有利生活、文明安全施工的原则，结合投入的各项资源（材料、构件、机械、运输、动力等）和工人的生产、生活活动场地，做出合理的现场施工平面布置。

6. 技术措施和主要技术经济指标

一项工程的完成，除了施工方案选择的合理、进度计划安排的科学之外，还应充分注意采取各项措施，确保质量、工期、文明、安全并降低工程成本。所以，在施工组织设计中，应加强各项措施的制订，并以文字、图表的形式加以阐明，以便在贯彻施工组织设计的过程中，目标明确，措施得当。

主要技术经济指标是对施工组织设计的最后反映，用以对确定的施工方案、施工进度计划及施工(总)平面图的技术经济效益进行全面的评价，用以衡量组织施工的水平。一般用施工工期、全员劳动生产率、资源利用系数、质量、成本、安全、节约材料及机械化程度等指标来表示。

(五)施工组织设计的编制

我国从第一个五年计划开始，就在一些重点工程上采用了施工组织设计，并取得了不可磨灭的功绩，但也经历了几次起伏波折。现在，随着我国建设事业的发展和经验总结，施工组织设计已得到各建设有关部门和单位的普遍重视和发展。为了使施工组织设计更好地起到组织和指导的作用，在编制施工组织设计时要注意以下几个问题：

(1)编制时，必须对已施工的有关技术经济条件进行广泛和充分的调查研究，收集各方面的原始资料；必须广泛地征求有关单位和群众的意见。主持编制的单位应先召开交底会，组织基层单位或分包单位参加，请建设单位、设计单位进行建设条件和设计交底，然后根据提供的条件和要求，广泛吸收技术人员的意见并制定措施；在此基础上，提出初稿。初稿完成后，还应讨论和审定。

(2)施工单位中标后，必须编制具有指导意义的标后施工组织设计。建设工程实行总包和分包时，应由总包单位负责编制施工组织设计或者分阶段施工组织设计。分包单位在总包单位的总体部署下，负责编制分包工程的施工组织设计。施工组织设计应根据合同工期及有关的规定进行编制，并且一定要广泛征求各协作施工单位的意见。

(3)对结构复杂、施工难度大并采用新工艺和新技术的工程项目，需进行专业性的研究，必要时组织专门会议，邀请有经验的专业工程技术人员参加，挖掘群众的智慧，以便为施工组织设计的编制和实施打下坚实的群众基础。

(4)在施工组织设计编制过程中，要充分发挥各职能部门的作用，吸收他们一起参加编制和审定；充分利用企业的技术力量和管理能力，统筹安排、扬长避短；发挥施工企业的优势和水平，合理安排各工序间的立体交叉相互配合的施工顺序。

(5)当施工组织设计的初稿完成后，要组织参加编制的人员及单位进行讨论，逐项逐条地进行研究修改后，形成正式文件，送主管部门审批。

(六)施工组织设计的贯彻、检查和调整

1.施工组织设计的贯彻

编制施工组织设计，是为了给实施过程提供一个指导性文件，但如何将纸上的施工意图变为客观实践，以及施工组织设计的经济效果如何，则必须通过实践来验证。为了更好地指导施工实践活动，必须重视施工组织设计的贯彻执行。在贯彻中要做好以下几个方面的工作：

1)施工组织设计的技术交底 。经过批准的施工组织设计，在开工前，一定要召开各级的生产、技术会议，逐级进行交底，详细地讲解其意图、内容、要求、目标和施工的关键与保证措施，组织群众广泛地讨论，拟定完成任务的组织措施，做出相应的决策。同时责成计划部门制订出切实可行和严密的施工计划；责成技术部门拟定科学合理的具体技术实施措施，保证施工组织设计的贯彻执行。

2)制订各项管理制度。施工组织设计能否顺利贯彻，还取决于施工企业的技术水平和管

理水平。企业管理水平的标志，在于企业各项管理制度的健全与否。施工的实践证明，只有施工企业有了科学、健全的管理制度，企业的正常生产秩序才能顺利开展，才能保证工程质量，提高劳动生产率，防止可能出现的漏洞或事故。因此，为了保证施工组织设计的顺利贯彻执行，必须建立和健全各项管理制度。

3)实行技术经济承包责任制。技术经济承包责任制是用经济的手段和方法，明确发包双方的责任。它便于加强监督和相互促进，是保证承包目标实现的重要手段。为了更好地贯彻施工组织设计，应该推行技术经济承包责任制度，开展劳动竞赛，把施工过程中的技术经济责任同职工的物质利益结合起来，如开展评比先进，推行全优工程综合奖、节约材料奖、提前工期奖和技术进步奖等。

4)搞好统筹安排的综合平衡，组织连续施工。在贯彻施工组织设计时，一定要搞好人力、财力、材料、机械、施工方法、时间和空间等方面的统筹兼顾、合理安排，综合平衡各方面因素，优化施工计划，对施工中出现的不平衡因素应及时进行分析和研究，进一步修订和完善施工组织设计，保证施工的节奏性、均衡性和连续性。

5)切实做好施工准备工作。施工准备工作是保证均衡和连续施工的重要前提，也是顺利贯彻施工组织设计的重要保证。不打无准备之仗，不搞无准备之工程。开工之前不仅要做好一切人力、物力、财力和现场的准备，而且在施工过程的不同阶段也要做好相应的施工准备工作。

2.施工组织设计的检查

对施工组织设计的检查，应着重从以下几个方面入手：

1)任务落实及准备工作情况的检查。工程开工前及施工各阶段之前，应检查任务的落实、交底情况，各项准备工作情况，技术措施保证情况，以免影响工程的进度和质量。

2)完成各项主要指标情况的检查。跟踪检查各施工单位及队组完成各项主要技术经济指标的情况，并与计划指标对照，及时发现问题和偏差，为分析原因和制定调整措施提供依据。检查的主要内容包括工程进度、工程质量、材料消耗、机械使用、安全措施和成本费用等。

3)施工现场布置合理性的检查。施工现场必须按施工(总)平面图的规划进行布置，必须按其规定建造临时设施、堆放建筑材料和构件配件、敷设管网和运输道路、安置施工和机具等。施工现场要符合文明施工的要求，施工的每个阶段都要有相应的施工(总)平面图。施工(总)平面图的改变必须经有关部门批准。

3.施工组织设计的调整

施工组织设计的调整就是针对检查中发现的问题，通过分析其原因，拟定改进措施或修订方案；对实际进度偏离计划进度的情况，在分析其工期影响和后续工作的基础上调整原计划以保证工期；对施工(总)平面图中不合理的地方进行修改。通过调整，使施工组织设计更切合实际，趋于合理，以实现在新的施工条件下达到施工组织设计的目标。

应当指出，施工组织设计的贯彻、检查和调整既是贯穿工程施工全过程始终的经常性工作，又是全面完成施工任务的控制系统。

六 本课程的特点

本课程包括《铁路工程施工组织》与《铁路工程概预算》两部分内容。它既要研究技术问题，又要研究经济问题，是一门技术性、专业性和综合性很强的学科，是铁道工程、桥隧专业的专业课。这两部分既密切联系，又各自具有独立性。

铁路工程施工组织设计是组织施工、指导生产活动、保证铁路基本建设工作正常进行的重要技术文件。本部分内容主要讲述如何对铁路工程项目或某一单位工程的各施工环节进行全面安排和优化组织，以达到保质、保量、按期完成铁路建设施工任务。

铁路工程概预算是确定每项新建、改建和恢复工程，从筹建到竣工交付使用所需全部建设费用的计划性文件。它通过货币的形式来评价和反映铁路建筑产品的经济效果。本部分内容主要讲述工程定额、铁路概预算费用的组成、编制原则、依据、规定（铁道部建管[2006]113号《国家铁路基本建设工程设计概算编制办法》)，以及如何根据施工组织设计的要求和国家及铁道部的规定来编制铁路工程项目或某一单位工程的概、预算，正确确定其工程造价，以求处理好国家、建设单位、施工企业之间的经济关系。

随着基本建设经营管理体制改革的深入发展，投招制的进一步实行，施工组织设计与概、预算的工作显得更为重要。它涉及工程制图、工程材料、工程机械、工程地质及路基、桥涵、隧道、站场等工程设计、施工、计算机应用等多方面的知识，而且政策性很强。因此，必须学会综合应用以前所学的知识，严格执行党的路线、方针、政策，认真遵守技术规范、规程和有关编制办法的规定。要求学生能够理解基本概念，并通过反复练习和实践，掌握编制一般工程实施性施工组织设计和个别单位工程概、预算的方法，不断提高解决实际问题和独立工作的能力，适应铁路现代化建设的需要。

思考与练习

1. 铁路工程施工的特点有哪些？
2. 何为铁路工程施工程序？分为哪几个环节？
3. 何为铁路工程概预算？
4. 铁路工程施工组织设计具有哪些作用？
5. 施工组织设计分为哪些类型？
6. 施工组织设计的基本内容有哪些？

第二章　准备工作和临时工程

【本章提要】：本章主要讲述铁路工程施工准备工作、临时工程、附属企业、工程运输等内容。

本章是铁路工程施工组织的基础之一，通过学习，了解附属企业与工程运输，熟悉技术准备、施工现场准备及施工调查的内容，重点掌握临时给水、贮水池容积的计算、临时房屋面积的确定、临时公路选线方案及施工组织中计算用电负荷。为学习铁路路基、桥涵、隧道、轨道等施工组织打下基础。

第一节　施工准备工作

施工准备工作是为了保证工程顺利开工和施工活动正常进行而事先做好的各项准备工作，它是施工程序中的重要环节，不仅存在于开工之前，而且贯穿在整个施工过程之中。

铁路设施是指为确保铁路运营所必需的路基、桥涵、隧道、轨道、站场、房屋等建筑及各种设备。这些都是铁路建筑的基本工程。

铁路的各项基本工程是由准备工作、辅助工作、基本工作来完成的。在这三部分工作中，基本工作是铁路的主体工作，它将构成永久性建筑物。准备工作和辅助工作并不构成永久性建筑物，但却是各项基本工作顺利进行和如期完成的必需的工作，并直接影响基本工作的速度和质量。

准备工作必须在基本工作开工前完成，它包括组织准备、施工调查、技术准备及施工现场准备等工作。

辅助工作，是根据铁路建筑的需要，修建一些临时工程、设置附属企业及材料供应和运输组织等，以保证工期内的工程运输、居住、通信、水电和材料的供应。辅助工作一部分在基本工程开工以前完成，一部分与基本工作同时进行。

准备工作与准备时期的工作不同，因为在准备时期，除了做准备工作外，还要做许多辅助工作和少量的基本工作（临时工程利用永久建筑物），两者不能混淆。下面将详细介绍准备工作。

一　组织准备

（一）我国现行的铁路施工管理机构（见表 2-1）

铁路施工管理机构　　表 2-1

属国务院国资委监管的中央企业	中国铁路工程总公司（CREC）	中铁一局～中铁十局
	中国铁道建筑总公司（CRCC）	中铁建十一局～中铁建二十五局
	临时机构	临时成立的指挥部、项目经理部等
属地方管理	固定机构	地方铁路开发公司
	临时机构	临时成立的指挥部、项目经理部等

中国铁路工程总公司前身是铁道部基本建设总局，1989 年改制成为中国铁路工程总公司，2000 年与铁道部正式脱钩，其下的原有第一到第五，五个工程局改制为十个集团有限公司（俗称“老五局”、“新五局”），出于历史渊源的考虑，使用了“中铁×局集团有限公司”这样的公司名称。请注意的是，这不是简称而是正式的公司名称。

中国铁道建筑总公司前身是中国人民解放军铁道兵，在军队改革中脱下军装，成立总公司，归铁道部管理，同样在 2000 年与铁道部正式脱钩，其下设立了十五个集团有限公司。由于部分原属老五局的工程部、项目部划归该总公司管理，也按照同样的命名规则命名旗下公司，即中铁建十一局集团有限公司到中铁建二十五局集团有限公司。

在此以后，铁道部对铁路局进行改革，将铁路局下属的工程系统全部划归为这两大总公司，按照地域、协商、自愿、搭配等原则，两大总公司又各增设 5 个工程局，中国铁路工程总公司增加编号 6～10，即中铁六局～中铁十局。中国铁道建筑总公司增加编号 21～25，即中铁建二十一局～中铁二十五局。

这两个公司都是大型国企，所从事的经营类型也基本相同，之间没有隶属关系，也可以说是兄弟单位，在市场上还存在竞争关系。

中铁×局（集团公司）或中铁建×局（集团公司）下设工程公司，工程公司下设项目经理部、队等。

地方铁路管理机构，指由地方投资并修建的铁路，它的施工一般由地方铁路管理机构负责。

临时机构一般指一个大的建设项目临时组成的指挥部、项目经理部等，以便统一管理和协调。

(二)开工前的组织准备

施工企业承接施工任务后，组织各级施工管理机构、施工队伍、材料供应及运输管理部门，组织附属企业，进行劳动力训练，与其他单位签订各种协议合同等。

二 施工调查

(一)施工调查的意义

通过施工调查，可以了解和核对线路的全面情况、重点工程情况和沿线的施工条件等，确定符合实际情况的施工布置和施工方法，确定材料来源和运输方法，落实各项辅助工程和附属企业的设置，规划临时工程，作为编制施工组织设计和概预算的重要依据。施工调查的质量，直接关系到施工设计、施工组织设计和概预算是否经济合理。因此，施工调查既是设计部门勘测设计中的一项重要工作，也是施工企业在基本工程开工前必须进行的一项工作。

(二)施工调查的主要项目

(1)交通运输（铁路、公路、水运）现状、发展规划和可供利用的条件以及运价与装卸费等的计费办法。

(2)砖、瓦、砂、石（片石、料石、碎石、道碴、卵石）石灰、竹、木等当地材料的产地、储量、产量、质量、单价及运输条件等。

(3)气象、水文、地质资料。

(4)全线工程分布情况与地形特征，特别是与重点工程的施工条件、施工顺序及施工方法等有关的自然条件。

(5)当地水、电、燃料、通信、房屋等可供利用的条件(地点、时间、可供数量)及价格等。

(6)当地政府有关购地、租地、补偿和拆迁等文件规定及计费办法，有关产权单位要求的条件和单价。

(7)当地的风俗习惯、医疗卫生、生活供应、文化教育等情况。

(8)当地农作物种、收季节，可供利用劳动力的工种、人数以及沿线可承包工程的施工单位的能力、信誉等。

(9)拟建的临时工程、辅助工程及附属企业等设施的现场位置、地形、地貌、水文、地质等情况。

(10)既有线改建或新增第二线时，还应调查既有线设备现状，水、电、通信、石碴场、轨节组装基地、材料厂可供利用情况以及既有线区间和站场通过能力、现行运行图等。

(11)先进施工经验、先进技术及科研成果等资料。

上述施工调查的项目应根据具体工程的不同有所侧重，调查前应编写调查提纲，有的放矢地进行调查工作。

(三)编写施工调查报告

施工调查完毕，应整理好资料，及时写出调查报告。施工调查报告包括以下内容：

(1)工程概况：地形、地貌、水文、地质情况，施工的有利条件和影响因素等。提出有关方案意见和施工措施。

(2)交通情况：简要说明沿线铁路、公路及水运状况，地方道路的改扩建计划，并对贯通全线的主要运输道路提出方案意见。

(3)材料供应：详细列出当地材料的产地、储量、产量、质量及运输方法等，对缺料地段提出供应措施；对外来料考虑如何进入施工地段，布置主要材料供应基地、预制厂、轨节场等，并提出方案、意见。

(4)沿线水、电、生活物资供应情况：提出供电、通信方案、意见，并对缺水地区提出解决措施。

(5)提出有关改善设计的建议。

(6)使用地方劳动力和向地方施工单位发包工程的意见。

(7)有关编制概预算的资料。

(8)有待进一步解决的问题。

(9)有关图表及说明。

三 技术准备

(一)接收并核对设计文件

施工单位收到设计文件以后，在基本工程开工以前，应熟悉文件内容并仔细与现场进行核对，针对设计文件中存在的问题及时提请设计单位解决。根据施工现场的需要，对设计文件作必要的补充并编制施工详图和作业细则、技术指标等。

(二)交接桩及线路复测

施工单位接受任务后,应会同设计单位进行交接桩工作,然后进行线路复测。

1. 交接桩

1)交接桩的组织工作

由施工单位的技术人员及测工等组成的接桩小组,会同勘测设计部门的交桩小组共同进行交接桩与补桩工作。如一条线路由几个施工单位施工,则各施工单位的接桩讫点应是其管界外两边的一个交点或转点桩。其交界处的中线、水平,应测量贯通,互相核对,保持一致。

2)交接桩的内容

施工单位按照有关图表文件,逐一接收基点桩、中线控制桩、站场的基线桩、三角网的主要控制桩、隧道及桥的导线网、重点工程中心桩、直线上的转点桩及曲线的交点桩、副交点桩、缓和曲线和圆曲线的起、终点和中点桩等。

3)交接桩过程

交接双方按图表对桩逐一点交,施工单位以仪器复核并做好记录,检查桩的完好稳定程度,必要时加护桩。交接桩的验收标准按铁道部公布的《铁路测量技术规则》有关规定办理。在交接中,如误差超过允许范围,应由设计单位复核更正。

交接完毕后,根据交接记录,说明交接情况、存在问题及解决方法,双方正式在记录上会签,视为线路交接完成。

2. 线路复测

交接桩后,施工单位进行线路复测和加钉桩号工作。这是施工前的最后一次线路定测工作。其工作内容包括:测定中线位置;复核线路转向角;测设曲线;复核各转点间的直线方向;核对设计单位移交的水准基点,并联系水准基点进行全线纵向水准测量;横断面测量;桥隧等重点工程的位置和中心线的定测;临时设施如基地材料厂、附属企业、单位驻地等场地测绘等。

(三)编制施工组织设计

工程开工前,施工单位应根据施工调查资料、设计文件、设计部门编制的施工组织设计,结合施工单位的实际情况,充分分析有利因素与不利因素,经过综合分析研究,编制该工程施工组织设计,作为指导施工的技术文件。

(四)编制施工预算

施工单位在开工前,根据施工组织设计资料,在投标时的报价控制下编制施工预算,作为施工单位内部成本核算、签订分包工程合同的依据。

四 施工现场准备

(一)铁路用地范围

铁路用地的宽度,应能容纳所有铁路建筑物,但应注意少占农田,节约用地。一般在取土坑或排水沟外留出不小于 1m 的宽度,作为用地限界。并按确定的地界,绘制用地界图,列出用地划定表，埋设地界标。

（二）购地与拆迁工作

铁路占用的土地在施工前必须向地方土地管理部门提出申请，根据有关法令、法规办理征购或租用（包括青苗补偿）。

当施工界限内有建筑物时，在施工前必须进行拆除或迁移，包括各种房屋、围墙、砖、瓦、石灰窑、电线杆、地下管线、坟墓及施工界内的原有道路等，并按有关规定给予一定的补偿。

（三）砍伐树木及拔除树根

对路基范围内和影响行车的林木，在施工前应砍伐或移植。按有关规范的规定，认真处理路堤、车站及水沟范围的路基基底。

（四）施工地区的排水疏干工作

为保证路基的稳定，在路基施工前，应按施工过程的需要，做好施工场地的排水疏干工作。对正式工程的排水设施（排水沟、堑顶水沟、侧沟和排泄地下水的渗沟等）应提前施工，以利于施工场地的疏干。

五 工程资金准备

铁路工程项目资金准备是一切施工准备工作的基础。俗话说“巧妇难为无米之炊”，没有资金，前面所述的各项准备工作计划不论多么完善、合理，最终都无法转变为现实。资金准备不充分，就会在施工过程中，出现拖欠工程款和材料款等现象，致使工程停工待料、施工人员不足或素质低下等，最终使工程不能如期完成并发挥其投资效益。因此，资金准备是施工准备工作中其他准备工作的基础和工作保证，其他准备工作是资金准备的前提。资金准备分为建设单位（业主）准备和施工单位（承包商）准备两部分。

（一）建设单位（业主）资金准备

建设单位（业主）资金准备是指建设单位（业主）为项目的顺利实施而需做好的各种筹措资金的活动，其包括两种情况：一类是凭借企业有形资产的价值作为担保取得筹资信用，即“为项目融资”，主要适用于中小型项目和多数大型工业项目，这类项目的融资主要涉及传统的融资方式，如银行贷款、债券融资与股票融资等，以及其他融资方式，如可转换债券、资产证券化等；另一类是根据项目建成后的收益作为偿债资金来源的筹资活动，换句话说，它是以项目的资产作为抵押取得筹资的信用，即“通过项目融资”，主要适用于少数超大型的基础设施项目，如电厂项目、交通项目、污水处理项目等。

1. 项目资金的筹集渠道

建设单位（业主）为投资项目所筹集的资金需要通过一定的渠道，采用一定的方法，并使二者合理地配合起来获得。所谓筹资渠道是指筹集资金的来源方向与通道，体现资金的源泉与流量。充分认识筹资渠道的种类以及每种渠道的特点，有利于企业正确利用筹资渠道。一般而言，企业筹集资金的渠道包括国家财政资金、企业自留资金、银行信贷资金、非银行金融机构资金、其他企业资金、民间资金与国外资金等。

2. 筹资方式

筹资方式是指企业筹集资金所采取的具体形式，它体现了资金的属性。认识筹资方式的种类及每种方式的属性，有利于选择合适的筹资方式与筹资组合。企业筹集资金的方式包括：直接投资、发行股票、银行借款、发行债券、融资租赁以及资产证券化等方式。

3. 筹资决策

筹资方式与筹资渠道之间有着密切的关系，同一种筹资方式适用于不同的筹资渠道，而同一渠道的资金往往可以采取不同的方式取得。因此，企业筹集资金时，必须注意二者的合理配合。在具体筹资过程中，应根据项目的总进度计划，确定资金需要量计划，结合自有资金情况，考虑各种资金的融资成本及风险程度，来确定融资比例和融资计划。

影响融资结构的主要因素有：资金的可获得性、经营杠杆和经营风险、贷款人和信用评级机构的态度、保持借债储备能力、资产的性质、企业的获利能力、企业经营的长期性和稳定性、企业所得税率等。

（二）施工单位（承包商）的资金准备

施工单位（承包商）的资金准备是指为了保证项目顺利开工和施工活动正常进行而做的各种资金筹措活动。

1. 资金筹措

资金筹措是根据资金的需要量来决定的。施工单位首先需要预测资金的收支情况，然后据此确定资金需要量、编制资金需要进度计划、制订资金筹措方案。

1）资金收入预测

项目资金是按合同价款收取的，在实施施工项目合同的过程中，应从收取工程预付款（预付款在施工后以冲抵工程款的方式逐步扣还给建设单位）开始，没有按进度收取工程进度款，到最终竣工结算，按时间测算出价款额，做出项目收入预测表，绘出项目资金按月收入图及项目资金按月累加收入图。

资金收入测算过程中应注意：

（1）由于资金预测工作是综合性工作，因此，要在项目经理主持下，由职能人员参加，共同分工负责完成。

（2）考虑施工管理水平，确保按合同工期的要求完成，以免延误工期被索赔，造成经济损失。

（3）严格按合同规定的结算办法测算每月实际应收的工程进度款数额，同时要注意收款滞后时间因素。

按上述原则测算的收入，形成资金在时间、数量上的总体概念，为项目筹措资金、加快资金周转、合理安排资金使用提供科学依据。

2）资金支出预测

项目资金支出预测，主要根据成本控制计划、施工组织设计、材料和物资储备计划、施工机具供应计划等，测算出随着工程的实施，每月预计的人工费、材料费、施工机械使用费、物资储运费、临时设施费、其他直接费和施工管理费等各项支出，使整个项目的支出在时间和数量上有一个总体概念，以满足资金管理上的需要。

项目资金支出预测应注意以下两点：

(1)从实际出发,使资金支出预测更符合实际情况。资金支出预测在投标报价中就已经做了,但不够具体。因此,要根据项目实际情况,将原报价中估计的不确定因素加以调整使之符合实际。

(2)必须重视资金的支出时间价值。资金支出的测量是从筹措资金和合理安排调度资金角度考虑的,一定要反映出资金支出的时间价值以及合同实施过程中不同阶段的资金需要。

3)资金收入与支出对比

将施工项目资金收入预测累计结果和支出预测累计结果绘制在一个坐标图上,得到两条曲线,它们之间的距离代表着资金的需求情况。在某一时间点,前者减后者,其差为负时,即为工程在该时间所需的资金筹措量。

2. 资金来源

施工过程所需要的资金来源,一般是在承发包合同条件中规定了的,由发包方提供工程备料款和分期结算工程款。为了保证生产过程的正常进行,施工企业也需垫支部分自有资金,但在占用时间的数量方面必须严加控制,以免影响整个企业生产经营活动的正常进行。因此,施工项目资金来源的渠道有:预收工程备料款、已完施工价款结算、银行贷款、企业自有资金、其他项目资金的调剂占用。

在筹措资金时要考虑以下原则:

1)充分利用自有资金。其好处是:调度灵活,不需支付利息,比贷款的保证性强。

2)必须在经过收支对比后,按差额筹措资金,避免造成浪费。

3)把利息的高低作为选择资金来源的主要标准,尽量利用低利率贷款。用自有资金时也应考虑其时间价值。

第二节　临 时 工 程

临时工程是为了保证施工期间的工程运输、居住、通信、水电供应等临时修建的工程。临时工程在基本工程完成后都要被拆除废弃,但在施工准备期中是必须修建的。

一　临时房屋

在铁路建筑中,为了确保施工任务的顺利完成,需修建一定数量的生产及生活用临时房屋。

(一)修建原则

(1)根据施工调查资料,充分利用沿线已有房屋,结合生产布局,合理安排有利于生产和生活的临时房屋。

(2)修建标准,应贯彻勤俭建国的方针,在满足施工需要的前提下,力求结构简单,并尽量利用拼装化房屋或帐篷,便于拆装倒用,以节省工时和费用。

(3)因地制宜,就地取材。有条件的情况下,应尽量做到临时工程与永久工程相结合,以减少修建面积。

(4)修建时,要节约用地,保护农田灌溉系统。

(5)临时房屋的位置应与施工、农田水利交通运输互不干扰;同时避开滑坡、泥石流、坍方等地质不良地段;考虑生活生产用水及交通运输条件,尽量靠近铁路、公路和水源;避开高压线和高大树木,防止雷电事故;同时便于职工上下班。

(6)结构上要保证安全,考虑采光、防寒、防暑、防漏雨,满足生产生活的要求。

(7)临时房屋的修建与布置,应符合现行的有关防火、雷电防护等安全规定。

(二)临时房屋的布置与面积计算

1. 生产用房

生产用房包括机械电力房、工作间、材料库房、机械棚、车辆棚等。

1)机械房

机械房一般要求机体间的距离不小于1m,机体间的通道不小于1.5m。常用机械房修筑面积如表2-2所示。

常用机械房屋修建面积参考指标　　表2-2

名　称	单　位	面　积	附　注
混凝土或砂浆拌和机房	m^2/台	13~26	混凝土拌和机以250L、400L为例,砂浆拌和机采用下限
移动式空压机房	m^2/台	30	以$6m^3$、$9m^3$为例
固定式空压机房	m^2/台	15	以$100m^3$、$20m^3$为例
发电机房	m^2/kw	0.2~0.3	小容量者用上限,大容量者用下限
水泵房	m^2/台	3~8	一般水泵占地平面面积在$1m^2$以内,多极离心式最大的占$2.4m^2$
段纤机房	m^2/台	25~29	
充电机房	m^2/台	15	
电瓶车棚	m^2/台	15	
卷扬机棚	m^2/台	10~15	以1~5t为例
联合掘进机棚	m^2/台	96	以J-5.5联合掘进为例
装碴机棚	m^2/台	12	

注:土石方机械在严寒地区或有特殊需要时可酌情设棚。

2)材料库房

材料库应尽可能地靠近材料来源地,并充分利用铁路运输,尽量保证正在施工或即将开工的工点材料供应最为便利,且运输费用最省。工地布置料库时,应便于材料进出。

料库面积可由下式进行计算:

$$F = \frac{Q_x}{b_x K_f} \tag{2-1}$$

$$Q_x = \frac{M_x}{T} \cdot D_x \tag{2-2}$$

式中:F——料库需用面积;

Q_x——材料储备量;

b_x——材料储存指标(见表2-3);

K_f——面积利用系数(见表2-4);

M_x——材料需用量，可根据材料消耗定额和工程量计算来确定；

T——工作天数，指使用该材料的工程项目的计划完成天数；

D_x——储备天数（为使生产不间断而按一定储备量储备的天数），见表 2-5。

材料储存指标

表 2-3

材料名称	单位	每 m^2 存料数量	放置高度（m）	放置方法	仓库或敞棚
水泥（袋装）	t	1.3	2.0	堆垛	仓库
油毡	卷	15～22	1.0～1.5	堆垛	仓库
沥青	t	2.2	1.5～2.0	堆垛	敞棚
炸药（箱装）	t	1.2	1.8	堆垛	仓库
雷管（箱装）	t	0.7	1.0	堆垛	仓库
薄钢板	t	2.0～4.5	1.0～2.2	堆垛	敞棚
厚钢板	t	4.1～4.5	2.0	堆垛	敞棚
方、圆、角钢	t	2.9～4.2	1.2～1.5	堆垛	敞棚
大直径钢管	t	0.5～0.6	1.0	堆垛	敞棚
小直径钢管	t	1.5～1.7	1.2～1.5	棚架	敞棚
钢丝绳	t	1.2～1.3	1.2～1.5	堆垛	敞棚
电器制品	千件	0.12～0.8	2.0～2.5	料架	仓库
劳保用品	千件	0.2～0.3	2.0～2.5	料架	仓库

面积利用系数

表 2-4

仓库类型	利用系数	仓库类型	利用系数
用料架装备起来的封闭仓库	0.35～0.40	存放木料的露天场地	0.40～0.50
用大箱装备起来的封闭仓库	0.50～0.70	存放钢料露天场地	0.50～0.60
堆置桶装及袋装材料的封闭仓库	0.40～0.60	存放砂石料的场地	0.60～0.70

材料储备天数

表 2-5

材料及成品名称	单位	储备天数	材料及成品名称	单位	储备天数
砂	m^3	30	卷材	卷	30
石	m^3	20	五金玻璃	t	40
石灰	t	30	沥青	t	30
水泥	t	30	金属结构	t	30
砖	千块	20	钢筋混凝土结构	m^3	30
木材	m^3	40	钢筋成品	t	10
钢材	t	40	粗木制品	m^3	15～30
金属管	t	40			

【例 2-1】 某桥下部工程工期为 50d，根据材料消耗定额及工程量计算出水泥需用量为 50t，计算水泥库的需用面积。

【解】 查表 2-5，知 $D_x=30(\text{d})$

由公式(2-2),得:

$$Q_x = \frac{50}{50} \times 30 = 30(\text{t})$$

查表 2-3、表 2-4,知 $b_x = 1.3$,$K_f = 0.5$。

由公式(2-1)得:

$$F = \frac{30}{1.3 \times 0.5} = 46.15(\text{m}^2)$$

2. 生活房屋

生活用房包括办公房屋、职工宿舍、文化生活福利建筑等。修建面积的计算应按施工单位的全员人数、房屋使用性质及机构设置情况分别进行确定。

生活房屋的需要面积等于工人、职员、干部各自的平均人数分别与其相应的面积参考指标(见表 2-6)的乘积之和,或根据历年各工程局的施工安排和现场统计资料,将临时生活房屋修建面积按综合指标每人 8～12m^2 进行计算。

生活房屋修建面积参考指标 表 2-6

房屋用途	单位	指标	说明
办公室	m^2/人	5	按室内办公人员计
会议室	m^2	20～60	
集体宿舍	m^2/人	2.5～3.5	
单身宿舍	m^2/人	4～5	
双身职工宿舍	m^2/户	18～20	按双身职工的户数计
探亲家属宿舍	m^2/人	15	按同时可能的探亲人数计
招待所	m^2/床	3	按招待客量计
三用堂	m^2/人	0.5	按全体职工计
厨房	m^2/人	0.25	按就餐人数计,包括储藏室
卫生所	m^2	30～80	
托儿所	m^2/人	4	按入托儿童计
茶炉房	m^2	20～40	
理发室	m^2	20～40	
浴池	m^2/人	0.15～0.2	按全体职工计
厕所	m^2	20～40	
职工生活供应站	m^2	40～50	

现场工人平均人数可根据工程类别、项目、定额及施工期进行计算,也就是从基本工程开工起至铺碴工程完工止,将这一期间所需生产工人工天总量除以相应的施工期限即得施工期间工人的平均人数,并将临时工、辅助生产工人和其他间接工人数也计算在内。在计算时,如无具体资料,可按生产工人人数的 20%～30%进行计算。职工、干部人数,可根据施工单位在册的人员人数确定,如无具体资料,可按生产工人的 10%～15%进行计算。

用平均人数计算出来的房屋面积,应扣除可以利用或代用的房屋面积(如帐篷、活动房屋、租用的民房等)。当出工人数超过平均人数时,不足部分再以活动房屋或帐篷补充。对流动性大的工程(如铺轨、铺碴等),可用挂有居住车辆的宿营列车,不必另修临时房屋。

(三)临时房屋材料消耗指标(见表 2-7)

临时房屋每 m^2 的材料消耗指标　　表 2-7

房屋种类			指标							
			木料（m^3）	砖（块）	瓦（块）	山草（kg）	油毡（m^2）	竹席（m^2）	荆竹条	石灰（kg）
办公室	竹编墙	瓦顶屋面	0.113		112				20.00	87.00
		油毡屋面	0.082				1.60	1.60	20.30	87.00
		草顶屋面	0.092			57			20.70	87.00
	土墙	瓦顶屋面	0.086		112				0.75	87.00
		油毡屋面	0.055				1.60	1.60	1.20	87.00
		草顶屋面	0.065			57.5			1.45	87.00
集体宿舍	竹编墙	瓦顶屋面	0.115		112				15.00	1.52
		油毡屋面	0.084				1.50	1.50	15.60	1.52
		草顶屋面	0.095			52			15.60	1.52
	土墙	瓦顶屋面	0.088		112				0.75	1.52
		油毡屋面	0.057				1.50	1.50	1.50	1.52
		草顶屋面	0.067			52			1.80	1.52
三用堂	竹编墙	油毡屋面	0.075				1.40	1.40	14.00	1.30
		草顶屋面	0.085			47			14.00	1.30
	土墙	油毡屋面	0.048				1.40	1.40	1.30	1.30
		草顶屋面	0.058			47			1.50	1.30
厨房	竹编墙	瓦顶屋面	0.113		134				22.40	41.00
	土墙	瓦顶屋面	0.086		134				1.00	50.00
炸药库	砖墙	瓦顶屋面	0.078	179	112					27.50
	土墙	瓦顶屋面	0.084		112				2.50	27.50
料库	竹编墙	油毡屋面	0.082				1.58	1.58	16.30	0.79
		草顶屋面	0.092			55			16.60	0.79
发电房	竹编墙	瓦顶屋面	0.106		110				17.80	1.80
铁工房	竹编墙	瓦顶屋面	0.113		110				19.50	1.90
水泥库	竹编墙	油毡屋面	0.080				1.41	1.41	16.50	1.51
		草顶屋面	0.080			49			16.90	1.51
木工棚	竹编墙	油毡屋面	0.082				1.40	1.40	13.20	0.57
停机棚	无墙	油毡屋面	0.056				1.40	1.40	0.37	

二　临时道路

在铁路建筑施工期间，需将大量的劳动力、材料、机械和生活物质等运往沿线各工点。为保证施工的顺利进行，在开工前，做好贯通全线运输道路的修建是非常重要的。

(一)临时公路(临时便道)

临时公路分长途公路干线、短途支线、由干线或支线通往各工点及一些附属企业的引入线。

1.选线原则

1)充分利用有利地形,便道应尽可能顺直通过,以缩短运距。

2)尽量利用原有道路,如原有道路不能满足运输要求时,也可进行改扩建。

3)干线尽可能靠近修建的铁路,照顾重点工程,减少引入线长度。引入线应力求线路短、工程量小、尽可能靠近材料产地及施工用料地点,避免材料倒运。

4)应尽量避免与铁路线交叉,以减少施工对行车的干扰。

5)尽量避免穿过滑坡、崩坍、泥石流等地质不良地段和行车危险地带。如必须通过时,应选择合理线位,采取防治措施,保证运输安全。

6)临时公路应尽量避免拆迁建筑物和穿过良田,少占农田,并注意保护农田水利及水土保持。

7)在合理布局的情况下,可适当结合地方需要,使临时公路的修建与地方交通运输相结合。

2.临时公路的技术标准

线路部分的主要技术指标见表2-8～表2-12。

线路主要技术指标 表2-8

顺序	项目		干线		引入线		说明
			平原、微丘	山岭、重丘	平原、微丘	山岭、重丘	
1	计算行车速度(km/h)		40	20			干线交通量平均每昼夜在200辆以下,条件比较困难的地区,可采用单车道标准
2	路基宽度(m)	单车道	4.5	4.5	4.5	4.5	
		双车道	6.5	6.5			
3	路基宽度(m)	单车道	3.5	3.5	3.5	3.5	
		双车道	5.5	5.5			
4	错车道(m)	间距	200～300		200～300		①错车道应选择在驾驶员便于瞭望来车的点;②每边路肩仍保持0.5m宽
		路面宽	≥5.5		≥5.5		
		长度	≥10		10		
		两端变宽和长度	10		5		
5	最小曲线半径(m)		50	15	20	15	①地形特殊、困难而又通过大型车的引入线,最小曲线半径可采用12m;②位于平地或下坡道的长直线尽头,应尽可能不设小半径曲线,如不可避免时,应加设安全防护措施
6	竖曲线最小半径(m)	凸形	500	400	400	300	①纵坡变更处的两相邻坡度代数差小于1%时,应按表列半径设置圆形竖曲线;②竖曲线长度不足10m的,用10m
		凸形	300	200	200	100	

续上表

顺序	项目		干线		引入线		说明
			平原、微丘	山岭、重丘	平原、微丘	山岭、重丘	
7	最大纵坡(%)		8	10	10	12	坡长较短、运量较小而工程又特别困难的山区引入线，最大纵坡可适当加大，但不得超过15%
8	视距(m)	会车视距	100	40	40	30	在工程特别困难或受限制的地段，可采用停车视距，但必须设分道行驶标志
		停车视距	50	20	20	15	

路堤边坡 表2-9

填料种类	路堤边坡的最大高度(m)			边坡坡度		
	全部高度	上部高度	下部高度	全部高度	上部高度	下部高度
粉性土	12	6	6		1∶1.5	1∶1.75
砂性土	12	8	4		1∶1.5	1∶1.75
一般黏性土	20	8	12		1∶1.5	1∶1.75
石土、粗砂	12			1∶1.5		
碎石土、卵石土	20	12	8		1∶1.5	1∶1.75
不易风化的小石(<25cm)	8～20			1∶1.3～1∶1.5		
不易风化的大石块(25～40cm)	20			1∶1		

注：①路堤受水浸淹的土质边坡应采用1∶2并视水流等情况防护加固；
②沙漠地区路堤边坡一般采用1∶1.75；
③不易分化的大石块边坡需码砌。

路堑边坡 表2-10

土石种类		边坡最大高度(m)	边坡坡度
一般均质黏土、砂黏土、黏砂土		20	1∶1～1∶1.5
中密以上中砂、粗砂		20	1∶1.5～1∶1.75
老黄土		20	1∶0.3～1∶0.75
新黄土		20	1∶0.75～1∶1.25
砾、碎石土	胶结和密实	20	1∶0.5～1∶1
	中密	20	1∶1～1∶1.5
岩石	分化	20	1∶0.5～1∶1
	一般	20	直立～1∶0.5

注：沙漠地区如采用路堤时，边坡采用1∶1.75。

路面的种类和厚度 表2-11

路面种类	路基土壤	厚度(cm)	路面种类	路基土壤	厚度(cm)
泥结碎石路面	石质	8	碎砖路面		14～26
	一般土	16	炉碴、矿碴、贝壳路面	一般土	10～14
	松软土	26		松软土	14～30
级配路面	石质	8	沙土路面	一般土	15～20
	一般土	14		松软土	15～30
	松软土	24	石灰土路面	一般土	10～13

常用路面各层次厚度及材料的规格　　表 2-12

路面种类	结构组成		厚度(cm)	材料规格	说明
泥结碎石路面	基层(底层)	锥形块石基层	18	锥形块石尺寸 14～18cm，嵌缝用粒径 2.5～3.5cm 碎石	
		卵石基层	18	大卵石尺寸 14～18cm，嵌缝用粒径 1.5～2.5cm 石碴或砾石	
		泥结碎(卵)石基层	8	泥结碎(卵)石尺寸用粒径 3.5～7.5cm 碎(卵)石，嵌缝用 2.5cm 以下小石子，胶结材料为黏土	
	面层(铺砌层)	泥结碎(砾)石基层	6	石质较软的用粒径 2.5～5.0cm 碎石；石质较硬的用粒径 1.5～3.5cm 碎石；胶结材料为黏土	碎石中含扁平细长的石料不宜多于 20%；黏土用量≤20%(黏土与石料干重比)
	封面层	碎石混合料磨耗层	2	砾碎石混合料	
		沙土混合料磨耗层	2	沙土混合料	
		稳定保护层	≤1	黏土及粗砂或石粉	
级配路面	基层	卵石基层	18	大卵石尺寸 14～18cm，嵌缝用粒径 1.5～2.5cm 石碴或砾石	
		不合级配的砂(卵)石基层	8	不合级配的砂砾(卵)石基层掺当地土壤	
	面层	级配面层	6	符合最佳级配的混合料，胶结材料为黏土	
	封面层	稳定保护层	≤1	黏土及粗砂或石粉	
碎砖、炉渣、贝壳路面	基层	碎砖基层	8～18	碎砖尺寸 7～10cm，嵌缝用小碎砖或砂砾	碎砖基层须铺中粗砂或炉渣垫层 4～5cm 厚
		炉渣、矿渣、贝壳基层	8	贝壳、炉渣、矿渣掺当地土	
		砂基层	8	中粗砂掺少量黏土	砂的压实系数约为 1.3～1.4
	面层	碎砖瓦面层	6	碎砖瓦尺寸 2～5cm，胶结材料用当地土	碎砖瓦面层
		炉渣、矿渣、贝壳基层	6	炉渣、矿渣、贝壳等代用料，胶结料用当地土	
	磨耗层	沙土磨耗层	1～1.5	砂土混合料	磨耗层

(二)铁路便线、岔线

铁路便线和岔线可分为临时通车便线、临时运料便线和临时岔线三种。

在新建铁路长大干线的施工中，对影响全线铺轨的控制工程或地段，可修建铁路便线，先行铺轨通车，作为临时通车方案。或者在通车的线路上，增建或改建桥、隧、路基抬落道、线路交叉及换边等工程的施工时，为了减少运输与施工的干扰而修建临时通车便线。

在施工中为了解决某一重点工程的材料运输问题，在技术上可行、经济上合理的条件下，可在正线路基或局部增修的临时路基上铺设临时运料便线。

为了满足工程材料和设备的中转、存放、加工、组装以及其他施工需要，需设置岔线，如通往材料厂、成品厂、道碴场、存梁基地、轨节拼装场等的岔线及架桥岔线。

不管临时便线还是临时岔线，在修建时，技术标准均不要很高，以满足安全和需要为原则，其有关技术标准见表 2-13～表 2-15。

铁路便线技术标准 表 2-13

项　　目	一 般 地 段	困 难 地 段	附　　注
最大坡度	15‰	18‰	包括坡度折减
坡段最小长度	200m	100m	
最小曲线半径	300m	200m	
竖曲线半径	500m		竖曲线半径

铁路便线路基宽度 表 2-14

路基宽度(m)		半径小于 400m 地段路基外侧加宽值(m)	路 拱 类 型
土质	石质		
4.9	4.4	0.2	上宽 2.1m，高 0.15m 梯形

轨　道　标　准 表 2-15

钢轨类型	轨枕根数(km)	道床顶宽(m)	道床厚度(m)		道 床 边 坡
			土质路基	石质路基	
≥38kg/m	≥1440 根	2.8	0.25	0.20	1∶1.5

注：曲线半径小于等于 400m 的缓和曲线地段，或坡度陡于 12‰下坡制动地段，应增加轨枕数量，采用钢筋混凝土枕时，每千米增加 80 根，采用木枕时，每千米增加 160 根。

三 临时给水

临时给水工程是为了解决施工过程中生活、生产及消防和铁路运输用水需修建的临时工程。隧道施工用水量多，水压要求高，应首先满足隧道施工用水的要求。

(一)用水量计算

施工总用水量，包括生活用水、生产用水和消防用水。

1. 生活用水

每小时平均生活用水量 Q_s，可按式(2-3)进行计算：

$$Q_s = \frac{1}{24}(q_1 \times p_1 + q_2 \times p_2)(\mathrm{m^3/h}) \tag{2-3}$$

式中：q_1——生产工人用水指标，一般采用 0.04～0.06m³/人·天；

p_1——生产工人人数；

q_2——非生产工人用水指标，一般采用 0.02～0.04m³/人·天；

p_2——非生产工人人数。

2. 生产用水

每小时平均生产用水量 Q_c，可按式(2-4)进行计算：

$$Q_c = \frac{1}{24}\sum\frac{q \times W_n}{t}(\mathrm{m^3/h}) \tag{2-4}$$

式中：q——生产用水指标见表 2-16；

W_n——工程或机械数量；

t——各项工程的工期(计划天数)。

生产用水量指标 表 2-16

工程项目	单位	用水量(m^3)	工程项目		单位	用水量(m^3)
建筑安装工程			施工机械及运输工作			
机械施工土方	100 m^3	0.35～0.4	铲运机、推土机		台时	0.07～0.075
机械施工石方	100 m^3	0.35～4.5	挖掘机、倾卸汽车		台时	0.03～0.035
机械施工土石方	100 m^3	1.8～2.2	湿式凿岩机		台时	0.24～0.3
钢筋混凝土梁桥	延米	17.9～24.8	内燃发动机	直流供水	km·h	0.08
拱涵(单孔)	延米	6.7		循环供水	km·h	0.025
单线隧道机械开挖(成洞)	延米	103～113				
单线隧道压浆	延米	1.9～2.6	空气压缩机		km·h	0.025
混凝土	m^3	1.2～1.3	汽车用水		辆-昼夜	0.4
浆砌石	m^3	0.5～0.6	蒸汽机车	标准轨	台-昼夜	10～20
砌砖	m^3	0.1～0.15		窄轨	台-昼夜	4～7

注：①钢筋混凝土梁桥用水量不包括上部建筑、沉井、桩基等圬工的用水量；

②建筑安装工程各项用水量均包括养护用水，施工机械用水量为机械冷却用水量。

3. 消防用水

消防用水储备量 Q_x，可按式(2-5)进行计算：

$$Q_x = 3600q_x \times t_m(\mathrm{m^3}) \tag{2-5}$$

式中：q_x——消防耗水流量($\mathrm{m^3/s}$)，见表 2-17；

t_m——灭火历时(h)，一般按 0.5～1.0h 进行计算。

消防耗水流量指标 表 2-17

耐火等级	临时房屋结构	修建面积(m^2)	耗水流量(m^3/s)
五级	各类帐篷、竹木构架，草或油毡屋面	＜3000	0.01
		3000～5000	0.015
		＞5000	0.02
四级	土、石或砖砌墙、柱、竹木构架，草或油毡屋面	＜3000	0.005
		3000～5000	0.01
		＞5000	0.015

(二)水源及水压

临时给水的水源，有地下水源和地表水源两种。地下水源有浅井、深井等；地表水源有河水、湖水、山溪水等。一般较多采用地表水。

选择水源时，应根据施工调查并结合实际用水量来选择。对生活用水，要注意检查水质是否符合饮用标准。

各用水点的水压要求见表2-18。

水 压 要 求 表2-18

项 目	自由水头(m)	水压(MPa)	备 注
水风钻	≥30	≥0.3	
室外公共给水栓	3～5	0.03～0.05	从地面算起
室外消防栓(低压式)	7～10	0.07～0.1	从地面算起
水罐车加水点	≥6	≥0.06	从轨顶算起
水鹤	≥6	≥0.06	从轨顶算起

(三)贮水池容积的计算

计算出生产、生活、消防用水后，还应计算出用水总流量Q_h，用来计算水池容积。

当$Q_s+Q_c>Q_x$时， $Q_h=Q_s+Q_c$；

当$Q_s+Q_c<Q_x$时， $Q_h=Q_x+\frac{1}{2}(Q_s+Q_c)$。

昼夜用水$Q_d=24Q_h$。

贮水池容积V按式(2-6)计算：

$$V=a_0\times C_0\times Q_d(\mathrm{m}^3) \tag{2-6}$$

式中：a_0——调节水量系数，为1.10～1.20；

C_0——贮水系数(水池容量/昼夜用水量)，昼夜用水量小于$1000\mathrm{m}^3$时，C_0取$\frac{1}{4}\sim\frac{1}{6}$；昼夜用水量为$1000\sim2000\mathrm{m}^3$时，$C_0$取$\frac{1}{6}\sim\frac{1}{8}$。

(四)施工供水

(1)线路经过不缺水地区时，可就近利用附近的水源，或取用江、河、湖、井水。当抽水扬程不大(不超过50m)，输水管路不长(5km以下)时，不做供水设计，水费按所属新建铁路的规定计列。

(2)线路经过缺水地区时，采用一级抽水站，输水管路在5km以上时，供水干管路列入大型临时工程内，水价不另行分析，仍按所属新建铁路的规定计列。

(3)线路经过特殊缺水地区时，采用二级抽水站，属于两个工点以上共用的输水干管路，不分长短，均列入大型临时工程内，水价另行分析。

【例2-2】 某项目队生产工人300人，非生产工人40人。临时房屋为砖墙、油毡屋面，面积为$2000\mathrm{m}^2$。该项目队的生产任务为：浆砌片石$10000\mathrm{m}^3$，混凝土工程$20000\ \mathrm{m}^3$，砌砖$5000\ \mathrm{m}^3$，机械施工土方$500000\ \mathrm{m}^3$，计划300d完成，计算每天的用水量，并确定贮水池的容积。

【解】 由公式(2-3)，得：

$$q_1=0.05\mathrm{m}^3/人\cdot天(取平均值)$$

$$p_1=300人$$

$$q_2 = 0.03\text{m}^3/\text{人}\cdot\text{天(取平均值)}$$

$$p_2 = 40\text{ 人}$$

则

$$Q_s=\frac{1}{24}(0.05\times300+0.03\times40)=0.675(\text{m}^3/\text{h})$$

由公式(2-4),查表 2-16,得:

$q_{浆}=0.55$　　$W_{浆}=10000$

$Q_{混}=1.25$　　$W_{混}=20000$

$Q_{砖}=0.125$　　$W_{砖}=5000$

$Q_{机土}=0.375$　　$W_{机土}=5000$

$t=300\text{d}$

$$Q_c = \frac{1}{24}\times\frac{0.55\times10000+1.25\times20000+0.125\times5000+0.375\times5000}{300} = 4.583(\text{m}^3/\text{h})$$

由公式(2-5),查表 2-17,得:

$q_x=0.005\text{m}^3/\text{s}$　　$t_m=0.5\text{h}$

$$Q_x=3600\times0.005\times0.5=9(\text{m}^3)$$

这时　$Q_s+Q_c=5.258<Q_x$

则　$Q_h=9+\frac{1}{2}\times(0.675+4.583)=11.629(\text{m}^3/\text{h})$

昼夜用水量　$Q_d=24\times11.629=279.096(\text{m}^3)$

再由公式(2-6),得:

$$a_o = 1.15\text{(取平均值)}$$

$$Q_d = 279.096 < 1000\text{m}^3$$

取 $C_o=\frac{5}{24}$,则

$$V = 1.15\times\frac{5}{24}\times279.096 = 66.87(\text{m}^3)$$

故水池容积采用 67m³。

四 临时供电

(一)临时供电的负荷计算

在铁路施工中需要大量的电力供应,尤其附属企业、大桥、隧道、重点土石方及大型车站等施工中的动力用电和生活、照明用电量很大。

用电负荷是编制供电计划的依据。生产和生活用电需要量,在施工组织设计中可按以下两种方法计算:

1. 综合用电指标法

根据施工组织的安排,以施工最繁忙期间同时施工的各项工程对象的数量和辅助设备等(包括主体工程、辅助工程、附属企业),乘以相应的综合用电指标,其总和即为计算用电负荷。

即

$$P_b = \sum P_i \cdot W_n (kW) \tag{2-7}$$

式中：P_b——计算用电负荷(kW)；

P_i——综合用电指标，见表2-19～表2-22；

W_n——工程对象数量。

隧道每端洞口参考指标 表2-19

隧道长度(m)	500以下	500～1000	1001～2000	2001～4000	4000以上
用电指标(kW)	100～200	250～350	400～450	600～800	850～1100

注：①用电指标包括劳动力、生活照明及洞口修配所用电；

②3000m及以上隧道，已考虑了平行导坑施工用电量；

③采用全断面开挖，钻孔台车综合机械化施工的隧道，不分长短需按850～1100kW配备，或单独计算确定。

桥梁用电参考指标 表2-20

名称	单位	桥梁长度(m)			
		特大桥500以上	大桥100～500	中桥20～100	小桥20以下
每座桥	kW/座	250～500	100～250	50～100	50以下
每成桥米	kW/m	66～133			41

注：本表指标包括动力及照明用电，每成桥米指标未包括抽水用电，需抽水者应另行增加：大桥70kW/m；中桥53kW/m，小桥26kW/m。

土石方工程用电参考指标 表2-21

名　称	单　位	用电量(kW)
重点站场土石方(包括修理所)	kW/工点	150～300

辅助企业用电参考指标 表2-22

名　称	生 产 能 力	用电量(kW)
机修厂	年修100个标准台	150～250
成品厂	年产200～250孔钢筋混凝土梁	240
材料厂	年加工木材1.0×10^4～$1.5\times10^4m^3$	80～150
轨节厂	每班8h生产轨排1～2km	250
砂石场	年产100000m^3以内	80～150

2. 综合系数法

根据施工单位所有完好合格的电动机械或同期工程对象所配备的电动机械设备总容量乘以相应的综合性同期用电量系数，所得总和即为计算负荷。

$$P_b = k_c \cdot \sum P_d (kW) \tag{2-8}$$

式中：P_b——计算用电负荷(kW)；

k_c——综合性同期用电量，简称综合系数(见表2-23)；

$\sum P_d$——单项工程或施工单位的设备容量总和(kW)。

综合性同期用电量系数 表2-23

名　称	综合系数k_c	名　称	综合系数k_c
工程处	0.5～0.7	隧道	0.65～0.7
项目部	0.6～0.8	附属企业(工厂)	0.6～0.8
桥梁、路基	0.6～0.65		

注：①综合系数均已考虑生活照明及线路损失用量；

②综合系数的大小根据电动机械设备总容量而定，设备容量越大，则k_c值越小。

【例 2-3】 某施工单位担负施工 2000m 隧道 1 座，采用 3 个口同时施工；800m 隧道 4 座，采用8 个口同时施工；300m 隧道 13 座，采用 13 个口同时施工。采用地方电源，计算其用电量。

【解】 按综合用电指标计算其用电负荷。

由公式(2-7)，查表 2-19，得：

$P_1=450\text{kW}$　　$W_1=3$　　（2000m 隧道）

$P_2=310\text{kW}$（内插）　　$W_2=8$　　（800m 隧道）

$P_3=160\text{kW}$（内插）　　$W_3=13$　　（300m 隧道）

因此总用电量：　$P_b=450\times3+310\times8+160\times13=5910(\text{kW})$

(二)电源种类

(1)国家区域电网或地方工矿企业电源(简称地方电源或高压电源)。对这种电源铁路施工应尽可能利用。

(2)自建电站(简称自发电)。当地方电源不能满足施工用电需要或无法利用地方电源时，需自建电站，以满足施工需要。自建电站有以下几种形式：

①提前修建永久性的发电厂；

②修建临时性的发电厂；

③采用移动式的发电设备。

(三)电压选择

(1)高压输电线路常用的电压有 220kV、110kV、35kV、10kV、6kV。低压配备线路常用电压有 380V 和 220V 等，可供施工时选用。

(2)各级电压电力线路的输送容量及距离见表 2-24，选择电压时可作参考。

电线路输送容量及距离表　　表 2-24

线路电压	输送功率(kW)	输送距离(km)
0.22	50 以下	0.15 以下
0.38	100 以上	0.6 以上
6	100～1200	15～4
10	200～2000	20～6
35	1000～10000	70～20
110	10000～50000	150～50

(3)施工常用电压：低压有 220V 和 380V 两种。高压一般用 6kV、10kV，只有在较长的施工地段，电源较远时，才采用 35kV 或 110kV。如沿线有高压输电线路经过时，通过技术经济比较，可采用高压深引越级降压(35/0.4kV)或多极降压(35/10/0.4kV)的配电方式。

第三节　附属企业

为了满足施工的需要，在施工前应修建一些附属企业(如轨排组装基地、材料厂、混凝土成品厂、砂(石)道碴场、砖瓦厂、木材加工厂及机械修配厂等)供应工程需要的原材料、成品和机械维修服务，以保证施工的顺利进行。

铁路施工中，需要大量的工程材料、机具及设备。材料机具能否及时供应，是影响施工的一个重要因素，施工前和施工中都应合理地安排好材料机具供应，材料厂就是为此而设置的。

材料厂按其使用范围可分为：材料总厂、材料分厂和转运站。材料厂中应设置库房、料棚、存料场、办公及生活用房以及厂内运输道路和装卸设备等。

材料厂厂址选择，应符合靠近料源地、交通方便、利于进出材料，且运输费用最省等要求。

混凝土成品厂供应施工中所需的部分混凝土，如钢筋混凝土(预应力)梁，钢筋混凝土轨枕、钢筋混凝土水管等。

混凝土成品厂应靠近砂石料产地，原料及成品进出运输方便，出岔短，不受洪水影响并有生产和储放材料的地点。

混凝土成品厂厂内设施包括：

(1)水泥、钢材、沥青仓库；

(2)砂石料堆放场；

(3)集料、材料加工车间(木工、钢筋加工、钢丝束制造、混凝土搅拌、沥青熬制)；

(4)制品成型车间(工作台)；

(5)成品堆放场；

(6)辅助车间(机械修理、热处理、运输、试验、电力、给水、蒸汽设备)；

(7)运输道路；

(8)移吊场和装车场；

(9)办公及生活用房；

(10)其他。

厂内进行平面布置时，应考虑工序衔接，水泥、砂石料场地靠近搅拌机，搅拌机和工作台的距离应最短；厂内股道布置应与厂内运输相适应，便于和铁路干线接轨，厂内道路应相互贯通。

砂、石场的平面布置应考虑以下几个因素：

(1)装车线长度应能容纳设计装车的列车长度，如离车站较远、需要调车时，则应配备调车股道。装车线与开采面平行，如采用松动爆破时，与开采面距离不小于50m。

(2)装车站台应根据砂、石场地质、地形、使用期长短等因素选择站台类型，滑坡式站台较好，站台长度按储量大小考虑，如装车线在曲线上时，站台设在曲线内侧为宜。

(3)场内运输一般采用翻斗车及皮带运输机等。

(4)采石场内除设置必需的生产房屋及设备外，其余均应设在爆破危险区范围以外，安全距离为200m。200m以内房屋及设备应采取防护措施，炸药库、雷管库等都应远离开采区1km以外。

砖瓦材料，一般施工单位可向地方购买，不必自行设置专用的砖瓦厂。当砖瓦需要量很大，地方砖瓦不能满足需要时，施工单位才自设砖瓦厂。

为了保证各种施工机械的正常运转，应对机械进行定期检修和经常维修。

定期检修的内容如下：

(1)小修。目的在于更换磨耗较快的机械零件，并消除机械的隐蔽故障，基本上不拆卸机械的主要部件。

(2)中修。目的是恢复工作能力已消失或降低了的机件性能。需要拆卸机械的局部或主要构成部分，以更换或修复磨耗的机件。

(3)大修。目的是对机械进行彻底翻新，以恢复机械的工作性能。大修后的机械其质量水平应达到新出厂机械的90%～95%。

加强机械的修理工作，是提高机械出勤率的有效办法。

第四节 工 程 运 输

在铁路施工中，有大量的工程材料和设备需要运送至工地。运输工作的好坏，直接影响到工程能否顺利进行和按期完成，也影响到工程成本，必须予以高度重视。应根据施工调查资料，全面考虑，提出经济合理的运输方案，组织好工程运输。

一 运输量的计算

需要运输的材料数量，可按各工点或建筑物的工程数量及相应的材料消耗或材料需要量指标进行计算。此外还需考虑施工机具、生活供给及管理用品的需要量。一般只计算一些主要材料、机具，其他零星材料可按主要材料、机具需要量的10%计算。材料需要量指标见表2-25。

每正线公里主要材料参考指标 表2-25

材料名称	单 位	平原地区	丘陵地区	山岳地区
水泥	t	310	500	950
木材	m^3	95	200	355
钢材	t	20	27	35
砂	m^3	1055	1520	2490
碎、卵石	m^3	1110	1960	2740
片料石	m^3	1190	1740	2790
底碴	m^3	950	1020	1070

注：表列数量仅系铺轨前工程。面碴、轨料及站后工程未计入。

需运输的各项材料重量与其运距的乘积累加起来即为运输量，单位为t·km。计算出来的总吨公里数为所需要的运输能力。

确定运输量后，可编制货流图。货流图是以图示的形式表示铁路基本建设工程在一定期限内，必须运送到工地的材料总吨位及货流性质与方向，一目了然地概括了工程运输的全貌，可用来检算运输道路的标准及通过能力，也便于运输工具数量的计算。

二 运输路线及方法的选择

运输路线的选择，对于新建铁路，应根据现有的交通运输情况和拟建的临时运输道路来决定。由于当地料源分散，应充分利用既有道路。

目前常用的运输方法有三种：铁路、公路与水运。

铁路运输量大、运价低、安全可靠，应充分利用。一般外来料都是通过营业线铁路运输。新线站后工程所需的材料、机具，尽可能利用铁路运输，以节省运费。

公路运输可用汽车、拖拉机等运输工具，这些运输工具具有高度的机动性、灵活性及较高的速度和载重能力，使用方便，在新建铁路施工中为主要的运输方法，特别是铺轨前，大部分材料都是用公路运输的，但公路运输成本较铁路运输高。

在有条件通航的江、河、湖泊，可采用水上运输。

既有线技术改造、增建第二线、扩建枢纽等建设项目，应尽量采用既有线铁路运输，以节省运费和临时道路修筑费。但利用既有线运输，必须结合区间、车站的通过能力、区间或车站卸料的可能性、临时封锁要点、增加运输列车的条件进行综合考虑，并需与运营部门协商。

运输材料尽可能从发料地点直接运至工地，以减少装卸次数和材料在运输途中的损耗。

三 运输工具需要量

运输工具需要量的计算，可根据运输量、工期及运输工具的运输能力等因素，按式(2-9)计算。

$$N=\sum\frac{C_n \cdot Q_n}{t_n \cdot q_d} \tag{2-9}$$

式中：N——材料运输工具数量(不包括土石方、隧道等工程施工所需的运输工具)；

C_n——材料运输不平衡系数，一般可采用1.2～1.4(采用施工最繁忙时期计算运量时，可不用此系数)；

Q_n——用每种运输工具运输材料的运输量(t·km)；

t_n——工作天数，根据施工组织设计的安排确定；

q_d——单个运输工具平均每日完成的运量定额。

可根据施工单位的资料分析确定，应考虑运距之长短、货物装卸系数、车辆利用系数、道路的情况以及装卸作业方法等因素。

思考与练习

1. 什么是准备工作、辅助工作和基本工作，它们都包括哪些内容？
2. 准备工作与准备时期的工作有什么不同？
3. 为什么要进行施工调查？主要调查哪些项目？
4. 铁路工程施工前应做哪些技术准备工作？
5. 怎样计算临时房屋需要修建的面积？修建临时房屋应遵循哪些原则？
6. 临时公路如何选线比较合理？
7. 某工程队全员300人(其中生产工人占85%)，负责某隧道进口端施工(单线隧道机械开挖)，每天进度为4m。临时房屋为1500m²(砖墙、油毡屋面)，拟设水池一座，试计算其水池容积。
8. 施工组织中怎样计算用电负荷？
9. 附属企业一般有哪些？应如何设置？
10. 工程运输在铁路建筑中有什么作用？如何选择运输方法？运输量应如何计算？

第三章　施工过程组织原理

【本章提要】:施工过程是整个建设项目各阶段中,投资量最大,涉及的部门、单位、人员、材料和机械最多,影响因素最广,管理难度最大的阶段,它是工程建设管理的重点和难点。无论是投资方,还是承包方,为实现其经济效益并提高其投资效益,做好施工过程组织尤为重要。要组织好施工,就必须根据铁路工程产品的特点,严格按照施工程序,采用科学的技术、方法和手段,有计划、有步骤地组织连续均衡的施工。流水作业就是一种连续均衡的施工组织生产方式。实践证明,流水作业是现代工业生产中广泛应用的一种提高劳动生产率、降低成本、保证产品质量的有效方式。

第一节　施工过程的组织原则

一　铁路工程施工过程的概念

施工过程就是生产建筑产品的过程,是劳动者利用劳动工具作用于劳动对象的过程。铁路工程施工过程含有两方面的含义:(1)劳动过程,离不开人、材料、机械等;(2)自然过程,如混凝土硬化过程、乳化沥青分裂过程等。

按施工过程所需劳动性质及其在基本建设中的不同作用,可将施工过程划分为:

(一)施工准备过程

施工准备过程指建筑产品在投入生产前所进行的全部生产技术准备工作,如:可行性研究、勘察设计、施工准备等。

(二)基本施工过程

基本施工过程指为完成产品而进行的生产活动,即:施工现场所发生的活动,如:路基、铺轨、桥涵等的施工。

(三)辅助施工过程

辅助施工过程指为保证基本施工过程的正常进行所需的各种辅助生产活动,如:机械设备维修、动力的生产、材料加工等。

(四)服务施工过程

服务施工过程指为基本施工过程和辅助施工过程服务的各种服务过程,如:原材料、半成品、机具、燃料等的供应与运输等。

二 铁路施工过程的要素

组织铁路工程施工，必须研究施工过程的最小要素，以适应施工组织、计划、管理等工作。

现行的《铁路工程设计概（预）算文件编制办法》，将铁路工程划分为：拆迁及征地费用、路基、桥涵、隧道及明洞、轨道、通信、信号及信息、电力及电力牵引供电、房屋、其他运营生产设备及建筑物、大型临时设施和过渡工程等项目。每个项目又细分为若干个分部、分项工程。如：独立大桥工程划分为：桥头引道、基础、下部构造、上部构造、沿线设施、调治及其他工程、临时工程等分部工程。

铁路施工过程便是按照上述分部、分项工程按结构顺序施工。为了更好地管理施工过程，使施工组织设计做得更科学、合理、详细，将施工过程依次划分为：

（一）动作与操作

动作是指工人在劳动时一次完成的最基本的活动，若干个相互关联的动作组成操作。

（二）工序

工序是指施工技术相同，在劳动组织上不可分割的施工过程，工序由若干个操作组成。从施工工艺流程看出，工序在工人数量、施工地点、施工工具及材料等方面均不发生变化。如果上述因素中某个因素发生改变，就意味着从一道工序转入另一道工序。

（三）操作过程

操作过程是由几个在技术上相互关联的工序所组成的，可以相对独立完成某一分部、分项工程。在编制施工组织设计时，一般把工序作为最小的施工过程要素。

三 铁路施工过程的组织原则

影响施工过程组织的因素很多，如：施工地点、施工性质、产品结构、材料、机械设备条件、自然条件等。使施工过程的组织灵活多样，没有完全相同的模式。但是不管施工过程的组织怎样变化，为了降低工程成本，缩短施工工期，保证工程质量，都应遵守以下基本原则：

（一）施工过程的连续性

施工过程的连续性是指建筑产品的施工过程各阶段、各工序的进行在时间上是紧密衔接的，不发生各种不合理的中断现象，即在施工过程中，劳动对象始终处于被加工、检验状态，或处于自然过程中（如水泥混凝土的硬化）。

保持和提高施工过程的连续性，可以降低成本。施工过程的连续性要求凡是能平行进行的不同工序活动（在不同的施工段上），必须组织平行作业，平行性是连续性的必然要求（流水作业法即可体现这一特性）。

（二）施工过程的协调性

施工过程的协调性（也叫比例性）是指建筑产品的施工过程各阶段、各工序之间，在生产能力上要保持一定的比例关系，不发生脱节和比例失调的现象(如某专业队人数多，生产能力强，造成产品过剩；而另一专业队人数少，生产能力较差，产品供应跟不上，这就属于比例失调，施工过程中应当避免)。协调性在很大程度上取决于施工组织设计的正确性。在施工过程中，材料(如品种变化、货源改变等)、采用新工艺、自然因素的变化等的影响，都会使实际生产能力发生变化，造成产品比例失调。因此，施工组织工作必须根据变化了的情况，采取措施，及时调整各种比例关系，保证施工过程的协调性。

(三)施工过程的均衡性

施工过程的均衡性(也叫节奏性)是指施工过程的各个环节，都要按照施工计划的要求，在一定时间内，生产出相等或递增数量的产品，使各生产班组或设备的任务量保持相对稳定(即各施工段劳动量大致相等)，不发生时松时紧现象(即使用同一种材料、机械或半成品的项目不要安排在同一时间施工)。均衡性能充分利用工时，有利于保证生产质量、降低成本，有利于劳动力和机械设备的调配。实现生产的均衡性，必须保持生产的比例性，加强计划管理，强化生产指挥系统，做好施工技术和物资准备。

(四)施工过程的经济性

施工过程的经济性是指施工过程除了满足技术要求外，必须讲求经济效益，要用最小的劳动消耗尽量取得较大的生产成果。上述连续性、协调性和均衡性最终都要通过经济效果集中反映出来。

通过以上几点可以看出：连续性、协调性和均衡性是相互制约、有关联的，施工组织过程中，连续性、协调性和均衡性把握得好，施工过程的经济性自然就能保证。

第二节　施工过程的时间组织

施工组织设计包括两方面：(1)施工过程时间组织；(2)施工过程空间组织。本节主要介绍施工过程时间组织，后面章节介绍施工过程空间组织。

一　施工过程时间组织的类型

在施工过程中，把施工对象(工程项目)人为地划分成若干段(有些是自然形成的)，这些段叫做施工段。

铁路施工过程时间组织类型主要有以下三种：

(一)单施工段多工序型

单施工段多工序型是指施工任务不能划分或不需要划分为若干施工段，而只有一个施工段，在这单一的施工段中含有 n 道工序的施工过程。

(二)多施工段多工序型

多施工段多工序型是指施工任务可以划分为多个施工段，每个施工段又含有 n 道工序的施工过程。

(三)混合型

混合型是指在一个施工任务中,既含有单施工段多工序型,又含有多施工段多工序型。

二 施工过程时间组织的基本作业方法

在铁路施工过程中,铁路施工的时间组织有三种基本作业方法:顺序作业法、平行作业法、流水作业法。在进行铁路施工组织设计时,这三种作业方法既可以单独运用,也可以综合运用。顺序作业法、平行作业法、流水作业法既可以用横道图表示,也可以用网络图表示。两种图示方法可以互换。下面举例讲解这三种基本作业方法。

【例 3-1】 4 座涵洞的施工任务(假定 4 座涵洞的劳动量相等,施工条件、技术配备、工程数量等完全相同)。

【解】 4 座涵洞自然形成了 4 个施工段,可把每一个施工段划分成三道工序,即:出入口、涵身、附属工程。可以采用下面三种基本作业方法完成该施工任务。

(一)顺序作业法

当施工任务含有若干个施工段时(人为划分或自然形成),完成一个施工段后,再去接着完成另一个施工段,依次按顺序进行,直至完成全部施工段(见图 3-1)。

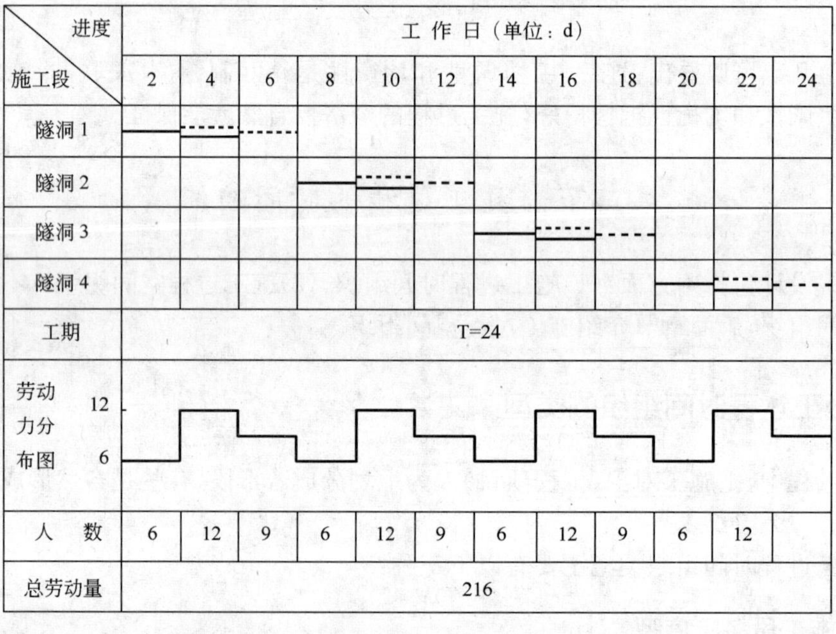

图 3-1 顺序作业法

由图 3-1 可以看出,顺序作业法有以下特点:

(1)不能充分利用工作面去争取时间,所以工期长;

(2)施工队不能实行专业化施工,不利于提高工程质量和劳动生产率;机械设备不能充分利用;

(3)劳动力需要量波动大;

(4)单位时间内需要投入施工现场的资源数量较少,有利于资源供应的组织工作;

(5)因为只有一个施工队在施工，所以施工现场的组织管理工作比较简单。

由此可见，顺序作业法适用于小型项目，且工期要求不严。

(二)平行作业法

指当施工任务含有若干个施工段时，各个施工段同时开工、平行生产、同时完工的一种作业方法，即施工任务含有多少个施工段，就相应地组织多少个施工队(见图 3-2)。

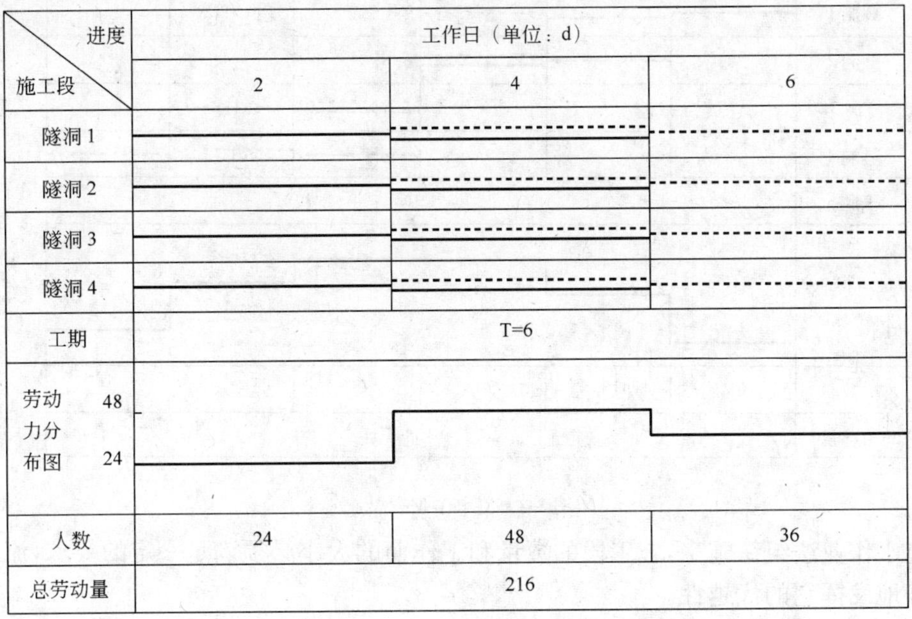

图 3-2　平行作业法

由图 3-2 可以看出，平行作业法有以下特点：

(1)充分利用了工作面，缩短了工期；

(2)施工队不能实行专业化施工，不利于提高工程质量和劳动生产率；

(3)协调性、均衡性差，劳动力需要量出现高峰；

(4)单位时间内需要投入施工现场的资源成倍增长，给材料供应、机械设备调度等带来困难；

(5)因为施工队多，人员集中，所以施工现场的组织管理工作复杂。

由此可见，只有当施工任务十分紧迫，工期紧张，工作面允许及资源充分、能保证供应的条件下，才能使用这种作业方法。

(三)流水作业法

是指当施工任务含有若干个施工段时，其各个施工段相隔一定时间依次投入施工生产，相同的工序依次进行，不同的工序则平行进行的一种作业方法(见图 3-3)。

由图 3-3 可以看出，流水作业法的工期比顺序作业法短，比平行作业法长。通过比较可以看出，流水作业法消除了以上两种作业法的缺点，其特点是：

(1)由于流水作业法科学地利用工作面，所以总工期比较合理；

(2)施工队采用专业化施工，可使工人的操作技术水平不断提高，为进行技术改造、革新创造了条件，更能保证工程质量，同时获得更高的劳动生产率；

(3)专业施工队实行连续作业，相邻专业施工队之间搭接紧凑，体现了施工的连续性；

(4)单位时间内需要投入施工现场的资源数量较为均衡，有利于资源供应的组织工作；

(5)施工有节奏，为文明施工和进行施工现场的科学管理创造了条件。

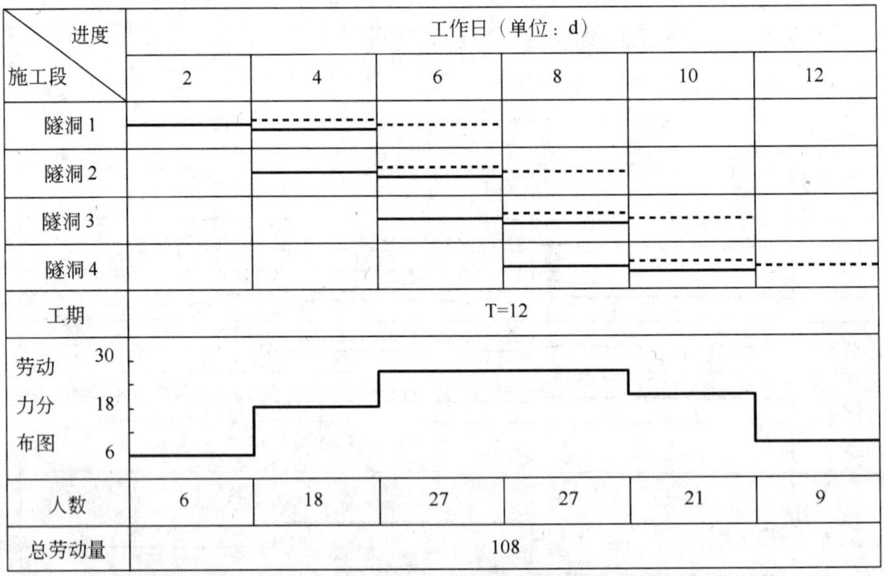

图 3-3　流水作业法

采用流水作业法组织施工，施工段的数量和工作面的大小必须满足一定的要求，流水作业法才能更好地发挥它的优越性。

以上是假定在施工条件、技术水平、工程数量等完全相同的条件下，仅就三种施工组织方法的施工工期和劳动力需要量进行比较，而实际工程中的情况要复杂得多。

第三节　流水作业法的原理

一　流水作业法的组织

不论是分部、分项工程，还是基本建设项目，都可以组织流水作业，即小到一道工序大到一个基本建设项目，都可以按流水作业法组织施工。

组织流水作业的基本方法如下：

(一)划分施工段

划分施工段，就是把劳动对象(工程项目)按自然形成或人为地划分成劳动量大致相等的若干段。如：一个标段上有若干小涵洞，可以把每一个小涵洞看作是一个施工段，这就自然形成了若干施工段。如果把一个标段的路线工程部分划分成 1km 一段，就属于人为地把劳动对象划分成了若干施工段。

(二)划分工序

划分工序就是把劳动对象(工程项目)的施工过程，划分成若干道工序或操作过程，每道工序或操作过程分别按工艺原则建立专业班组，即有几道工序，原则上就应该有几个专业施工队。

（三）确定施工顺序

确定施工顺序就是各个专业班组按照一定的施工顺序，依次、连续地由一个施工段转移到下一个施工段，不断地完成同类施工。如路线的施工顺序是：施工准备、施工放样、路基施工、铺轨施工等，各专业班组按照这样一个施工顺序，由一个施工段转移到下一个施工段，直至完成全部工程。

（四）施工段之间、工序之间尽可能连续

为了缩短工期，提高经济效益，减少施工工人和施工机械的闲置时间，施工段上各相邻工序之间或本工序在相邻施工段之间进行作业的时间，应尽可能相互衔接起来。

二 流水作业法的主要参数

流水作业法的主要参数可分为以下三类：

（一）空间参数

执行任何一项施工任务，都要占用一定范围的空间。在组织流水作业时，用工作面、施工段数这两个参数表达流水作业在空间布置上所处的状态，这些参数称为空间参数。

1. 工作面

某一专业工种的工人或某种型号的机械在进行施工操作时所必须具备的活动空间称为工作面。

工作面的大小决定了最多能安置多少工人和布置多少台机械操作，它反映了空间组织的合理性。工作面的布置以最大发挥工人和机械的效力为目的，并遵守安全技术和施工技术规范的规定。

2. 施工段数 m

施工段的概念前面已经讲过，那么为什么要划分施工段呢？划分施工段时应注意什么呢？

1)划分施工段的目的

(1)多创造工作面，为下道工序尽早开工创造条件；

(2)不同的工序(不同工种的专业施工队)在不同的工作面上平行作业。只有划分施工段，才能展开流水作业。

2)划分施工段应注意的事项

(1)人为划分施工段时，要使各施工段劳动量大致相等，相差以不超过15%为宜；

(2)施工段的划分，应考虑施工规模、资源供应等，通常以主导工序的组织为依据；

(3)施工段的划分，应考虑施工对象的结构整体完整性。如：大型人工构造物以伸缩缝、沉降缝为界分段，一般的工程结构应在受力最小而又不影响结构外观的位置分段；

(4)施工段的划分要考虑各作业班组有合适的工作面。过小，不能充分发挥人、机械的效力；过大，影响工期。

(二)工艺参数

任何一项工程的施工，都由若干不同种类和特性的工序（施工过程）组成，每一道工序都有其特定的施工工艺。在组织流水作业时，用工序（施工过程）和流水强度这两个参数来表达流水作业施工工艺开展顺序及特征，这些参数称为工艺参数。

1. 工序数 n

根据具体情况，把一个工程项目（分部工程）划分为若干道具有独自施工工艺特点的个别施工过程，叫做工序。如：桥梁钻孔灌注桩工程可分为：埋护筒、钻孔、灌混凝土等；预制混凝土构件可分为：钢筋组、木工组、支模板组、实验组、混凝土拌和站、混凝土运输、混凝土浇灌、混凝土振捣。工序数常用 n 来表示。每一道工序由一个专业班组来承担施工。

工序数要根据构造物的复杂程度和施工方法来确定，划分工序时，应注意以下问题：

1)工序划分的粗细程度应以流水作业进度计划的性质为依据。对于实施性的流水作业进度计划，应划分得细一些，可划分到分项工程。对于控制性的进度计划，应划分得粗一些，可以是单位工程，甚至是单项工程。

2)结合所选择的施工方案划分工序。如：钢筋混凝土结构的现场浇注与预制安装，沥青混凝土路面的机械摊铺施工与人工摊铺施工，两者划分施工工序的差异是很大的。

3)划分工序应重点突出，抓住主要工序，不宜太细，使流水作业进度计划简明扼要。如：路面工程可以划分为底基层、基层、面层。

4)一个流水作业进度计划内的所有工序应按施工先后顺序排列，所采用的工序名称应与现行定额的项目名称一致。

2. 流水强度 v

流水强度又称流水能力或生产能力，是指每一工序（专业班组）在单位时间内所完成的工程量（如：瓦工组在每工作班砌筑的圬工体积数值）。流水强度越大，专业队应配备的机械、需用的人工及材料等也就越多，工作面相应增大，施工期限则将会缩短。

1)机械施工时的工序流水强度按式(3-1)计算：

$$V_i=\sum_{i=1}^{x}R_i\cdot C_i \tag{3-1}$$

式中：V_i——工序 i 的机械作业流水强度；

R_i——某种施工机械台数；

C_i——该种施工机械的台班产量定额（时间定额的倒数）；

x——投入同一工序的主导施工机械种类。

2)人工操作时的工序流水强度按式(3-2)计算：

$$V_i=R_i\cdot C_i \tag{3-2}$$

式中：V_i——工序 i 的人工作业流水强度；

R_i——每一专业班组人数；

C_i——平均每一个工人每班产量，即产量定额（时间定额的倒数）。

(三)时间参数

每一工序（施工过程）的完成都要消耗时间。在组织流水作业时，用流水节拍、流水步距、流水展开期、技术间歇时间、组织间歇时间这五个参数来表达流水作业在时间排列上所处的状态，这些参数称为时间参数。

1. 流水节拍 t_i

流水节拍 t_i 是指一道工序（作业班组）在一个施工段上的持续时间。当施工段数目确定后，流水节拍的长短，影响总工期。影响流水节拍长短的因素有：施工方案、施工段的工程数量、专业施工队的人数、机械台数、每天的作业班次等。

从理论上讲，流水节拍越短越好。但是实际上，由于工作面的限制，流水节拍 t_i 有一个界限。流水节拍 t_i 有以下两种计算方法：

1）在实际工程中，根据实有工人和机械数量确定流水节拍 t_i：

$$t_i = \frac{Q_i}{S_i \cdot R_i \cdot N_i} = \frac{Q_i \cdot C_i}{R_i \cdot N_i} \tag{3-3}$$

式中：t_i——某专业工作队在第 i 施工段的流水节拍；

Q_i——某专业工作队在第 i 施工段要完成的工作量；

S_i——某专业工作队的计划产量定额；

R_i——某专业工作队投入的工作人数或机械台数；

N_i——某专业工作队的工作班次；

C_i——某专业工作队的计划时间定额。

2）工期反算法：如果施工任务紧迫，必须在规定日期内完成施工任务，可采用倒排进度的方法求流水节拍。首先根据要求的总工期 T 倒排进度，确定某一工序（施工过程）的施工作业总持续时间 T_i，再根据施工段数 m 反求流水节拍 t_i：

$$t_i = \frac{T_i}{m} \tag{3-4}$$

然后检查反求的流水节拍 t_i 是否大于最小流水节拍 $t_{\min}$，若不满足，可通过调整施工段数和专业队人数及作业班次，再综合考虑其他因素，然后重新确定。$t_{\min}$的计算公式为：

$$t_{\min} = \frac{A_{\min} \cdot Q_i \cdot s}{A} \tag{3-5}$$

式中：$A_{\min}$——每个人或每台机械所需的最小工作面；

A——一个施工段实际具有的工作面数值；

Q_i——某施工段的工程数量；

s——某工序的时间定额。

2. 流水步距 K

流水步距指两相邻不同工序（专业班组）相继投入同一施工段开始工作的时间间隔，即开始时间之差，通常用 K 表示。流水步距 K 的大小，对总工期有很大影响。在施工段数目和流水节拍确定的条件下，流水步距越大，总工期就越长，反之，就短。确定流水步距时，在考虑正确的施工顺序、合理的技术间歇、适当的工作面和施工的均衡性的同时，一般还应遵循以下原则：

1）采用最小的流水步距，即相邻两工序在开工时间上最大限度、合理的连接，以缩短工期；

2）流水步距要能满足相邻两工序在施工顺序上相互制约的关系；

3）尽量保证各施工专业队都能连续作业；

4）确定流水步距要保证工程质量，满足安全施工的要求。

3. 流水展开期

从第一个施工专业队开始作业起，到最后一个施工专业队开始作业止，其时间间隔称为流水展开期，常用 t' 表示。显然，流水展开期之后，全部施工专业队都进入流水作业（当 $m>n$ 时），每天的各种资源需要量保持不变，各专业队每天完成相应的工作量，开始了连续、均衡而紧凑的流水作业阶段。可知流水展开期 t' 的数值等于各流水步距 K 值之和。

4. 技术间歇时间

在组织流水作业时，不仅要考虑专业队之间的协调配合、施工质量、施工安全等，有时根据材料特点和工艺要求，还要考虑合理的工艺等待时间，然后下一专业队才能进入施工，这个等待时间叫技术间歇时间。如：混凝土的凝结硬化、油漆的干燥等。

5. 组织间歇时间

在流水作业中，由于施工技术或施工组织的原因，造成流水步距以外增加的间歇时间叫组织间歇时间。如：施工进行中的验收、检查、施工人员和机械的转移等需要的时间都是组织间歇时间。

三 流水作业法的分类及总工期

由于工程构造物的复杂程度不同，受地理环境影响不同，造成了流水参数的差异，使流水施工作业分为：有节拍流水作业和无节拍流水作业。其中，有节拍流水作业又分为全等节拍流水、成倍节拍流水和分别流水。

（一）有节拍流水作业

1. 全等节拍流水

1）定义

在组织流水作业时，如果所有工序（施工过程）在各个施工段上的流水节拍彼此相等，这种组织方式的流水作业称为全等节拍流水（如图 3-4 所示）。

2）特点

（1）流水节拍彼此相等，流水步距彼此相等，而且两者的数值也相等。即 $t_i=k_i=$ 常数，这也是组织全等节拍流水作业的条件。

（2）按每一道工序各组织一个施工专业队，即施工专业队的数目等于工序数 n。

（3）每个施工专业队都能连续作业，施工段没有空闲，实现了连续、均衡而又紧凑的施工，是一种理想的组织方式。但是实际工程中，这种情况非常少见。

3）总工期计算

由图可知，流水展开期 t' 为各施工专业队（即工序）之间的流水步距 K 值之和。因此，施工专业队（即工序）数为 n 时，流水步距必然只有 $n-1$ 个，则：

$$t' = (n-1)\cdot k \tag{3-6}$$

最后一个施工专业队（即工序）应在每个施工段上依次作业，它的全部作业时间 t 应为：

$$t = m\cdot t_i \tag{3-7}$$

式中各符号意义同前。

流水作业的总工期 T 等于 t' 与 t 之和，即：

$$T = t' + t \tag{3-8}$$

亦即
$$T = (n-1) \cdot k + m \cdot t_i = (m+n-1) \cdot k \tag{3-9}$$

式中各符号意义同前。

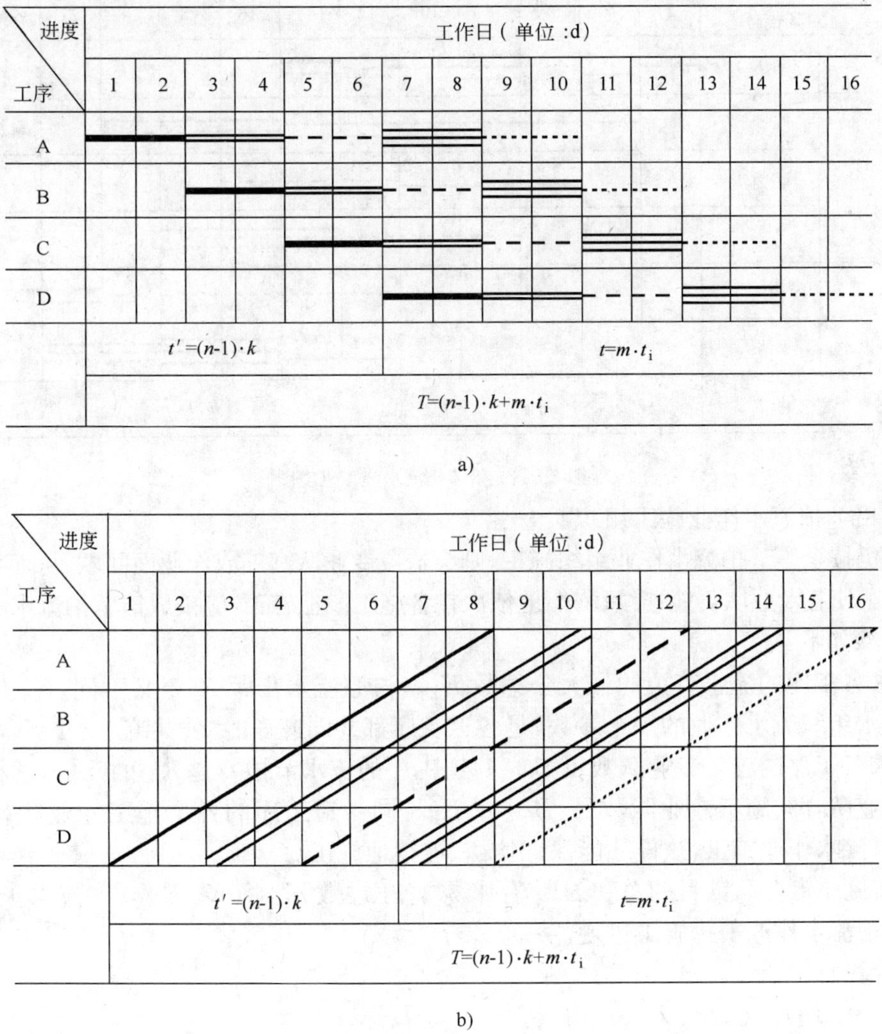

图 3-4　全等节拍流水施工进度图

a)横线图；b)斜线图

2.成倍节拍流水

1)定义

相同工序的流水节拍在所有施工段上都相等，不同工序的流水节拍彼此不相等，但互为整数倍数关系(1除外)，如图3-5所示。

2)特点

(1)同一工序在各个施工段上的流水节拍彼此相等，不同工序在同一施工段上的流水节拍彼此不相等，但互为整数倍数关系，这也是组织成倍节拍流水作业的条件。

(2)施工专业队的数目大于工序数。

(3)各施工专业队都能保持连续施工，施工段没有空闲，整个施工过程是连续、均衡的，各施工专业队按自己的节奏施工。

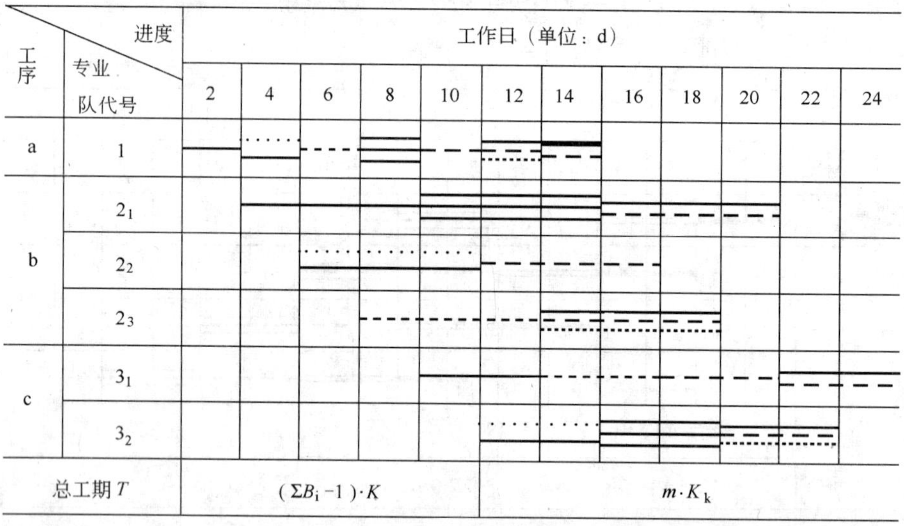

图 3-5　成倍节拍流水施工进度图

3)成倍节拍流水作业施工组织

如果仍按全等节拍流水作业组织施工，则会造成专业队窝工或作业面间歇，从而导致总工期延长。为了使各专业队仍能连续、均衡地依次在各施工段上施工，应按成倍节拍流水组织施工。

其步骤如下：

(1)求各工序的流水节拍的最大公约数 K_k。与原流水步距 K 意义不同，K_k 是作为按成倍节拍流水组织流水作业的一个参数，是各道工序都共同遵守的“公共流水步距”。

(2)求各工序的施工专业队数目 B_i。每道工序的流水节拍 t_i 是 K_k 的几倍，就相应安排几个施工专业队，即：施工专业队数目：$B_i=t_i/K_k$。同一道工序的各个施工专业队就依次相隔 K_k 天投入流水作业施工，这样才能保证均衡、连续地施工。

(3)将施工专业队数目的总和 $\sum B_i$ 看作是“总工序数 n”，将 K_k 看作是“流水步距”，然后，按全等节拍流水作业安排施工进度。

(4)计算总工期 T。

将 $n=\sum B_i, K_k=K$ 代入公式得：

$$T=(m+n-1)\cdot k=(m+\sum B_i-1)\cdot K_k \qquad (3\text{-}10)$$

如图 3-5 所示是一个成倍节拍流水作业图，共有 7 个施工段(I、II、III、IV、V、VI、VII)，每个施工段有 3 道工序(A、B、C)，A 工序(专业队)在各个施工段上的流水节拍 $t_A=2$；B 工序在各个施工段上的流水节拍 $t_B=6$；C 工序在各个施工段上的流水节拍 $t_C=4$。

各工序的流水节拍的最大公约数 $K_k=2$。由 $B_i=t_i/K_k$ 计算得：A 工序需要 1 个专业队；B 工序需要 3 个专业队；C 工序需要 2 个专业队。

该例中 $m=7, \sum B_i=6, K_k=2$，代入式(3-10)得：

$$T=(7+6-1)\times 2=24(\text{天})$$

3. 分别流水

1)定义

分别流水是指各工序的流水节拍各自保持不变即 $t_i=$常数，不同工序的流水节拍不完全相同,但不存在最大公约数(除 1 外),流水步距 K 也是一个变数的流水作业。也就是说,同类工序的流水节拍在各施工段上相等,而不同类工序的流水节拍相互不完全相等。

组织分别流水作业时,首先应保持各施工段本身均衡而不间断地进行,然后将各工序彼此衔接协调。既要避免各工序之间发生矛盾,也要尽可能减少作业面的空闲时间,使整个施工安排保持最大程度的紧凑,以达到缩短工期的目的。

2)作图

由于流水步距是一个变数,其作图不能像全等节拍流水作业,也不能像成倍节拍流水作业那样。分别流水作业作图,可以采用两种方法即:(1)紧凑法(只要具备开工要素就开工),见图 3-6a);(2)潘特考夫斯基法(各专业队连续作业,在后面讲),如图 3-6b)所示。

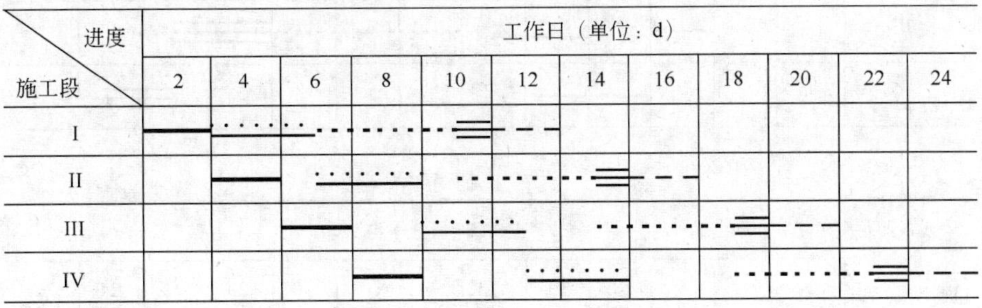

a)

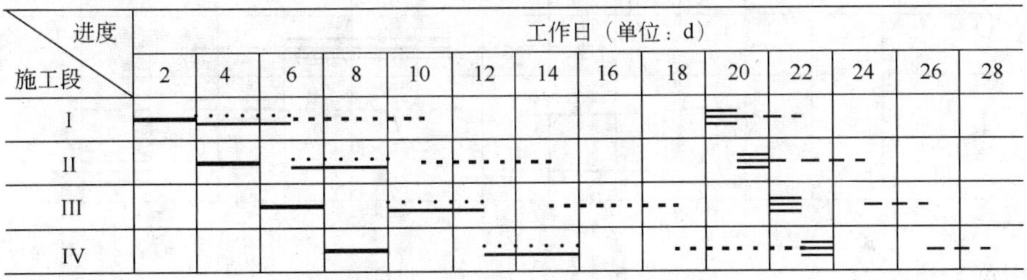

b)

图 3-6　分别流水施工进度图

a)紧凑法;b)专业队连续作业法

由图 3-6 可见,紧凑法总工期为 24 天,即 $T=24$;潘特考夫斯基法(各专业队连续作业法)总工期为 27 天,即 $T=27$。一般来说,哪一种组织方法工期短则采用哪一种。但是,工期条件相同的情况下,作业队连续作业更经济。分别流水作业施工总工期的确定,一般采用作图法确定。因为两种作图方法会有两种工期,不能用一个公式表达。

(二)无节拍流水作业

1. 定义

无节拍流水作业是指同类工序的流水节拍在各施工段上不完全相同,并且不同类工序的流水节拍相互也不完全相等。

对于铁路工程来说,沿线工程量并非均匀分布,如:大、中型桥梁或路基土、石方的高填、深挖等属于集中型工程。在实际工程中,各施工专业队在机具和劳动力固定的条件下,流水作业速度不可能总保持一致。所以,有节拍流水作业很少,大多是无节拍流水作业,即 $t_i \neq$ 常数且 $K \neq$ 常数。

2. 作图

无节拍流水作业的作图与分别流水作业一样，也有两种方法，即：①紧凑法（只要具备开工要素就开工）（见图 3-7a）；②潘特考夫斯基法（各专业队连续作业）（见图 3-7b）。

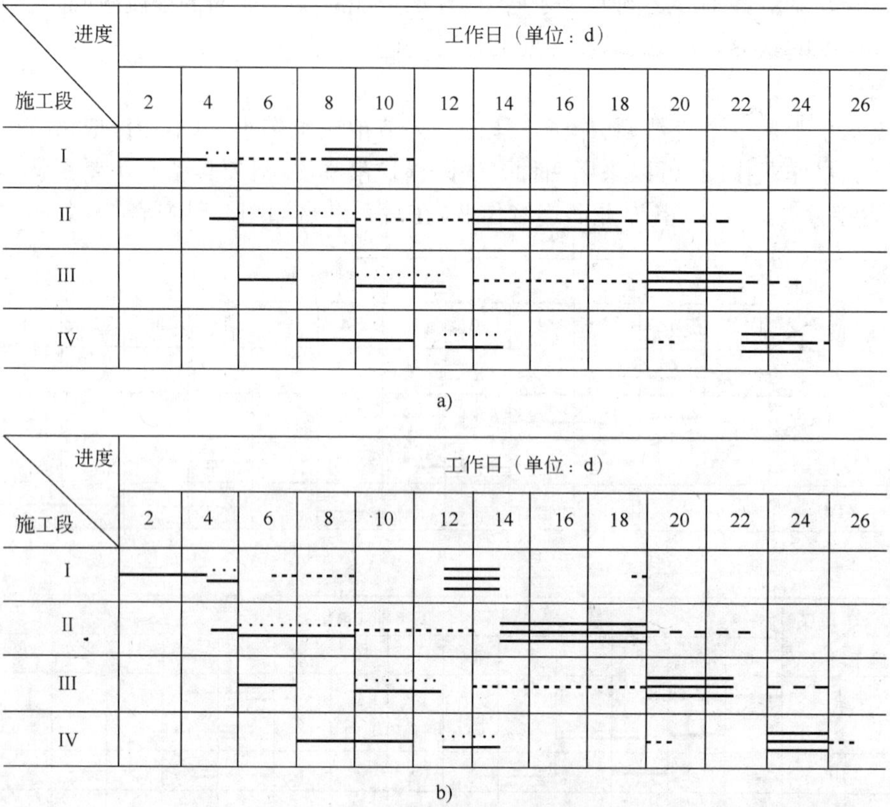

图 3-7　无节拍流水施工进度图

a)紧凑法；b)专业队连续作业

确定无节拍流水作业的施工总工期时，一般采用作图法确定。但是，为了求得最短的总工期，首先必须对施工段的施工次序进行排序（在第四节讲），然后才能以作图法确定其最短总工期。

四 流水作业的作图

（一）流水作业图的形式

按流水作业图中的图形和线条形态及其所表达的内容可分为：

（1）横线工段式；

（2）横线工序式；

（3）斜线工段式；

（4）斜线工序式。

（二）流水作业的作图

流水作业法的施工组织意图和内容，通过流水作业图的形式表达出来。有关作图的要点如下：

1. 开工要素

任何一道工序开工时，必须具备工作面和资源(工人、机械、材料等)两个开工要素，两者中缺少任何一个，工序都不具备开工条件，也就是说，工序无法进行。

2. 工序衔接原则

1)相邻工序之间及工序本身，应尽可能衔接，以取得最短施工总工期；

2)工序衔接必须满足工艺要求和自然过程(混凝土的硬化等)的需要；

3)尽量使相同工序在各施工段上能连续作业，并尽量使相邻不同工序在同一施工段上能连续作业；

4)图中的首工序和末工序，均可按需要与可能采取连续作业或间歇作业。

3. 紧凑法流水作业组织

为了使流水作业图取得最短总工期，作图时，各相邻工序之间，尽量紧凑衔接，即尽量使所排工序向作业开始方向靠拢(一般向图的左端)。

4. 专业队在各施工段间连续作业的组织

在流水作业组织中，可使各个专业队在各施工段间连续作业，以避免"停工待面"和"干干停停"；这样尽管不能保证工期最短，但肯定会提高经济效益。专业队实现连续作业，不等于总工期最短；总工期最短，不等于不能实现连续作业。

为了组织在总工期尽可能短的条件下，各施工专业队能在各个施工段间进行连续作业，必须确定相邻各专业队(相邻工序)间最小流水步距 K_{min}。最小流水步距 K_{min} 可以用潘特考夫斯基法和"纸条串法"确定。

1)潘特考夫斯基法

此法也叫"累加数列错位相减取大差法"，下面以示例介绍其具体步骤：

(1)作表

按施工段和工艺顺序，确定各工序(施工专业队)在各施工段上的流水节拍值，见表 3-1。

流水节拍表(单位：d)　　表 3-1

施工段 工序	I	II	III	IV
A	2	3	4	2
B	3	2	1	3
C	2	3	2	1

(2)求首施工段上各最小流水步距

①求 K_{AB}^{I}

将 A 工序的 t_A 依次累计叠加，可得数列：2　5　9　11；

将 B 工序的 t_B 依次累计叠加，可得数列：3　5　6　9。

将后一工序的数列向右错一位，进行两数列相减，即：

$$
\begin{array}{lccccc}
A: & 2 & 5 & 9 & 11 & \\
B: -) & & 3 & 5 & 6 & 9 \\
\hline
 & 2 & 2 & 4 & 5 & -9
\end{array}
$$

则所得数列中的最大正数为 5，即 A、B 两工序的最小流水步距 $K_{AB}^{I}=5$。

②同理求 K_{BC}^{I}：

B：	3	5	6	9	
C：	—)	2	5	7	8
	3	3	1	2	−8

则所得数列中的最大正数为 3，即 B、C 两工序的最小流水步距 $K_{BC}^{I}=3$。

如果还有更多的工序，施工段也将比此例多，但最小流水步距的求法完全相同。

(3)绘制流水作业图

根据求得的最小流水步距和流水节拍表，绘制流水作业图，如图 3-8 所示：

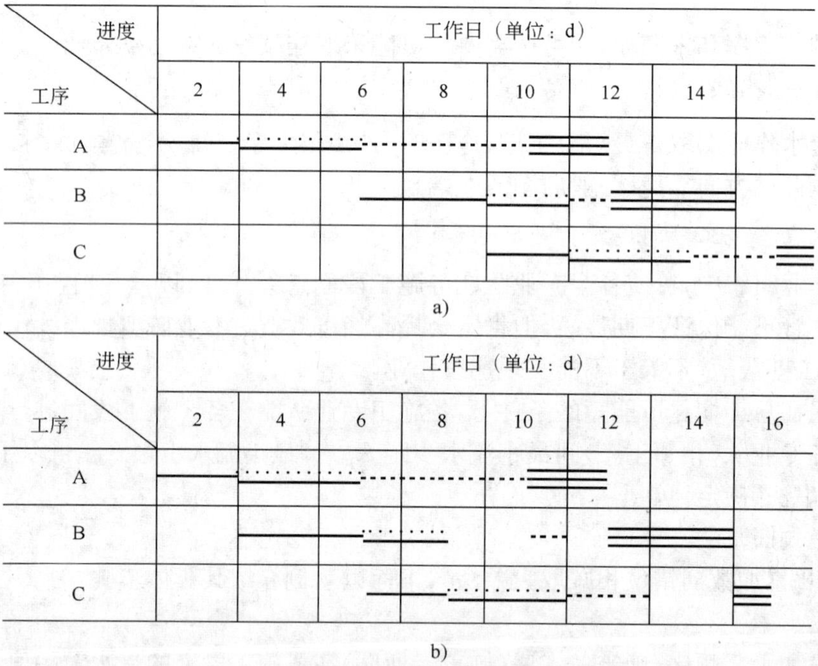

图 3-8　最小流水步距施工进度图

a）紧凑法；b）专业队连续作业

(4)结论

由图可得总工期 $T=16$d，若采用紧凑法组织施工，可得总工期 $T=15$d。在实际生产中，应根据具体情况选取组织方法。

2)纸条串法

此法只适用于横线工段式。纸条串法求 K_{min} 的步骤如下：

(1)作流水节拍表；

(2)绘制“流水作业进度图”的图框，填好施工进度日历和工序名称(以下简称进度图)；

(3)将首工序即 A 工序，在各个施工段上的流水节拍直接连续地绘于进度图上，并标明施工段名称；

(4)将 B 工序在各施工段上的流水节拍连续地绘在纸条上，并标明施工段名称。然后，将纸条在“进度图”的 B 工序行内由左向右调整，调整的原则是：相同符号的施工段不能重叠(重叠说明两个不同的施工专业队进入了同一个施工段，也就是说：上一道工序还没有完工，还不具备工作面条件，下一道工序就想进入施工场地)，但要做到衔接最紧凑。调整好后，将纸条固定；

(5)将C工序在各个施工段上的流水节拍连续地绘在纸条上，并重复上述方法，调整好后，将纸条固定。

若还有更多的工序，可以一直重复上述方法。实践证明，纸条串法简捷、直观、准确、无须计算。

第四节　无节拍流水作业施工次序的确定

前面曾提到，在确定无节拍流水作业的施工总工期时，必须先进行施工段排序，否则，将不能求得最短施工总工期。

如果有 m 个施工段，每个施工段都具有 n 道工艺相同的工序(工艺不同的工序无法进行比较)，那么，怎样安排各个施工段的施工次序，才能使总工期最短呢?

这里所指的 m 个施工段，是指那些施工内容相同的单位工程、分部、分项工程(而不同施工内容的施工段无法排序)。n 道工序是指 m 个施工段中，受某种客观条件(如关键资源)制约的工序，或指那些人为合并的工序。

一　m 个施工段，两道工序时，施工次序的确定

对于这类问题，可以用约翰逊——贝尔曼法则来解决。这个法则的基本原则是：先行工序施工工期短的要排在前面施工；而后续工序施工工期短的要排在后面施工。也就是，首先列出 m 个施工段的"流水节拍表"，然后，在表中依次选取最小数，而且每列只选一次，若此"数"属于先行工序，则从前面排，反之，则从后面排。

具体步骤通过示例详解如下：

(一)填列"流水节拍表"(如表3-2所示)

流水节拍表(单位：d)　　表3-2

施工段 / 工序	I	II	III	IV	V	VI
A	6	5	4	7	2	3
B	5	3	1	6	3	4

(二)绘制"施工次序排列表"的表格

见表3-3(熟练后可不绘制此表，而在流水节拍表下边加一栏，直接排序)。

施工次序排列表　　表3-3

施工次序 / 填表顺序	1	2	3	4	5	6
1						III
2	V					
3		VI				
4					II	

续上表

填表顺序 \ 施工次序	1	2	3	4	5	6
5				I		
6			IV			
列中最小数	2	3	6	5	3	1
施工段顺序	V	VI	IV	I	II	III
A	2	3	7	6	5	4
B	3	4	6	5	3	1

(三)填表排序

即按约翰逊——贝尔曼法则填表,从而可将各个施工段的施工次序排列出来。

本例中,根据流水节拍,各施工段的施工次序排列如下:

第一个最小数是 1,属于后续工序,所以填在表中施工次序的最后一格,并将表中 III 施工段这一列划去;

第二个小数是 2,属于先行工序,所以填在表中施工次序的最前面一格,并将表中 V 施工段这一列划去;

其余以此类推,将施工次序安排表填列完毕,可确定各个施工段的最优施工次序为:V、VI、IV、I、II、III。

(四)绘制施工进度图,确定施工总工期

本例按流水作业法组织施工,其施工进度图如图 3-9 所示,其总工期为 28 天。

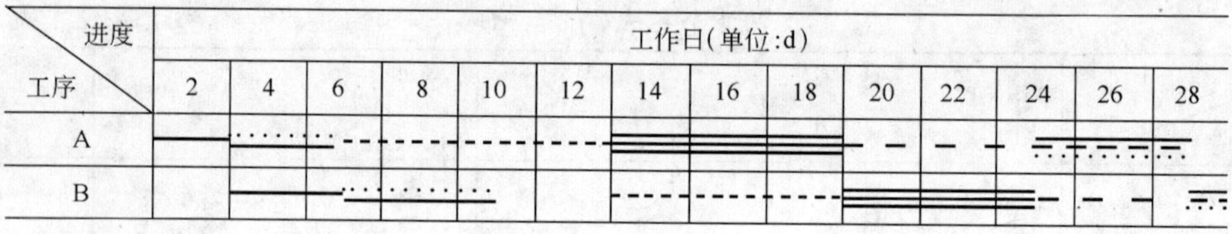

图 3-9 施工进度图

若不按约翰逊——贝尔曼法,则所确定的施工次序,一般不能取得最短施工总工期。如本示例,若按表的施工次序,即按 I、II、III、IV、V、VI 的次序施工,则总工期至少需要 35 天(如图 3-10 所示),比 28 天多 7 天。

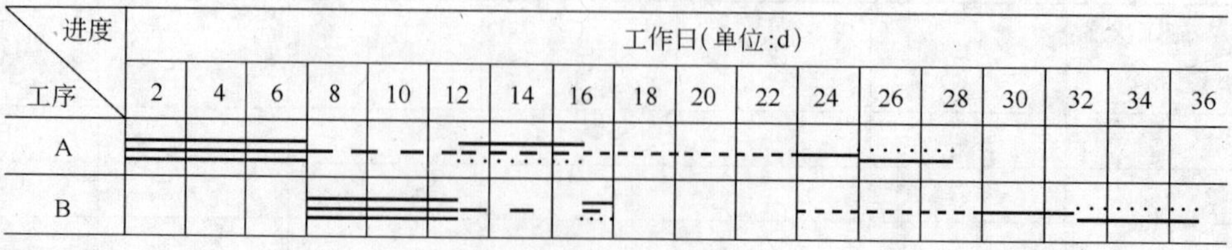

图 3-10 施工进度图

二 m 个施工段,三道工序时,施工次序的确定

对于这类问题,如果符合下列两种情况中的一种,就可采用约翰逊——贝尔曼法则,这两种情况分别是:

(1)第一道工序中最小的工序持续时间 A_{min} 大于或等于第二道工序中最大的工序持续时间 B_{max},即 $A_{min} \geqslant B_{max}$;

(2)第三道工序中最小的工序持续时间 C_{min} 大于或等于第二道工序中最大的施工期 B_{max},即 $C_{min} \geqslant B_{max}$。

对于 m 个施工段三道工序的情况,施工次序的排序问题,只要符合上述两条中的任意一条时,即可按下述步骤来求得最优施工次序:

第一步:将各个施工段中第一道工序 A 和第二道工序 B 的工序持续时间依次加在一起,即 A+B;

第二步:将各个施工段中第二道工序 B 和第三道工序 C 的工序持续时间依次加在一起,即 B+C;

第三步:将上两步中得到的工序持续时间表,看作两道工序的工序持续时间表,见表 3-4 中的 A+B 和 B+C;

第四步:按上述 m 个施工段两道工序时的排序方法,求出最优施工次序;

第五步:按所确定的施工次序绘制施工进度图,确定施工总工期。

现举例说明,见表 3-4:

流水节拍表(单位:d) 表 3-4

施工段 工序	I	II	III	IV	V
A	3	6	8	4	2
B	5	3	3	2	5
C	6	5	7	5	8
A+B	8	9	11	6	7
B+C	11	8	10	7	13
最优次序	IV	V	I	III	II

按上述方法确定出最优施工次序为 IV、V、I、III、II,总工期为 37 天;若按 I、II、III、IV、V 的顺序施工,则总工期为 40 天。

如果 m 个施工段三道工序,不满足上述特定条件,应如何确定最优施工次序呢?对于这种情况,我们采用穷举法,找出最优施工次序。即还是按照上述原理,将工序重新组合成两道工序(包括所有可能的情况),再按约翰逊——贝尔曼法则确定最优施工次序。如有 4 个施工段,三道工序,但是不满足上述特定条件,我们可以把 A、B、C 三道工序重新组合成以下两道工序(包括了所有组合情况):(A,B+C)、(A+C,B)、(A+B,C)、(A+B,B+C)、(A+C,B+C)、(A+B,A+C)。注意:先行工序和后续工序的位置不能颠倒,即例如(A+C,B) 、(A+C,B+C)、(A+B,A+C)类的组合是错误的。

三 m 个施工段，工序多于三道时，施工次序的确定及直接编阵法计算工期

（一）m 个施工段工序多于三道时，施工次序的确定

当工序多于三道时，求解最优施工次序变的比较复杂，但是我们仍可以将工序按一定方式进行组合，将其变成虚拟的两道工序，然后再按约翰逊——贝尔曼法则确定较优施工次序。

由于组合方式很多，每一次只能得到较优施工次序，故只有列出所有组合方式，从众多较优解中找到最优施工次序。即使我们没有列出所有组合方式，也可以得到相对最优解。下面举例说明本方法的应用，如表 3-5 所示。

流水节拍表（单位：d）　　表 3-5

工序＼施工段	I	II	III	IV
A	5	3	4	2
B	1	3	2	6
C	3	5	3	7
D	2	2	6	4

若不排序，按直接编阵法（见下文）得施工总工期为 31 天。

组合一：

如表 3-6 所示，按直接编阵法可得施工总工期为 28 天。

流水节拍表（单位：d）　　表 3-6

工序＼施工段	I	II	III	IV
A+B	6	6	6	8
C+D	5	7	9	11
较优次序	II	III	IV	I

组合二：

如表 3-7 所示，按直接编阵法可得施工总工期为 29 天。

流水节拍表（单位：d）　　表 3-7

工序＼施工段	I	II	III	IV
A+B+C	9	11	9	15
D	2	2	6	4
较优次序	II	III	I	IV

组合三：

如表 3-8 所示，按直接编阵法可得施工总工期为 31 天。

流水节拍表(单位:d) 表 3-8

施工段 / 工序	I	II	III	IV
A	5	3	4	2
B+C +D	6	10	11	17
较优次序	IV	II	III	I

从以上三种有效组合中找出最优顺序为:II、III、I、IV,总工期为 28 天,比按 I、II、III、IV 顺序施工总工期减少了 3 天。还有其他组合方式,但不符合施工次序。

(二)直接编阵法计算工期

在实际工程中,对于小型施工项目的排序问题,就如上例一样,我们可以通过直接编阵法计算工期,而不必每一次都画出进度图来确定施工工期。

直接编阵法计算工期的原理是:只要具备了开工要素就开工,属于紧凑法施工组织安排。具体计算见表 3-9:

流水节拍表(单位:d) 表 3-9

施工段 / 工序	I	II	III	IV
A	3	4(7)	2(9)	5(14)
B	3(6)	2(9)	6(15)	1(16)
C	5(11)	3(14)	7(22)	3(25)
D	2(13)	6(20)	4(26)	2(28)

说明:

1)对于第一行各新元素,可以直接累加得到。因为,对于 A 工序来说,所有施工段上的工作面都是闲置的,只要有生产力就可以开工,所以可以直接用旧元素值加左边新元素值得到该新元素值。也就是说,到第 14 天,A 工序(作业队)就完成了所有施工段上的施工任务。

2)对于第一列(即首施工段 I)各新元素,也是直接用旧元素值加上面新元素值得到该新元素值。因为,所有工序(专业队)都是闲置的,即生产力能满足要求,只要有工作面就可以开工,所以,每累加一个数,也就是一道工序,已完成了在首施工段 I 上的操作。

3)对于其他新元素值,用旧元素值加上面或左边两新元素中的较大值(之所以加较大值是为了具备开工要素,上面的数值说明有无工作面,左边的数值说明有无生产力),得该新元素值,从第二行起顺序进行,直至完成。

第五节 作业法的综合运用

在前面已经讨论了顺序作业法、平行作业法、流水作业法,在实际工程中,这三种作业法不仅可以单独使用,而且可以根据具体条件将三种基本作业方法综合运用。在实际工程中常用的有:平行流水作业法、平行顺序作业法、立体交叉平行流水作业法。

一 平行流水作业法

在工程量相同的情况下，平行作业法工期最短，但劳动力、材料、机械等物资的需要量不平衡。如根据实际情况，组织平行流水作业法，则既能缩短工期，又能克服平行作业法的缺点，发挥流水作业法的优势。在下例图 3-11 中，桥墩 I 和桥墩 II、桥墩 III 和桥墩 IV、桥墩 V 和桥墩 VI、桥墩 VII 和桥墩 VIII 等为平行作业，桥墩 I 和桥墩 III、桥墩 II 和桥墩 IV、桥墩 V 和桥墩 VII、桥墩 VI 和桥墩 VIII 等为流水作业。从桥墩 I 至桥墩 VIII 之间的作业组织属于平行流水作业法；从桥墩 IX 至桥墩 XVI 之间的作业组织也属于平行流水作业法。

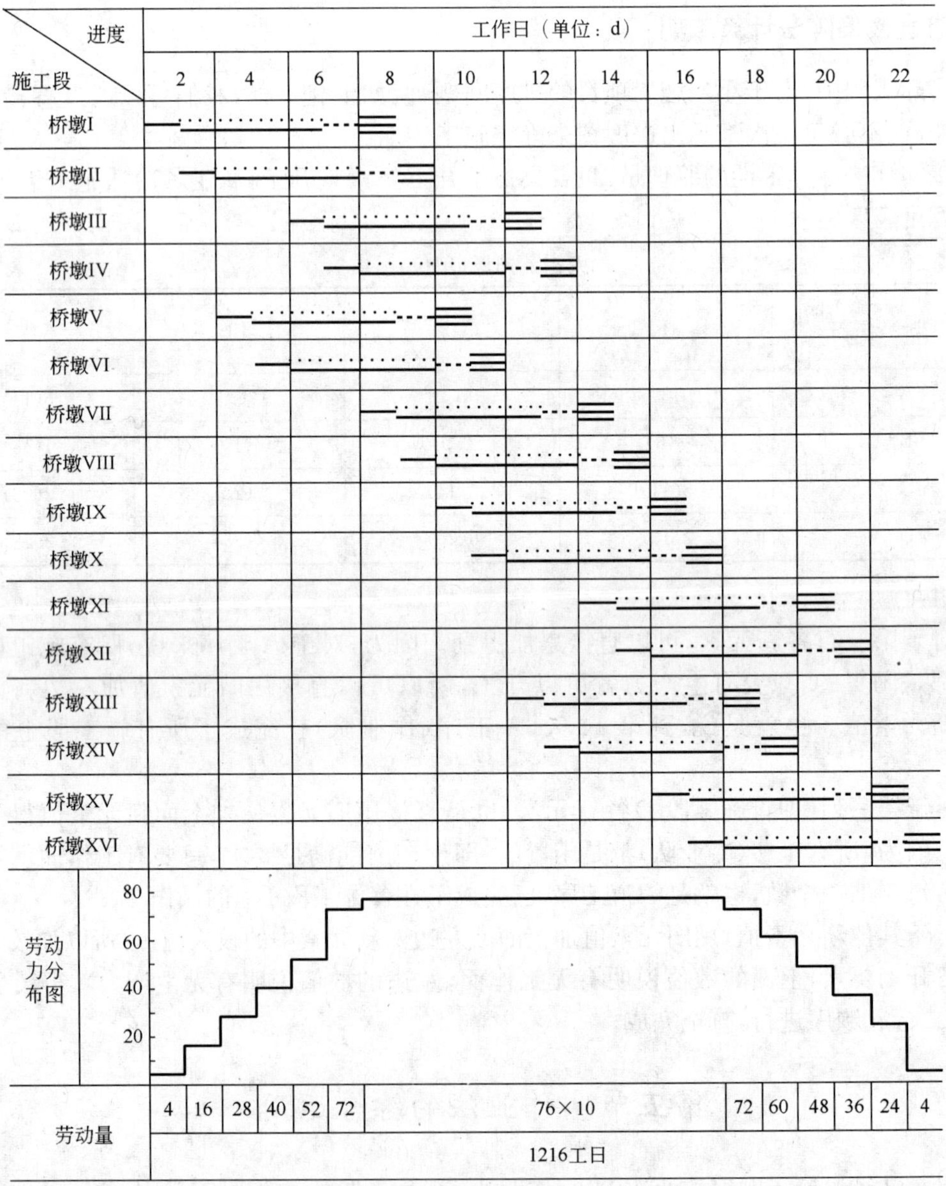

图 3-11　立体交叉平行流水作业进度图

二 平行顺序作业法

平行顺序作业法适合于人力、财力、物力都十分充足,工期又相当紧张的工程任务。虽然没有克服平行作业法造成的人力、物力、机械等的过分集中使用和顺序作业法的不连续等缺点,但在某些特定的情况下仍可以考虑应用。

三 立体交叉平行流水作业法

这种方法综合运用了平行、顺序、流水作业方法的特点。在空间上,利用一切可以利用的工作面,根据实际拥有的机械、材料、人力以最大发挥其效率。以主导工序和主导机械为依据,进行时间组织安排。它有效地缩短了施工工期,使整个施工过程处于节奏当中。它非常适合于工序繁多、工程量大而又集中的大型构造物的施工。如:立交桥、特大桥的钻孔灌注桩工程、桥墩、桥台施工等。

某工程队承包了一座桥的基础工程,该桥共有 16 根桥墩。该工程队的施工组织方法见图 3-11。在图 3-11 中,每 8 个桥墩分成一组,按平行流水作业组织,这两组之间又进行立体交叉施工。由此可见,四个专业队都是连续作业。整个施工过程有条不紊,充分体现了连续、协调、均衡的施工组织原则。

第六节 网络计划技术概述

上一章我们学习了施工过程时间组织的基本作业方法及这些方法的应用,通过横道图阐述了基本作业法的原理。在学习中我们发现横道图较易编制,简单明了,直观易懂,便于检查,使用方便,所以从 20 世纪初一直沿用至今。但是,横道图也有缺点,它不能体现出哪些工作是关键工作,哪些工作有时差。在这一章里我们要学习网络计划技术,那么,网络计划图与横道图有什么关系吗?有,实际上网络计划图与横道图一样都是时间组织的一种成果,任何一个横道图(紧凑法)都可以改画成网络计划图。

一 网络计划的特点

网络计划方法主要具有以下优点:

(1)能充分反映出各项工作之间的相互制约、相互依赖关系;

(2)可以区分关键工作和非关键工作,并能反映出各项工作的机动时间;

(3)可以更好地运用和调配人、材料、机械等各种物资;

(4)可以利用计算机进行计算工作;

(5)能够进行计划的优化比较,选出最优方案。

由此可见,采用网络计划法,能加强工程的管理,但在资源有限的条件下,并不能更快的提高施工速度。

目前,网络计划技术在各类工程中得到普遍采用,尤其是大型和重点的工程项目。在铁路施工招标投标中,网络计划图是施工组织设计中不可缺少的一部分。

二 网络计划技术发展简史

网络计划技术是20世纪50年代末国外陆续出现的一些计划管理的新方法。由于这些方法是建立在工作关系网络模型的基础上，把计划的编制、协调、优化和控制有机地结合了起来，所以被称之为网络计划技术。网络计划技术有许多方法，例如CPM法(即关键线路法)、PERT法(计划评审方法)、CNT法(搭接网络)等。

我国是从20世纪60年代开始运用网络计划的，著名数学家华罗庚教授结合我国实际，在吸收国外网络计划技术理论的基础上，将CPM、PERT等方法统一定名为统筹法。网络计划技术现在我国已广泛应用于国民经济各个领域的计划管理中。随着计算机的普及，网络计划技术在组织管理中的优越性将日益显著。

三 网络计划的分类

(一)按性质分类

1. 肯定型网络计划

肯定型网络计划是指工作与工作之间的逻辑关系以及工作的工期(在各施工段的流水节拍)都是确定的。

2. 非肯定型网络计划

与肯定型网络计划相反，其工作之间的逻辑关系不肯定或工作的工期不确定。

(二)按表示方法分类

1. 单代号网络计划

用单代号表示法绘制的网络图。在网络图中，每个节点表示一项工作，箭杆仅用来表示各项工作之间相互制约、相互依赖的关系。

2. 双代号网络计划

用双代号表示法绘制的网络计划图。在网络图中，箭杆用来表示各项工作(工作名称、工作时间及工作之间的逻辑关系)。

(三)按有无时间坐标分类

1. 时标网络计划

时标网络计划是指以时间坐标为尺度绘制的时标网络计划。

2. 非时标网络计划

非时标网络计划是指不按时间坐标绘制的网络计划图。

(四)按层次分类

1. 总网络计划

以整个建设项目或单项工程为对象编制的网络计划。

2. 局部网络计划

以建设项目或单项工程的某一部分为对象编制的网络计划。

(五)其他形式的网络图

搭接网络图(工民建用)。

第七节　双代号网络计划图的绘制

一 双代号网络计划图的构成

双代号网络计划图由三个要素组成,即:箭杆线、节点和流向(方向)。

1. 箭杆线

箭杆线表示一项工作。它代表了某个专业队(工序)在某个施工段上的操作过程。

根据施工组织设计阶段的不同,箭杆线所表示的工作,取决于网络的层次(即详细程度),可能是单位工程,也可能是分部、分项工程。

箭杆线又分为实箭杆线和虚箭杆线:

1)实箭杆线简称实箭线,它表示的工作既消耗了时间又消耗了资源或只消耗了其中的一种。如:挖基坑这项工作需要消耗人工、机械和时间,实箭线常用"——→"表示。

2)虚箭杆线简称虚箭线,它表示的工作既不消耗时间又不消耗资源。它只是用来表达工作之间的逻辑关系,虚箭线常用"-----→"表示。

2. 节点

节点表示工作与工作之间的衔接关系,它具有相对性,代表前一项工作的结束,后一项工作的开始,常用圆圈加一编号表示,即"ⓘ"。

3. 流向(方向)

流向代表线路从头至尾连成一线,说明了各项工作的工艺关系,表示完成某些操作过程所需消耗的各种资源。

二 识图

(一)工作的表示方法

一个工作用一条箭线和两个节点表示,如图 3-12 所示。

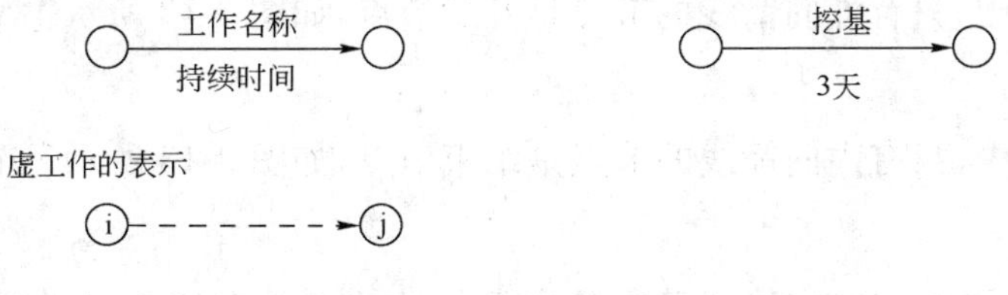

图 3-12　节点与工作

(二)箭线

1. 内向箭线

对节点ⓘ,凡是箭头指向ⓘ节点的箭线都叫内向箭线。如图 3-13 所示,③节点的内向箭线是②→③和①→③。

2. 外向箭线

对节点,凡是箭头指出去的箭线都叫外向箭线。如图 3-13 所示,③节点的外向箭线是③→④和③→⑤。

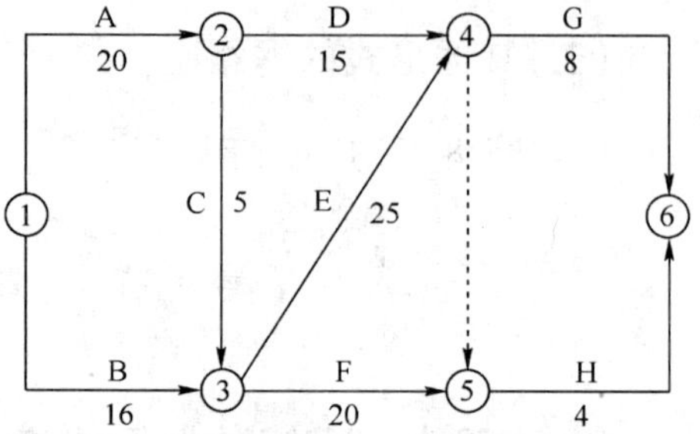

图 3-13　双代号网络图

(三)工作关系

1. 紧前工作

对工作ⓘ──→ⓙ,凡是ⓘ节点上所有的内向箭线,都叫紧前工作。如图 3-13 所示,E 工作的紧前工作是 B、C 工作。

2. 紧后工作

对工作ⓘ──→ⓙ,凡是ⓙ节点上所有的外向箭线,都叫紧后工作。如图 3-13 所示,D 工作的紧后工作是 G、H 工作。

3. 先行工作

对工作ⓘ──→ⓙ ,凡是在ⓘ节点之前完工的工作,都是先行工作。如图 3-13 所示,G 工作的先行工作是 A、B、C、D、E、F 工作。

4. 后续工作

对工作ⓘ──→ⓙ,凡是在ⓙ节点之后开工的工作,都是后续工作。如图 3-13 所示,C 工作的后续工作是 E、F、G、H 工作。

5. 平行工作

就某一工作而言,与其同时施工(作业)的工作,都是该工作的平行工作,从同一节点开始的工作,肯定是平行工作。如图 3-13 所示,A 工作的平行工作是 B 工作。

6. 虚工作

如图 3-13 所示,④------→⑤工作是虚工作。

(四)节点

1. 开始节点

在一个网络图中,只有外向箭线的节点是开始节点,如图 3-13 所示①节点。

2. 结束节点

在一个网络图中,只有内向箭线的节点是结束节点,如图 3-13 所示⑥节点。

3. 中间节点

在一个网络图中,既有内向箭线又有外向箭线的节点是中间节点,如图 3-13 所示②、③、④、⑤节点。

(五)线路

从开始节点到结束节点(沿箭流方向)叫一条线路,如图 3-13 所示,①→③→④→⑤→⑥。

三 双代号网络计划图的模型

1. 依次开始(如表 3-10 和图 3-14 所示)

施 工 顺 序 表 表 3-10

工 序	A	B	C	D	E	工 序	A	B	C	D	E
紧后工作	B	C	D	E	—	紧前工作	—	A	B	C	D

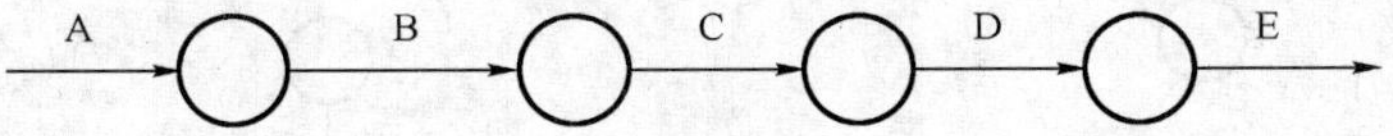

图 3-14 依次开始

2. 同时开始(如表 3-11 和图 3-15 所示)

施 工 顺 序 表 表 3-11

工 序	E	F	G
紧后工作	F、G	—	—
紧前工作	—	E	E

3. 同时结束(如表 3-12 和图 3-16 所示)

施 工 顺 序 表 表 3-12

工 序	N	L	M
紧前工作	L、M	—	—
紧后工作	—	N	N

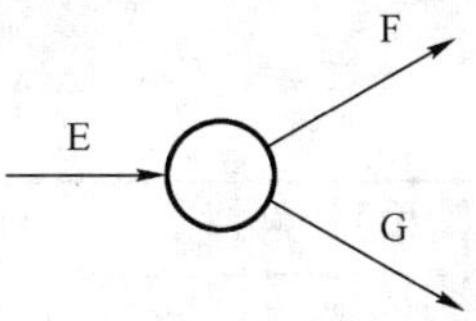

图 3-15 同时开始

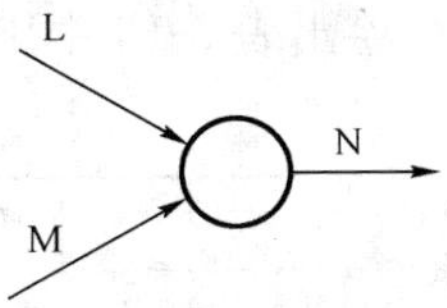

图 3-16 同时结束

4. 两个工作同时开始且同时结束(如图 3-17 所示)

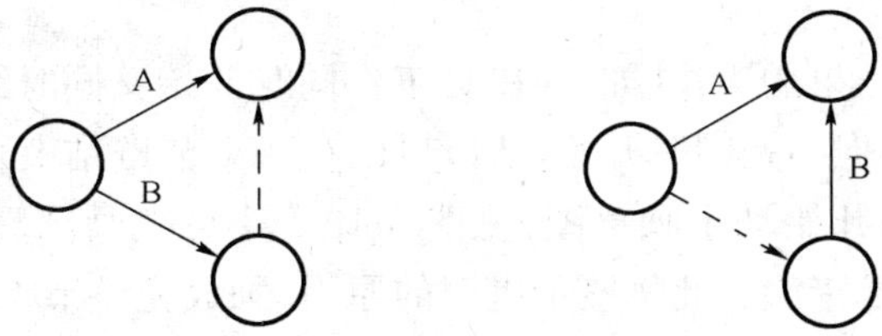

图 3-17 同时开始且结束

四 画双代号网络计划图的基本规则

(1)一个网络计划图中只允许有一个开始节点和一个结束节点;

(2)一个网络计划图中不允许单代号、双代号混用;

(3)节点大小要适中,编号应由小到大,但可以跳跃;

(4)一对节点之间只能有一条箭线,一对节点之间不能出现无头箭杆;

(5)网络计划图中不允许有循环线路;

(6)网络计划图中不允许有相同编号的节点或相同代码的工作;

(7)网络计划图的布局应合理,要尽量避免箭线的交叉,当箭线的交叉不可避免时,可采用“暗桥”或“断线”方法来处理,如图 3-18 所示。

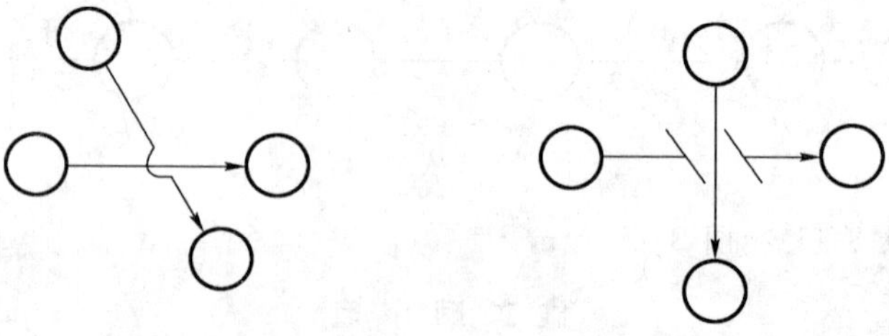

a)　　　　　　　　　　b)

图 3-18 “暗桥”法与“断线”法

a)暗桥法;b)断线法

五 双代号网络计划图的绘制

本章只讲绘图技巧,关于网络图的计划过程,即工作或工序的划分、工作工期及工作逻辑关系的确定,将在后面的章节讨论。

(一)工作关系为紧前工作

【例 3-2】 绘出表 3-13 中工作关系的双代号网络计划图。

施 工 顺 序 表　　　　表 3-13

工作	A	B	C	D	E	F	G	H	I	J	K	L	M	N	O
紧前工作	—	A	A	B、C	A	A	F	D、E、G	D、E	H、I	J	J	K、L	K	M、N

【解】 (1)首先分析工作关系,建立工作间的层次:

第一步,找出同时开始的工作(如:B、C、E、F 工作的紧前工作都是 A,所以 B、C、E、F 工作同时开始);

第二步,再找出同时结束的工作(如:B 和 C 工作同时开始又同时结束,所以肯定要有虚箭线;H 和 I 工作同时结束,但不是同时开始,所以可以在一个节点结束)。

(2)分析工作完成后,开始动手画草图,见图 3-19。注意先画圆圈,不要在圆圈中填写数字表示节点,以免出现编号错误。此例鉴于讲解的原因,画成完整节点。

第一步,画出一个开始节点①,然后画出 A 工作,因为 A 工作没有紧前工作,所以 A 工作是最前面的工作;

第二步，画出 B、C、E、F 工作，都从②节点开始；

第三步，由于 B 和 C 工作同时开始又同时结束，所以在 B 工作后面画出③节点，在 C 工作后面画出④节点，③和④之间画出虚箭线，如果 D 工作从④节点开始，则虚箭线的箭头指向④节点，如果 D 工作从③节点开始，则虚箭线的箭头指向③节点；

第四步，F 与 G 工作的关系是简单的，可以直接画出，见图 3-19；

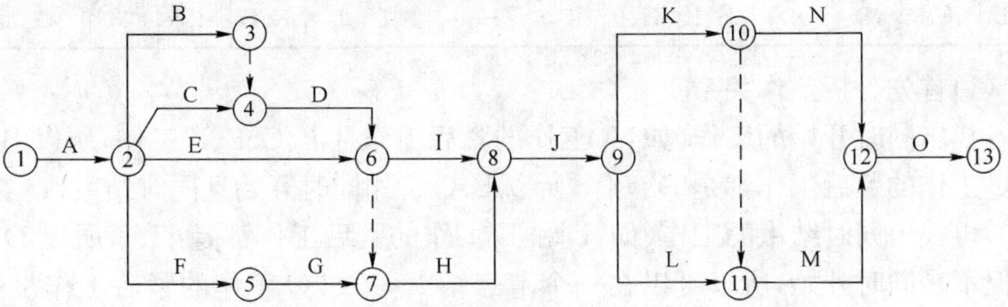

图 3-19　双代号网络图

第五步，由于 I 紧前工作为 D、E，H 紧前工作为 D、E、G，有同类项，所以先画出 I 工作与 D、E 工作的关系，即 D、E 工作同时在⑥节点结束，I 工作从⑥节点开始；

第六步，用虚箭线将 D、E 工作关系引出至⑦节点，然后画出 H 与 G 工作的关系，即 H 工作⑦从节点开始；

第七步，H 与 I 工作同时结束在⑧节点；

第八步，J 工作从⑧节点开始，在⑨节点结束；

第九步，K、L、M、N 和 O 工作的工作关系较为简单，可按上述方法依次画出；

第十步，以上草图是从前向后画的，要反向检查，即从后向前检查；

第十一步，将上述所画节点的圆圈填充数字，以完成节点。注意箭头节点应大于箭尾节点。

按以上原理，画出下例。

【例 3-3】　绘出表 3-14 工作关系的双代号网络计划图。

施 工 顺 序 表　　表 3-14

工作	A	B	C	D	E	F	G	H	I
紧前工作	—	A	A	A	B、C	D	B、C、D	B、C、D	E、F
工作	J	K	L	M	N	O	P	Q	R
紧前工作	I	J	E、F	L	E、F	N	H	M、O、P	G、K、Q

结果如图 3-20 所示。

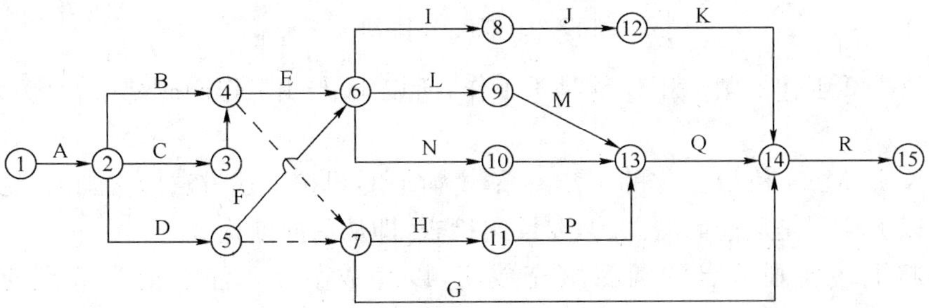

图 3-20　双代号网络图

(二)工作关系为紧后工作

【例 3-4】 绘出表 3-15 工作关系的双代号网络计划图。

施 工 顺 序 表　　表 3-15

工作	A	B	C	D	E	F	G	H	I	J	K	L	M	N	O
紧后工作	B、C、E、F	D	D	H、I	H、I	G	H	J	J	K、L	M、N	M	O	O	—

【解】 (1)首先分析工作关系

第一步,找出同时开始的工作(如:A 工作的紧后工作是 B、C、E、F 工作,所以 B、C 工作同时开始,B、C 工作的紧后工作都是 D 工作,所以 B、C 工作同时开始且同时结束);

第二步,再找出同时结束的工作(如:D 和 E 工作的紧后工作都是 H、I,所以 D 和 E 工作同时结束,但不是同时开始,所以可以在一个节点结束;又如 O 工作的紧后工作没有,所以为结束工作)。

(2)分析工作完成后,开始动手画草图

第一步,画出一个开始节点①,然后画出 A 工作,因为 A 工作在紧后工作中没有出现,所以 A 工作是最前面的工作。注意先画圆圈,不要在圆圈中填写数字表示节点,以免出现编号错误。此例鉴于讲解的原因,画成完整节点;

第二步,画出 B、C、E、F 工作,都从②节点开始;

第三步,由于 B 和 C 工作同时开始又同时结束,所以在 B 工作后面画出③节点,在 C 工作后面画出④节点,③和④之间画出虚箭线,D 工作从④节点开始,G 工作紧随 F 工作后开始,从⑤至⑦节点;

第四步,D、E 的紧后工作都是 H、I 工作,而 G 工作的紧后工作仅有 H 工作,因此合并同类项,在 D、E 的结束节点⑥开始 I 工作,并用虚箭线将⑥节点关于 D 与 E 的工作关系引至⑦节点,从⑦节点开始 H 工作,见图 3-21;

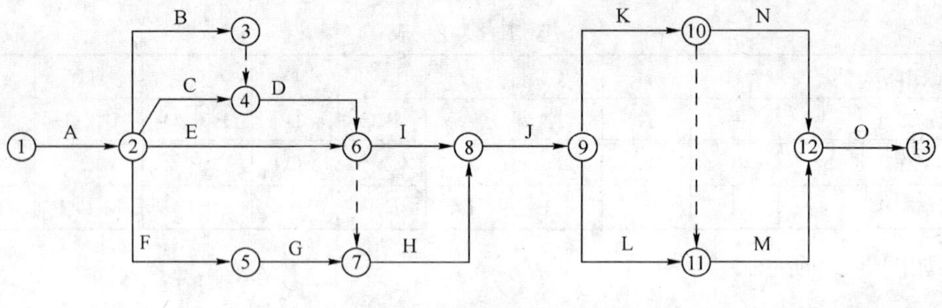

图 3-21　双代号网络图

第五步,H 与 I 工作的紧后工作都是 J 工作,所以 H 与 I 工作同时结束在⑧节点,J 工作从⑧节点开始;

第六步,K、L、M、N 和 O 工作的工作关系较为简单,可按上述方法依次画出,见图 3-21;

第七步,以上草图是从前向后画的,要反向检查,即从后向前检查;

第八步,将上述所画节点的圆圈填充数字,以完成节点。注意箭头节点应大于箭尾节点。

以上,不管是按照紧前工作画图,或者是按照紧后工作画图,均是从前(左)向后(右)画图,网络图也可以从后(右)向前(左)画,或者两边向中间画(即前后夹击),不管用什么方法画网络图,其基本形状都是一样的。当然到底应该如何画,应视工作关系具体情况而定。

第八节　时间参数的计算及关键线路

一　节点时间参数的计算

有图算法、分析法、矩阵法、表算法、电算法,在此只讲图算法。

(一)节点的最早可能开始时间 *ET*

1. 定义

节点的最早可能开始时间即节点可以开工的最早时间,表示该节点的紧前工作已全部完工。

2. 计算方法

从开始节点起,沿箭线方向,依次计算每一个节点,直至结束节点。计算公式为:

$$ET_j = \max\{ET_i + D_{i\text{-}j}\} \qquad \text{(只看内向箭线)} \tag{3-11}$$

口诀:从左往右,(只加内向箭线)累加取大。

3. 规定

开始节点最早可能开始时间为零,即 $ET_1=0$。

(二)节点的最迟可能开始时间 *LT*

1. 定义

节点的最迟可能开始时间表示节点开工不能迟于这个时间,若迟于这个时间,将会影响计划的总工期。

2. 计算方法

从结束节点开始,逆箭线方向,依次计算每一个节点,直至开始节点。计算公式为式:

$$LT_i = \min\{LT_j - D_{i\text{-}j}\} \tag{3-12}$$

口诀:从右往左(只看外向箭线包括虚箭线),递减取小。依次一个节点一个节点的去计算,不要看线路,不要远看,只看前后两个节点。

3. 规定

结束节点最迟可能开始时间为结束节点的最早可能开始时间,即计划的总工期。

二　工作(工序)时间参数(过程参数)的计算

(一)工作的最早开始、最早结束时间

1. 工作的最早开始时间 *ES*

i-j 工作的最早开始时间 $ES_{i\text{-}j}$ 与 i 节点的最早开始时间相等,即

$$ES_{i\text{-}j} = ET_i \tag{3-13}$$

2. 工作的最早结束时间 EF

i-j 工作的最早结束时间 $ES_{i\text{-}j}$ 等于工作的最早开始时间 $ES_{i\text{-}j}$ 加上工作的工期 $D_{i\text{-}j}$，即

$$EF_{i\text{-}j}=ES_{i\text{-}j}+D_{i\text{-}j} \tag{3-14}$$

(二)工作的最迟开始、最迟结束时间

1. 工作的最迟开始时间 LS

i-j 工作的最迟开始时间 $LS_{i\text{-}j}$ 等于工作的最迟结束时间 $LF_{i\text{-}j}$ 减去工作的工期 $D_{i\text{-}j}$，即

$$LS_{i\text{-}j}=LF_{i\text{-}j}-D_{i\text{-}j} \tag{3-15}$$

2. 工作的最迟结束时间 LF

i-j 工作的最迟结束时间 $LF_{i\text{-}j}$ 等于 j 节点的最迟开始时间 LT_j，即

$$LF_{i\text{-}j}=LT_j \tag{3-16}$$

总结：

(1)若工作的最早开始时间等于工作的最迟开始时间，即 $ES=LS$，则说明此工作没有时差，为关键工作；

(2)若工作的最早开始时间不等于工作的最迟开始时间，即 $ES=LS$，则说明此工作有机动时间可利用。

三 工作的时差计算

1. 总时差 $TF_{i\text{-}j}$

定义：在不影响任何一项紧后工作的最迟必须开始时间的条件下，本工作所拥有的最大机动时间。它可以用节点时间参数来计算，也可以用过程参数来计算。

1)用节点时间参数来计算：

$$TF_{i\text{-}j}=LT_j-ET_i-D_{i\text{-}j} \tag{3-17}$$

2)用过程参数来计算：

$$TF_{i\text{-}j}=LS_{i\text{-}j}-ES_{i\text{-}j}=LF_{i\text{-}j}-EF_{i\text{-}j} \tag{3-18}$$

总结：

(1)总时差等于 0，其他时差也都等于 0；

(2)总时差不但属于本工作，而且可以传递，为一条线路所共有；

(3)总时差最小的工作为关键工作，关键工作组成的线路为关键线路；

(4)总时差等于 0，说明本工作没有机动时间，总时差大于 0，说明本工作有机动时间；总时差小于 0，说明计划工期超过了上级规定的工期，应进行调整。

2. 局部时差 $FF_{i\text{-}j}$

定义：在不影响任何一项紧后工作的最早开始时间的情况下，本工作所拥有的最大机动时间。

1)用节点时间参数来计算：

$$FF_{i\text{-}j}=ET_j-ET_i-D_{i\text{-}j} \tag{3-19}$$

2)用过程参数来计算：

$$FF_{i-j} = ES_{j-k} - ES_{i-j} - D_{i-j} \tag{3-20}$$

总结：

(1)局部时差属于本工作，不能传递；

(2)局部时差小于或等于总时差；

(3)使用局部时差对紧后工作没有影响。

表 3-16 为某工程施工顺序及持续时间。

施工顺序表 表 3-16

工作	A	B	C	D	E	F	G	H
紧前工作	—	—	A	A	B、C	B、C	D、E	D、E、F
持续时间	3	2	1	3	4	3	2	1

四 关键线路及其确定

(一)关键线路

由关键工作组成的线路叫关键线路。在一个网络图中，持续时间之和最长的线路是关键线路。如图 3-22 所示，①②③④⑥就是关键线路。

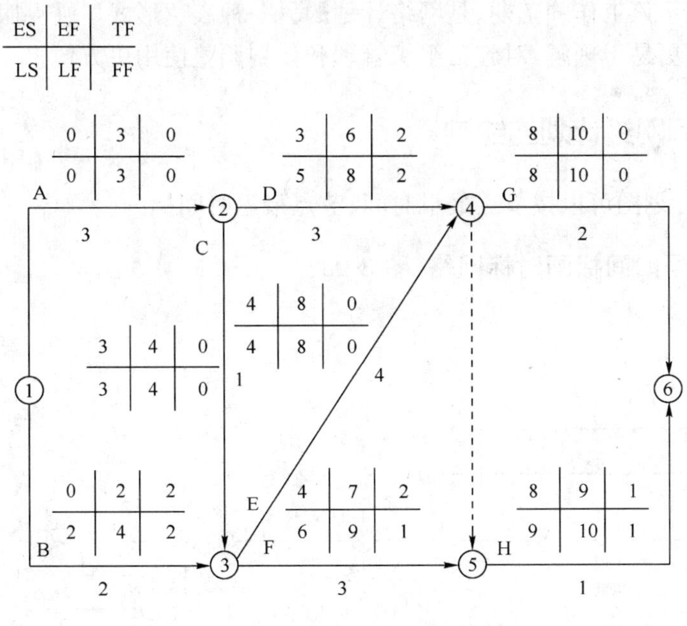

图 3-22 双代号网络图计算

(二)非关键线路

在一个网络图中，关键线路以外的线路都是非关键线路。非关键线路上的工作并非全由非关键工作组成。如图 3-22 所示，①②③⑤⑥就是非关键线路。注意：非关键线路并非仅由非关键工作构成。

(三)关键线路的确定

(1)总时差最小的工作所组成的线路是关键线路;
(2)关键线路上所有节点的两个时间参数相等。

(四)总结

(1)关键线路在网络图中不一定只有一条;
(2)非关键工作如果将总时差全部用完,就转化为关键工作;
(3)如果总时差为零,其他时差也一定为零;
(4)当非关键线路延长的时间超过它的总时差,关键线路就转化为非关键线路。

第九节 时间坐标网络计划

一 时间坐标网络计划的概念

前面讨论的网络计划是一般网络计划,在一般网络计划中,工作的工期(工作的持续时间)在箭线下方标出,各项工作的开始时间和结束时间不能直接看出来,不能反映整个计划的时间进程。

时间坐标网络计划,简称时标网络计划,是在一般网络计划的上方或下方增加一个时间坐标,箭线的长短即表示该工作的工期,是网络计划的另一种表达形式。它克服了一般网络计划的缺点,使网络计划更易于理解,对施工组织管理和计划调整使用更方便。

二 时间坐标网络计划的绘制

时间坐标网络计划图可以按节点最早时间、节点最迟时间标画。

(一)按节点最早时间标画时标网络(图 3-23)

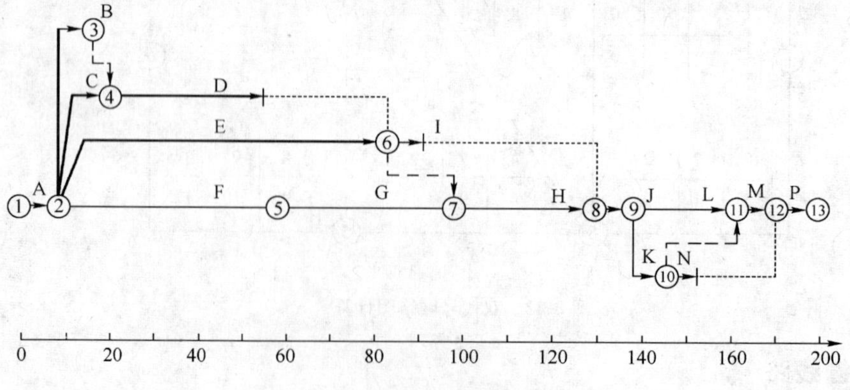

图 3-23 时间坐标网络图

具体步骤如下:
(1)先计算各节点的时间参数,并找出关键线路;

(2)作出时间坐标；

(3)按节点最早时间把关键线路标画在图中适当位置；

(4)按节点最早时间标画非关键线路，标画时应注意：1)工作用实箭线表示，箭线的长度表示工作持续时间的长短；2)虚工作仍用虚箭线表示；3)机动时间用虚线表示，并在实箭线与虚箭线分界处加一个截止短线；4)纵向没有时间含义。

总结：按节点最早时间标画的时间坐标网络图，可以直接得到局部时差，各工作的机动时间(虚线部分)即各工作的局部时差。

(二)按节点最迟时间标画时标网络(图3-24)

按节点最迟时间标画时标网络图与按节点最早时间标画时标网络图，其具体步骤完全相同，只是各工作的机动时间标画在左侧，各节点由最早位置移动到最迟位置。

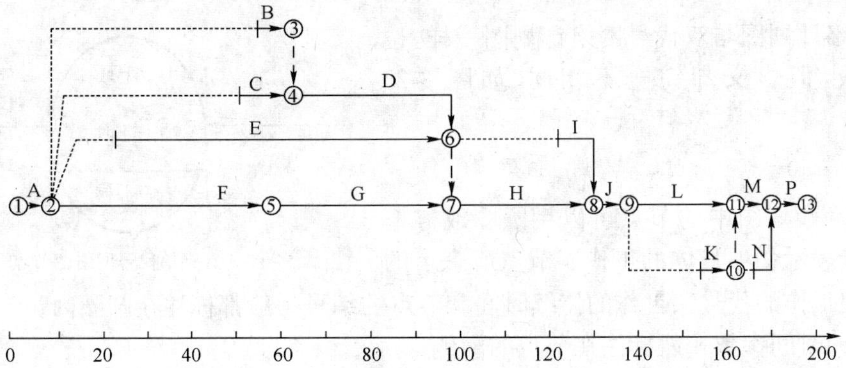

图3-24　时间坐标网络图

注意：按节点最迟时间标画的时标图不能直接得到任何时差，即各工作的机动时间(虚线部分)什么时差都不是。

三 时标网络计划的特点和应用

(一)时标网络计划的特点

(1)时标网络计划图能直观地反映出整个计划的时间进程，与横道图比较接近；

(2)时标网络计划图能直接反映出各项工作的开始和结束时间，机动时间及关键线路在计划执行过程中，可以随时确定哪些工作应该已经完成，哪些工作正在进行及哪些工作将要开始，如果实际执行过程中偏离了计划，应及时调整；

(3)时标网络计划图能清楚地表示出哪些工作可以平行进行，以帮助材料员确定在同一时间内各种材料、机械等资源的大致需要量；

(4)时标网络计划图的调整比较麻烦，当工期发生变化或资源供应有问题及其他原因而导致某些工作不能正常进行时，某些箭线的长度和节点的位置需要变动，这样往往会导致整个网络图发生变动。

(二)时标网络计划的应用

(1)对工作项目少或工艺过程较简单的施工进度计划，利用时标网络计划图能迅速方便地边绘制、边计算、边调整。

(2)对于大型复杂的工程,可以先用时标网络计划图的形式绘制各分部工程或分项工程的网络计划图,然后再综合起来绘制出比较简单的总网络计划,即把每一个分部工程或分项工程的网络计划图看作是总网络计划图的一个工作(形成子网络图)。在执行过程中,如果有偏差或其他原因等需要调整计划,只需调整子网络计划,而不必改动总网络计划。

(3)在时间坐标的表示上,根据网络图的层次,时间的刻画每一小格可以是 1 天、1 个月、1 个季度或 1 年。在时间安排时,应考虑节假日和雨季期的影响,要留有调整余地。

第十节　单代号网络计划图的绘制与计算

一 单代号网络计划图的构成

单代号网络计划图与双代号网络计划图一样,也由三要素组成,但含义却完全不相同,如图 3-25 所示。

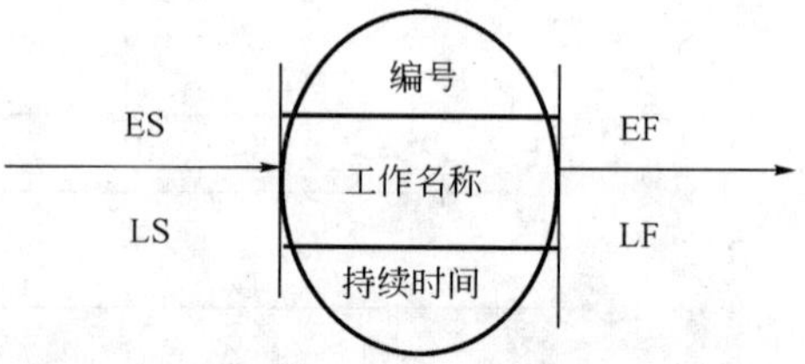

图 3-25　单代号网络图节点

1. 节点

单代号网络计划图中的节点可以用圆圈或方框表示,一个节点表示一项具体的工作。节点所表示的工作的名称(或工作的代号)、工作的持续时间和节点的编号一般都标注在圆圈内。

计算所得的时间参数一般标注在节点的两侧。

2. 箭线

在单代号网络计划图中,箭线表示工作之间的相互关系,它既不消耗时间,也不消耗资源。

单代号网络计划图中不用虚箭线,箭线的箭头方向表示工作的前进方向。

3. 代号

在单代号网络计划图中,一项工作只能有一个代号,不能重复。箭头节点的编号应大于箭尾节点的编号。

二 单代号网络计划图的绘制

单代号网络计划图与双代号网络计划图所表达的计划内容是一致的,两者的区别仅在于绘图的符号所表示的意义不同。单代号网络计划图的绘制过程与双代号网络计划图的绘制过程一样,也是先将工程任务分解成若干项具体的工作,然后确定这些工作之间的相互关系以及各项工作的持续时间。

(一)绘制单代号网络计划图的基本规则

(1)双代号网络计划图中所列出的基本规则,在单代号网络计划图中原则上都应遵守;

(2)在单代号网络计划图中,若有几个工作同时开始,应引入一个"始"节点;若有几个工作同时结束,应引入一个"终"节点。引入的"始"节点和"终"节点都是虚拟的节点,它们不消耗时间和资源。

(二)单代号网络计划图的绘图(表 3-17～表 3-18、图 3-26～图 3-27)

施 工 顺 序 表 表 3-17

工　作	A	B	C	D	E	F	G	H	I	J	K	L	M	N	O
紧前工作	—	A	A	B、C	A	A	F	D、E、G	D、E	H、I	J	J	K、L	K	M、N

施 工 顺 序 表 表 3-18

工　作	A	B	C	D	E	F	G	H	I
紧前工作	—	A	A	A	B、C	D	B、C、D	B、C、D	E、F
工　作	J	K	L	M	N	O	P	Q	R
紧前工作	I	J	E、F	L	E、F	N	H	M、O、P	G、K、Q

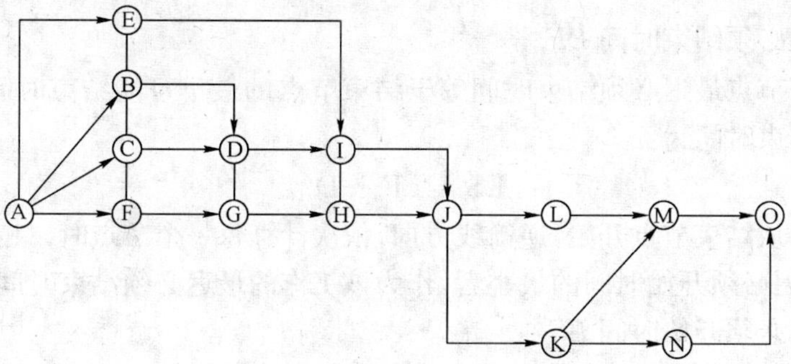

图 3-26　单代号网络图

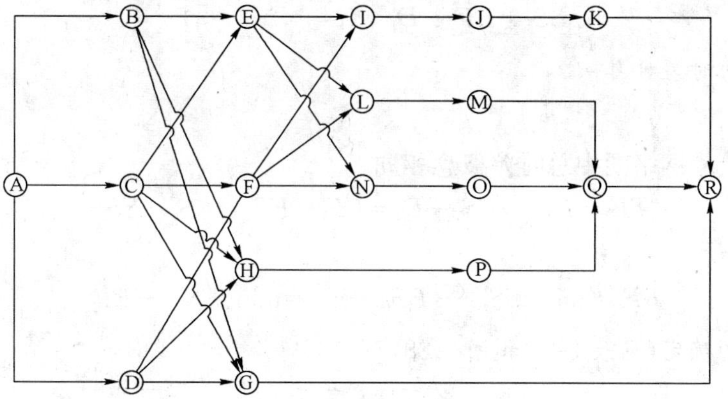

图 3-27　单代号网络图

总结:

(1)单代号网络图的绘制比较简单,其各项工作之间的相互关系容易表达;

(2)单代号网络图的绘制不用虚箭线,便于检查和修改;

(3)需要常用"暗桥法"解决交叉问题;

(4)由于单代号网络图无节点时间参数,所以不能改画成时标网络图。

三 单代号网络计划图的时间参数计算

1. 工作的最早时间参数

1)工作的最早可能开始时间 ES

(1)定义:表示该工作的所有紧前工作都已完工,本工作可以开工。

(2)计算方法:从开始节点起,沿箭线方向,依次计算每一个节点时,只看内向箭线,取所有紧前工作中,最早结束时间最大者,作为该工作最早可能开始时间 ES_i,直至结束节点。

(3)规定:开始节点最早可能开始时间为零。

2)工作的最早可能结束时间 EF

$$EF_i = ES_i + D_i \quad (i=1,2,3\cdots n) \tag{3-21}$$

2. 工作的最迟时间参数

1)工作的最迟必须结束时间 LF

(1)规定:结束节点最迟必须结束时间等于结束节点的最早可能结束时间,$LF_n = EF_n$,则节点的最早可能结束时间为:

$$LS_n = LF_n - D_n \tag{3-22}$$

(2)计算方法:从结束节点开始,逆箭线方向,依次计算每一个节点时,只看外向箭线,取所有紧后工作中,最迟必须开始时间的最小者,作为该工作的最迟必须结束时间,直至开始节点。

2)工作的最迟必须开始时间 LS

(1)定义:表示该工作开工不能迟于这个时间,若迟于这个时间,将会影响计划的总工期。

(2)计算:

$$LS_i = LF_i - D_i \quad (i=1,2,3\cdots n) \tag{3-23}$$

3. 工作的各种时差计算

1)总时差 TF_i

其概念与双代号网络图中总时差概念相同。

$$TF_i = LF_i - ES_i - D_i = LF_i - EF_i = LS_i - ES_i \tag{3-24}$$

2)局部时差 FF_i

$$FF_i = \min\{ES_j\} - ES_i - D_i = \min\{ES_j\} - EF_i \tag{3-25}$$

4. 关键线路的确定(见表 3-19 和图 3-28)

施 工 顺 序 表 表 3-19

工　作	A	B	C	D	E	F	G	H
紧前工作	—	—	A	A	B、C	B、C	D、E	D、E、F
持续时间	3	2	1	3	4	3	2	1

单代号网络计划图中确定关键线路的方法与双代号网络计划图基本相同。只是由于没有节点时间参数,所以不能用节点时间参数均相等这种方法来判别关键线路。

在单代号网络计划图中,总时差为零的工作为关键工作,由关键工作所组成的自始至终的线路为关键线路。

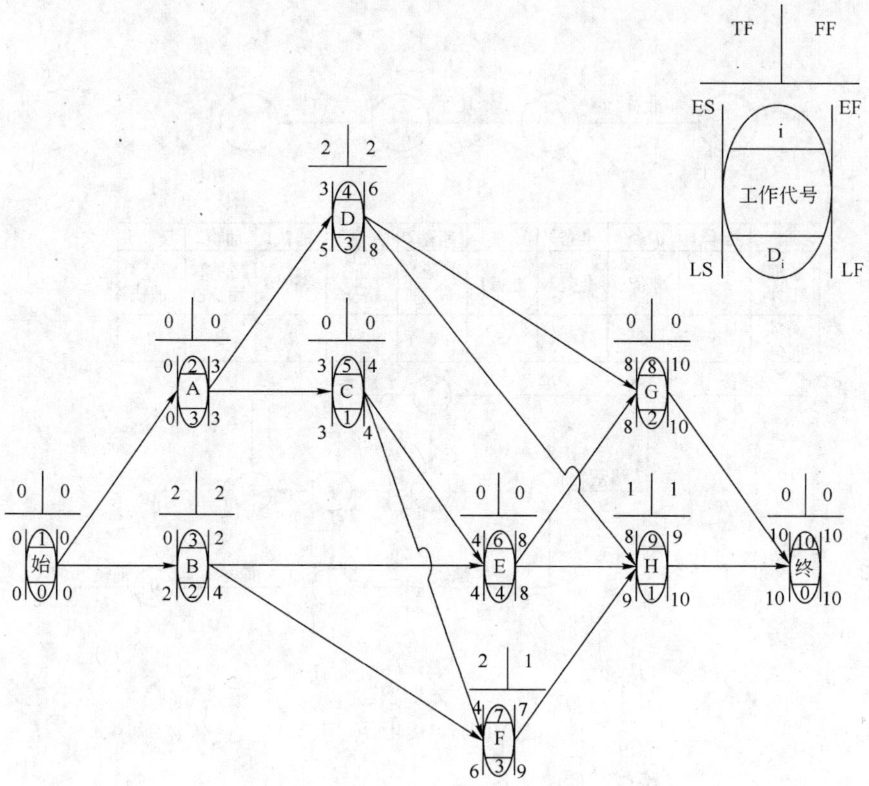

图 3-28 单代号网络图

第十一节 网络计划的优化

一 工期优化

在网络计划中，关键线路控制着施工任务的总工期，当计划的总工期超过了上级要求的总工期时，必须从关键线路着手优化。缩短关键线路的方法有：(1)优化原来的组织计划；(2)压缩关键工作的持续时间。

(一)优化原来的组织计划

(1)将顺序工作调整为平行工作(如图 3-29 所示)

(2)将顺序工作调整为交叉工作(如图 3-30 所示)

(3)延长非关键工作的持续时间(如图 3-31 所示)

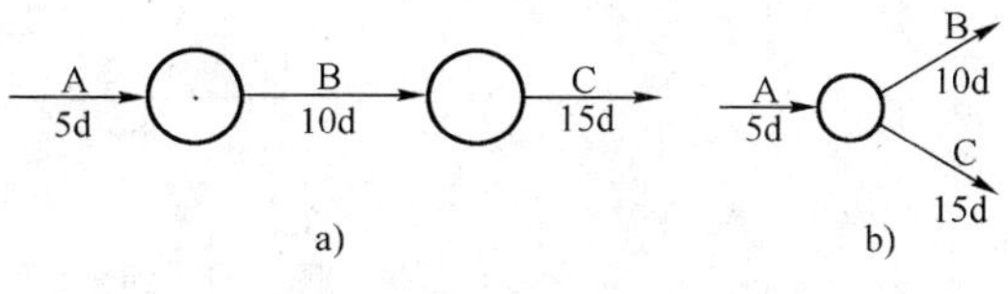

图 3-29 平行优化

a)优化前；b)优化后

如网络图所示，计划工期 25d，而上级要求工期 23d。在工作面允许的情况下，按劳动量相等的原则，可以把 C 工作延长 2d，把 E 工作延长 1d，从 C 工作中抽走 4 人，从 E 工作中抽走 1 人，补充到 B 工作中，这样 B 工作的工期就减少为 3.5d，关键线路发生了变化，同时也满足了上级的要求。

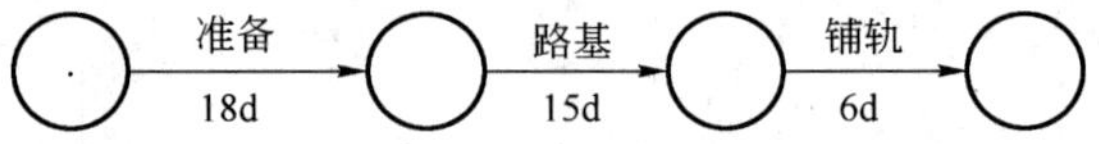

a)

工作	准备1	准备2	准备3	路基1	路基2	路基3	铺轨1	铺轨2	铺轨3
紧前工作	—	准备1	准备2	准备1	准备2、路基1	准备3、路基2	路基1	路基2、铺轨1	路基3、铺轨2
持续时间	6	6	6	5	5	5	2	2	2

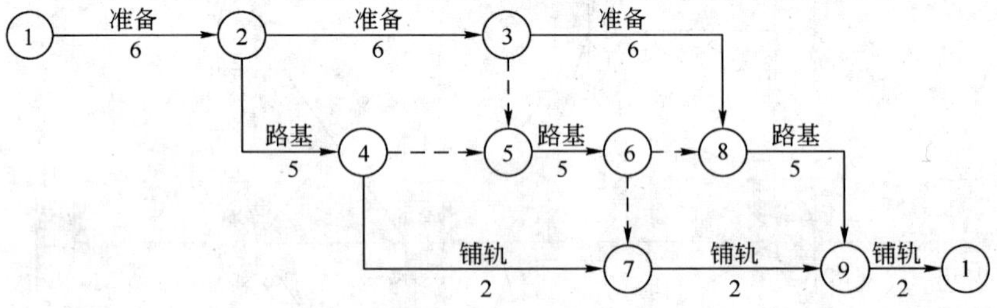

b)

图 3-30 交叉优化

a)优化前；b)优化后

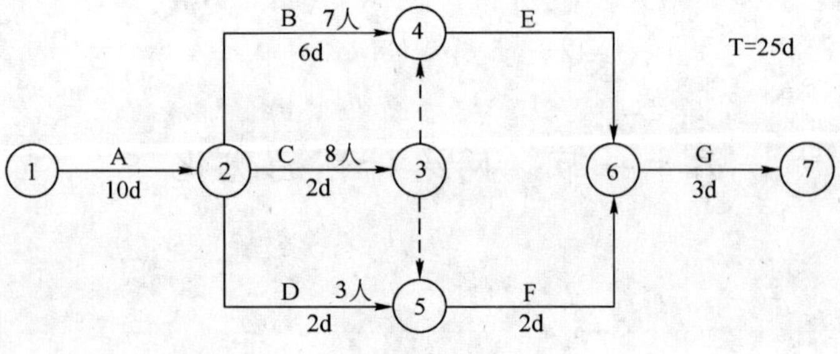

a)

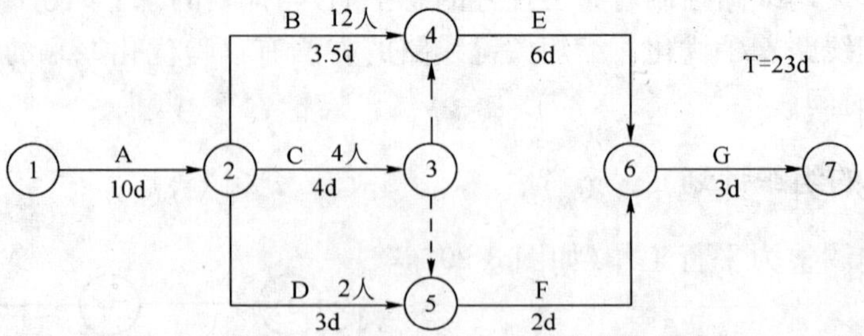

b)

图 3-31 延长非关键工作持续时间优化

a)优化前；b)优化后

(4)推迟非关键工作的开始(如图 3-32 所示)

如网络图所示，计划工期 25d，而上级要求工期 23d。在工作面允许的情况下，可以推迟 C

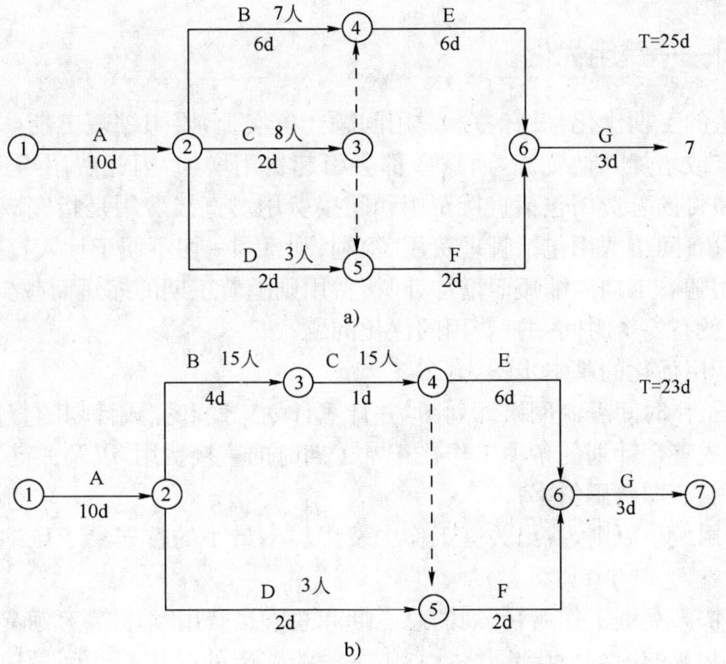

图 3-32　推迟非关键工作开始时间优化

a)优化前；b)优化后

工作的开工时间，把C工作的所有人员补充到B工作中，这样B工作的工期就减少为4d，B工作完成后再进行C工作，这样关键线路发生了变化，同时也满足了上级的要求。

(二)压缩关键工作的持续时间

在工作面允许、资源充足的情况下，我们通过从计划外增加资源，压缩关键工作的持续时间，以达到缩短工期的目的。需要注意的是，在压缩关键线路的同时，会使某些时差较小的次关键线路上升为关键线路，这时需要再次压缩新的关键线路，如此逐渐逼近，直到达到规定工期为止。如图3-33a)所示，计划工期55d，而上级要求工期45d。

第一次，A工作压缩3d，E工作压缩5d，G工作压缩8d，这样原关键线路工期变为45d，达到上级要求。但同时非关键线路转化为关键线路，总工期变为53d，仍没有达到上级要求，如图3-33b)所示。

第二次，B工作压缩8d，这样与原关键线路同时成为关键线路，即网络图产生了两条关键线路，总工期均为45d，达到了上级要求，如图3-33c)所示。

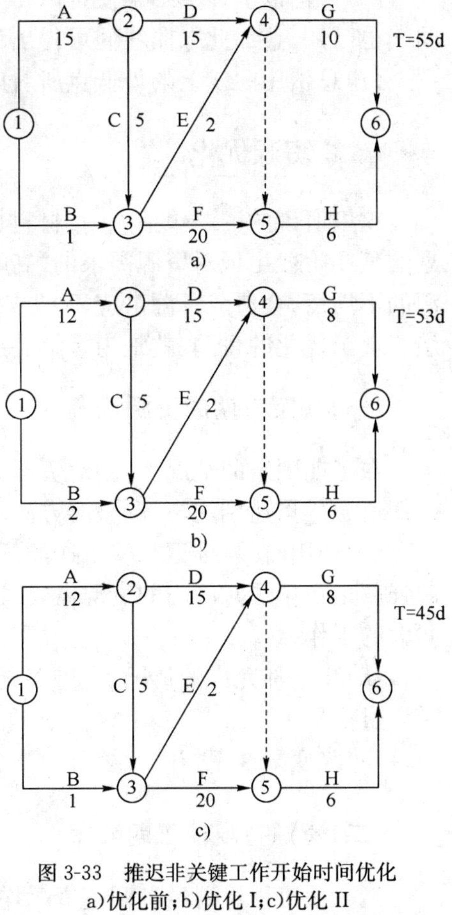

图 3-33　推迟非关键工作开始时间优化

a)优化前；b)优化 I；c)优化 II

二 时间——费用优化

前面所讨论的工期优化，没有考虑费用问题。事实上，要想缩短工期，一般都需要增加劳动力或加班加点或增加其他资源，而这些都会引起费用增加，因此费用与工期有着密切的关系。铁路工程项目的总费用包括直接费用和间接费用。直接费用是指完成工程所需的人工、材料、机械等费用；间接费用包括管理费用、福利、利息和一切不便于计入直接费用的其他附加费用。直接费用随着工期的缩短而增加，间接费用则随着工期的缩短而减少。因此，对于一个工程项目来说，就有一个时间——费用的优化问题。

时间——费用优化的基本步骤为：

(1)按正常工作时间编制网络计划图，并计算计划工期和完成计划的直接总费用；

(2)列出构成整个计划的各项工作在正常工期时的直接费用，以及关键工作每缩短单位时间所增加的费用额，即费用斜率；

(3)根据费用最小原则，找出关键工作中费用斜率最小的首先给予压缩，这样可以使直接费用的增加最少；

(4)计算加快某关键工作后，计划的总工期和总直接费用额，并重新确定关键线路；

(5)重复 3 和 4 的内容，直到网络计划中关键线路上的工作都达到最短持续时间，而不能再压缩为止；

(6)根据以上计算结果便可以得到一条时间——直接费用曲线。如果时间——间接费用曲线也已知，叠加此二曲线便可得出计划的总费用曲线；

(7)总费用曲线上的最低点所对应的工期，就是整个项目计划总费用最低的最优工期。

三 资源优化

这里所说的资源包括人力、材料、动力、机械设备等。如果工作进度安排不恰当，就会在计划的某些阶段出现对资源需求的“高峰”，而在另一些阶段出现对资源需求的“低谷”。这种资源的不均衡，会造成资源供应不足或资源供应过剩，同时也会给工程组织和管理带来许多麻烦。资源优化的目的，就是为了解决这些问题。下面介绍两种资源优化的情况：

(一)规定工期的资源均衡

在工期限定的情况下，当对资源的需求出现“高峰”时，我们通常对非关键工作进行调整，以使资源尽量达到均衡，调整的方法有以下三种：

(1)利用时差，推迟某些工作的开始时间。推迟规则为：1)优先推迟资源强度小的工作(资源强度是指单位时间内的资源需要量)；2)当有几项工作的资源强度相同时，优先推迟机动时间大的工作；

(2)在条件允许的情况下，可在资源需求量超限的时段内中断某些工作，以减少对资源的需要量；

(3)改变某些工作的持续时间。

(二)资源有限使工期最短

当一项工程计划经过调整资源均衡之后，如果所需要的资源很充足，就可以下达实施了。

但是，当资源供应有限时，就要根据有限的资源去安排工作。下面介绍一种资源有限的分配方法——备用库法。

备用库法分配有限资源的基本原理为：设想可供分配的资源储藏在备用库中。任务开始后，从库中取出资源，按工作的"优先安排规则"给即将开始的工作分配资源，并考虑到尽可能的最优组合，分配不到资源的工作就推迟开始。随着时间的推移和工作的结束，资源陆续返回到备用库中。当库中的资源能满足即将开始的一项或几项工作的资源需要时，再从备用库中取出资源，按这些工作的优先安排规则进行分配。这样反复循环，一直到所有工作都分配到资源为止。

资源分配的优先安排规则为：

(1)优先安排机动时间少的工作；

(2)当几项工作的机动时间相同时，优先安排持续时间短的和资源强度小的工作。

应注意的是：优先保障关键工作的资源安排和力争减少资源的库存积压，提高利用率。灵活地运用以上优先安排规则，并考虑尽可能最优组合。

思考与练习

1. 划分施工段的基本原则是什么？

2. 试比较横道图与网络图的优缺点。

3. 根据表所示各工序在各施工段上的持续时间组织无节奏流水施工，并根据直接编阵法确定工期（单位：d）。

施工段 / 工序	I	II	III	IV
A	4	1	2	4
B	2	3	1	2

4. 根据表中数据，绘出双代号网络图，并分别计算时间参数，最后绘出时标网络图。

工　序	A	B	C	D	E	F	G	H
紧前工作	—	—	—	A	A	C	B、E	A、F
持续时间(d)	8	6	4	5	1	3	7	2

第四章　路基工程施工组织

【本章提要】：本章内容主要讲述路基施工方法选择，土石方调配，劳动力、机械及运输工具需要量的计算，路基工程的实施性施工组织设计需要的原始资料以及文件组成；并配有机械化土石方工程实施性施工组织设计示例。

本章是对铁路路基工程施工组织的全面介绍，通过学习，了解铁路路基工程施工特点，熟悉路基工程施工组织原理，重点掌握路基施工组织需要的原始资料以及文件组成的内容。通过机械化土石方工程实施性施工组织设计示例学习，掌握铁路路基工程施工组织方法。

第一节　概　　述

路基是轨道的基础，承受着轨道和列车的荷载，它与桥梁、隧道和轨道形成铁路线路的一个整体，是铁路线路的重要组成部分。

路基工程具有工程规模大、耗费投资高、占用土地广、使用劳动力多、施工期限长等特点。此外，路基还具有连绵性和填挖相间的特性。在整个铁路建筑工程中，路基工程占有很大比重，尤以山区路基为甚。一般新建单线铁路的土石方数量为 $6.7\times10^4\mathrm{m}^3/\mathrm{km}$，困难的山岳地区可高达 $8.5\times10^4\sim13.5\times10^4\mathrm{m}^3/\mathrm{km}$，即使桥、隧密集的成昆铁路，路基的长度也占全长的60%～70%，而平原地区的铁路则往往占到80%～90%；路基填挖平均高为3m时，每公里约占地23.6亩；人力施工的路基工程，劳动力的使用约占全线劳动量的40%～60%；路基工程所需的费用可达到总工程费的25%～60%；而且重点路基土石方工程往往是控制新线铁路按期铺轨的关键。因此，无论从技术还是经济的意义上说，路基工程在铁路建筑中均占有很重要的地位。

路基质量的好坏，直接关系到铁路运营能否安全、准确、迅速和不间断地进行。因此，对路基的坚固性和稳定性要求高，并且要确保全天候使用。但长期以来，路基工程时有被忽视的现象。据统计，当前全国铁路路基病害总计达8000多公里，占全国铁路路基总长度的10%左右，由水害引起的铁路运输断道，其中80%左右都属于路基问题，路基病害已成为铁路运输安全畅通的最大隐患。因此，根据路基工程的特点和特性，结合施工现场的具体条件，合理组织路基工程施工，严格遵循规范规程要求，才能确保路基的施工质量，达到快速、优质、高效和低耗的修建目的。

路基工程包括：区间与站场路基土石方工程及路基附属工程。

区间与站场路基土石方工程包括：开挖路堑、填筑路堤、挖除池沼淤泥及换填土壤、路堤夯实、铲草皮、挖台阶、整平路基表面、铲除地表腐殖土、原地面打夯等。不包括桥头锥体土石方及桥台后缺口土石方。

路基附属工程包括：附属土石方工程（指区间与站场的天沟、吊钩、排水沟、缓流井、防水埝、平交道的土石方，及上述除平交道外的砌筑）；路基加固及防护工程（指因加固路基而设计的锚固桩、砂桩、沙井、盲沟、片石垛、反压护道；因修筑路基引起的改河、河床加固；因防护边坡而采取的铺草皮、种草籽、护坡、护墙；为防雪、防沙、防风而设置的防护林带的植树等）；挡土墙工程（指路堑河路堤挡墙，支墙河支柱的挖基、砌筑、回填及有关工程）。

路基工程的工作内容由准备工作、基本工作及整修工作三部分组成。准备工作是在施工前进行的一系列工作，使基本工作能够顺利、有效而安全地开展。主要包括砍伐施工地区的树木和拔除树根，排除地表水使施工地区预先干燥，设置运土道路等；基本工作是完成路基工程——路堑、路堤及加固防护等所进行的工作，包括挖、装、运、卸、压实以及砌筑等作业；基本工作完成以后，还要进行整修，使路基部分的形状和尺寸符合设计要求，包括整修路基顶面和整修路基边坡两项内容。

第二节　路基施工方法选择

铁路路基土石方是一项量大、面广、贯穿全线的工程，为了节约劳动力、提高功效、减轻劳动强度、加快施工进度、降低工程成本和确保工程质量，在选择施工方法时，凡有条件的地方，应尽量采用机械施工。施工条件受限制或工程量小的工点，不宜采用机械施工时，可采用人力配合小型机械施工。因此，要因地制宜地选择施工机械，并使挖、装、运、卸、夯等各工序做到配套使用，连续作业，以实现路基土石方施工的综合机械化。

一 路基施工方法简介

(一)土方施工

本部分主要介绍机械施工。

土方施工中，主要机械有推土机、铲运机、挖掘机和装载机，辅助机械有松土机、自动平地机、羊足压路机（羊足滚）、带专门工作装置的刷坡机、路拱整修机和边（侧）沟开挖机等。

推土机是一种具有推（挖）运、碾压等效能的土方机械，操纵灵活，转移方便，适应近距离范围内的施工。

铲运机具有挖、装、运、卸、散、平、碾压等全部土方施工工序的作业性能，运距适应范围较远，使用灵便。

挖土机或装载机是一种只能进行挖装作业的土方机械，必须辅以自动倾卸汽车或其他运输工具运土才能进行路基施工。我国铁路土方施工中，常用的挖土机一般是履带式正铲挖土机，这种机械不如推土机和铲运机调动灵活，并且需用大型运输工具来转移。因此，一般在重点填挖地段才采用，以尽量减少机械的转移。而装载机灵活机动，适应性较强。

松土机（或除根机）应用于冬季施工或土质坚硬地段刨松土壤。自动平地机主要用于整平路基面和大面积的场地平整以及路堤和路堑边坡的修整。羊足压路机主要用于路堤上层及路基特别设计地段或密实度要求较高工程的压实。

(二)石方施工

石方机械施工的基本作业程序是：钻眼、爆破、挖装、运填和压实。常用的爆破方法有：炮眼法、药壶法、深孔法和小型药室法等。一般多采用深孔法，对于石方集中的工点，也可采用大爆破。在石方工程深孔爆破施工中，常用的施工机械有潜孔钻机、凿岩机、铲运机、推土机、挖掘机和自卸汽车等。

二 选择施工方法的原则

施工方法的选择与土方调配有着极其密切的联系，调配方案不同，施工方法的选择也不同；施工方法不同，调配结果也不一样。因而总是一边进行土石方调配，一边按合适条件选择施工方法，只有两者做到综合协调，统一考虑，才能取得比较理想的方案。但对情况复杂的地段，需采用不同的施工方法和调配方式进行技术经济的综合比较后，方能得出经济合理的方案。

机械施工中，能否充分发挥机械效能，取决于施工的组织工作和机械的运用。因此，必须根据工地的具体条件，合理选择施工方法与机械类型，把机械安排到最适宜的工地上去，使机械发挥出更大的作用，以便取得良好的经济效益。

选择施工方法与机械类型，一般可按下列原则进行：

(1)首先考虑困难复杂及控制工期的工点，然后解决一般性工点；

(2)先解决正线路基，然后是站场及附属工程，但不要截然分开，如有的站场工程数量大，可先考虑；

(3)先定大爆破和机械化工点，后定小型机械施工点；

(4)在选择机械类型时，应考虑技术性能是否适合，设备供应是否可能，并对不同的施工方法进行比较后再做出决定。同时应充分利用施工单位现有机械设备，再根据需要，考虑适当添置或租赁机械设备。

三 选择土石方施工机械的影响因素

(一)土方机械

各种土方施工机械性能互不相同，而机械的技术性能又常常限制了机械的使用。某种机械在一定的工作条件下是最适宜的，而在另一种条件下就不能很好地发挥效能，甚至根本不能进行工作。因此，在选择机械时，应考虑下列影响因素：

1. 工作数量

在土方数量很大且较集中的工点，可用生产能力强的大型机械，因其生产效率高，且能减少机械转移工地的时间消耗，工程成本要比一般能力小的机械低。如果土方数量较小，则只能用生产能力小的机械。

工点工作量的大小，对于移动困难的大型机械影响甚大，特别是在交通不便的地区更为显著。如果工点工作量不大，则需增多机械转移的次数，致使生产率的提高，但补偿不了因转移而增多的支出，在这种情况下，往往限制了大型机械的使用。在选择机械时，可参考表 4-1。

机械工作限额　　表 4-1

顺序	机械名称	规格	工作限额(m^3)	附注
1	推土机	红旗 100	不限制	
2	铲运机	2～2.5m^3	5000	
3	铲运机	6m^3	5000～10000	
4	铲运机	6m^3 以上	20000～30000	
5	挖土机	0.25～0.5m^3	5000～10000	
6	挖土机	1～2m^3	15000～40000	

2. 工程期限

工程期限是选择施工方法的主要影响因素，一般在工期紧迫且工程量较集中的地段，应使用大型机械，这样做虽然会增高工程成本，但如能因此而加快施工进度并提前交付使用，反而有利。有时路基虽能提前完工，可是由于其他原因不能使整段线路提前交付使用，那就没有必要采用大型机械来缩短路基工程的工期了。但路基的完工期限，无论如何要满足铺轨工期的要求。

3. 土壤性质

路堑和取土坑(或取土场)的土质对挖土机械有一定的限制，如普通土、松土可以使用所有的土方机械开挖。对于硬土，当铲土机的铲刀不易吃土时，则可先用松土机械松后再进行铲运施工。斗容量在 6m^3 以上的大型铲运机，可在直径为 25cm 的卵石土壤中工作(卵石成分不超过 25%)。对石质土壤(如软石、次坚石)，经爆破后也可用铲运机和推土机施工。土壤冻结时，当冻土厚度为 10～20cm 时，可以直接使用推土机、铲运机或挖土机施工。当冻土厚度超过 20cm 时，则需先将冻土耙松或爆破松动后再装运。

4. 路堤填筑高度及路堑开挖深度

3m 以内的矮路堤或浅路堑，宜采用推土机填挖土方，特别是横向坡度不陡的半填半挖地段更为适宜。当开挖高度大于 3m，宜采用铲运机施工。在浅路堑中，不易使用土斗容量很大的挖土机，因为掌子面很浅，机械挖土时必须重复转动，延长了挖土工作的循环时间，再加上时常移动笨重的机械，致使工作效率大大降低。挖土机适用于土质大路堑及大型取土场挖土和半径在 7m 以上的土方挖掘及卸弃，但其最低工作面高度必须在 1.5m 以上。

5. 地形条件及交通条件

地形条件对于选择土方机械及运输工具有很大的影响，因为地形及交通条件，往往决定着能否向工点运送机械或工点间的转移。因而在选择机械时应充分考虑并利用地形及交通条件，满足机械性能的要求。

6. 当地气候条件

因气候情况决定了在规定的工期内的有效工作日数，如冬、雨季有不能工作的雨雪天，地表冻结厚度影响施工效率等。土石方施工应按季节安排，一般旱季应尽量做填方、土方及地下水发育的地段，而雨季最好做挖方、石方和地下弱流水的地段。这些因素将影响所有机械的选择。

7. 土石方运输距离

对机械及运土工具的选择，还要考虑土石方运距的远近。在一般情况下推土机的运距以10～100m为宜，铲运机以100～800m为宜。挖土机或装载机需配备运输工具装运土方，而运输工具的需要还必须与挖土机械的能力相适应。当采用倾卸汽车配合挖土机装运土方时，可参考表4-2来配备倾卸汽车。

每台挖土机所配备的倾斜汽车辆数 表4-2

挖土机的斗容量	运距(cm)	倾卸汽车的重量(t)		
		3.5	6.5	10
0.5	0.5	4	3	—
	1.0	6	4	—
	1.5	7	6	4
	2.0	9	7	4
	4.0	15	9	5
0.75	0.5	5	4	—
	1.0	7	5	3
	1.5	9	7	4
	2.0	12	9	5
	4.0	18	12	7
1.0	0.5		5	3
	1.0		7	4
	1.5		10	6
	2.0		12	7
	4.0		15	10

8. 施工单位的机械设备的技术条件

施工单位的土方机械和运输设备的供应与购置条件，对机械的选择有时会起决定性的作用。首要的问题是有无机械可用，其次再考虑不同类型机械的适用条件，当然也可考虑是否有租用的可能和取费标准。

上面所述选择土方机械的影响因素是相互制约的。在选择时，必须抓住主要矛盾，将影响因素进行综合分析，从中选出经济合理的施工方案。各种常用土方施工机械的适用范围和使用条件可参见表4-3和表4-4。

(二)石方机械

铁路石方施工，要求钻孔、挖、装、运、填、压机械具有设备能力大、效率高、轻便灵活、有一定的越野和爬坡能力等性能。

选择石方机械时应考虑工期所要求的生产能力、爆破岩石的块度和岩堆的尺寸、运输工具的类型和大小、机械进入工点的运输条件及爆破时机械撤离和重新进入工作面的方便程度，以及选用该机械是否经济等综合分析确定。

土方施工机械适用范围 表 4-3

机械名称	施工适用范围		
	准备作业	基本作业	辅助作业
推土机	1. 修筑临时道路； 2. 推倒树木，拔除树根； 3. 铲除草皮，除清积雪； 4. 推缓陡坡地形； 5. 翻挖回填井、坟、陷穴； 6. 清除建筑垃圾	1. 高度 3m 以内路堤和路堑土方工程； 2. 运距 10～100m 以内土方挖运、铺填和压实； 3. 半填半挖路基土石方工程； 4. 桥涵处路基缺口土方回填	1. 斜坡上挖台阶； 2. 路基面粗平； 3. 取土坑及弃土堆平整； 4. 土层压实； 5. 配合铲运机顶装助铲
拖式铲运机	1. 铲除草皮； 2. 移运孤石	运距 100～800m 以内土方挖运、铺填和压实	1. 路基面及场地粗平； 2. 取土坑及弃土推平整
自行铲运机	铲除草皮	运距 500m 以上土方挖运、铺填和压实	
自行平地机	1. 铲除草皮； 2. 清除积雪； 3. 疏松土层	1. 高度 0.75m 以内路侧取土填筑路堤； 2. 高度 0.6m 以内路侧弃土开挖路堑	1. 开挖排水沟、截水沟； 2. 路基面及场地平整； 3. 修整边坡
单斗挖掘机		1. 半径 7m 以上土方挖掘和卸弃； 2. 运距 500～5000m 配合自卸汽车、火车等远土、石、砂施工	1. 挖沟槽及基坑； 2. 水下捞土(以上利用反铲)
单斗装载机		1. 运距 500～5000m 配合自卸汽车装土方和砂石料； 2. 改装成推土机完成相应作业	
拖式松土机	1. 翻松旧道路路面； 2. 清除树根、小树墩和灌木丛		1. 疏土含有砾石的普通土和硬土； 2. 破碎及揭开 0.5m 以内冻土层

土方施工机械使用条件 表 4-4

路基种类	主导机械	辅助机械	填挖高度 (m)	水平运距 (m)	集中工作量 (m^3)	最小工作面长度或高度(m)
1. 路堤 1)路侧取土	(1)自行平地机； (2)73.5kW 推土机； (3)102.9～147kW 推土机； (4)6～8m^3 拖式铲运机； (5)9～12m^3 拖式铲运机	73.5kW 推土机	<0.75 <3 <3 <6 >6	 10～40 10～80 100～250 250～800	 不限 不限 >5000 >5000	300～500 50～80 80～100
2)远运取土	(1)6～8m^3 拖式铲运机； (2)9～12 m^3 拖式铲运机； (3)9m^3 以上自行铲运机； (4)挖掘机配合自卸汽车等； (5)装载机配合自卸汽车		不限 不限 不限 不限 不限	≯700 ≯1000 >500 500～5000 500～5000	>5000 >5000 >5000 >10000 >1000	≮50～80 ≮50～80 ≮50～80 ≮2.0～3.5

续上表

路基种类	主导机械	辅助机械	填挖高度(m)	水平运距(m)	集中工作量(m^3)	最小工作面长度或高度(m)
2. 路堑 1)路侧弃土	(1)自行平地机； (2)73.5kW 推土机； (3)102.9~147kW 推土机； (4)6~8m^3 拖式铲运机； (5)6~8m^3 拖式铲运机； (6)9~12m^3 拖式铲运机	58.8kW 推土机	<0.6 <3 <3 <6 <15 >15	 10~40 10~80 100~300 300~600 ≯1000	 不限 不限 >5000 >5000 >5000	300~500 50~80 ≮100 ≮200
2)纵向利用	(1)73.5kW 推土机； (2)102.9~147kW 推土机； (3)6~8m^3 拖式铲运机； (4)9~12m^3 拖式铲运机； (5)9m^3 以上自行铲运机； (6)挖掘机配合自卸汽车等； (7)装载机配合自卸汽车	58.8kW 推土机	不限 不限 不限 不限 不限 不限 不限	20~70 <100 80~800 ≯1000 >500 500~5000 500~5000	不限 不限 >5000 >5000 >5000 >10000 >1000	 ≮100 ≮100 ≮100 ≮2.0~2.5
3. 半填半挖基 纵向利用	73.5~102.9kW 推土机	不限	20~80	不限		

注：本表均指松土，土质坚硬时应先用松土机将土疏松。

1. 钻孔机械的选择

钻孔机械种类及型号较多，如冲击钻机、露天潜孔钻机、牙轮钻机等，钻机孔径为 60~300mm。铁路石方工程施工以钻孔直径为 100~150mm 的露天潜孔钻机较为适宜。

2. 挖装机械的选择

石方挖装机械选择，必须根据施工现场的地形地质情况、岩石特性、爆破方法、机械性能、施工方法、运输距离等综合考虑，避免因选型错误造成石方挖装困难。

1)推土机推运石方

推土机开挖石方的适用条件是：一般石方数量较少，运距不大于 60m，开挖深度浅，可以一次爆破成形，岩石易于破碎。并要求路堑端头至少有一端为深沟，作为施工石方的弃土场。

2)铲运机开挖石方

铲运机开挖石方，适用条件主要取决于石方爆破的破碎程度。铲运作业对石块粒径的要求：50cm 以上者不应多于 5%，小于 25cm 的不少于总方数量的 60%。否则易发生机械故障，影响机械效率。对于已风化的软弱岩石及薄层石灰岩，经裂碎或松动爆破后，岩石块度较小，且运距小于 500m，可采用铲运机施工。

3)装载机挖装石方

装载机挖装石方，适用于场地开阔的傍山开挖及站场石方，作业面宽度不小于 10m，长度最好能同时摆放 2~3 台装载机作业，并能修建运输车辆上下循环道路。

4)挖掘机挖装石方

挖掘机机体笨重,转移困难,要求作业面场地道路平整,适用于开挖数量大而集中的石方工程。由于回转半径和运输车辆运行路线的要求,对石方路堑较长和开挖深度较大的施工作业,必须根据不同的开挖宽度做出分层的挖掘机和倾卸汽车联合作业施工设计,以便组织生产。

3. *石方挖运机械配套*

石方挖运机械配套取决于岩石性质、破碎程度、施工条件、运距等因素。一般选用大功率、大容量、坚固的挖掘机或装载机,自卸汽车载重量以 8t 以上的为好,每车装 3～5 斗比较合适。挖运机械配套是否合适将直接影响生产效率的高低。

四 土石方综合机械化施工参考指标

土石方施工机械,除选用单项施工机械外,应尽可能考虑综合机械化施工,并做到配套使用。

石方施工日产 1000m^3 所需配套的施工机械和劳动力数量参考指标见表 4-5 和表 4-6;机械筑路队每月产 $1.2\times10^5 m^3$,最高可达 $2.6\times10^5 m^3$,全年平均完成 1.0×10^6 万 m^3～1.2×10^6 万 m^3,其组织配套见表 4-7。

施工机械数量 表 4-5

顺序	名称	规格	单位	数量
1	挖掘机	斗容量 1.25～1.5m^3	台	3
2	倾卸汽车	8t 以上	台	12
3	推土机	88kW 以上	台	3
4	潜孔凿岩机	YQ—150 型	台	2
5	潜孔凿岩机	东方红 100 型	台	1
6	空气压缩机	9m^3/min	台	6
7	发电机	80kW	台	3

劳动力数量 表 4-6

顺序	工种	人数	附注
1	挖掘机司机	20	每台每班 2 人,三班作业
2	倾卸汽车司机	36	每台每班 1 人,三班作业
3	推土机司机	9	每台每班 1 人,三班作业
4	空压机司机	6	每台每班 2 人,三班作业
5	凿岩机司机	14	YQ—150B 型每台每班 3 人,两班作业; 东方红—100 型每台每班 2 人,一班作业
6	发电机司机	6	每班 2 人,三班作业
7	电工	6	三班作业
8	管道工	1	一班作业
9	开挖工	6	一班作业
10	爆破工	6	一班作业

机械筑路队组织配备 表4-7

组织名称	人数	占总人数(%)	主要机械装备
一线人员:	180～225	62～62.5	
其中推铲班	50～60		推土机4～5台,铲运机15～20台
挖装班	30～50		挖土机、装载机各6台左右
钻爆班	30～40		潜孔钻机及空压机各两台
运输班	30～35		自卸汽车20辆左右
机电班	30～35		发电机、抽水机
普工班	10～20		
二线人员:修理班	80～100	27.6～27.8	各种机床
三线人员:管理服务	30～35	9.7～10.4	
合计	290～360		

注:表内人员及机械配套系按三班配备。

第三节　土石方调配

一　土石方调配的目的

土石方调配是研究和解决路基施工中如何取土、弃土及移挖作填的问题,也就是在何种情况下,路堑中的挖方应纵向移挖作填,用来填筑路堤;在何种情况下,路堑中的挖方应做横向弃土,而路堤中的填方采用横向取土填筑最为经济合理。经济合理的土石方调配,能最大限度地移挖作填,减少土石方施工方数;同时能正确地布局取土坑和弃土堆地位置,少占农田,也能维持山体的稳定。土石方调配还是编制概预算和施工组织设计的依据。因此,合理地进行土石方调配,对确保路基施工期限、降低工程造价十分重要。

二　土石方调配原则

(1)要贯彻以农业为基础的方针,尽量移挖作填,减少弃土堆、取土坑占用农田,节约用地。在不增加国家投资的基础上,结合施工进行改地造田以支援农业,促进农业基本建设的发展。

(2)路堤取土,应根据所需数量,考虑路基排水、农田灌溉和改地造田,结合施工方法,地形和土壤情况,选用浅挖宽取、坡地取平和取土坑挖取等方法。兼作排水的取土坑,坑底要有一定坡度,深度要与桥涵进出口标高相配合。若无上述要求,可深挖窄取,以少占农田为原则。在沿河地段,要注意不要因取土造成河岩冲刷。

(3)路堑弃土,应保证路堑边坡稳定和地面排水,不能堵塞渠道。沿河取土,不能阻塞河流,压缩桥孔而造成对河岸的冲刷。

(4)对桥隧、站场及附属工程等的弃土要合理利用,避免由于施工不当或考虑不周造成取、弃土多占农田的不良后果。

(5)路堤的填料质量应符合设计和规范的要求,应尽量考虑利用可作填料的路堑挖方、隧道弃碴、附属工程弃方,附近城郊、工矿建设弃碴等。如路堑挖方的土质不符合路堤填料的质量要求,则应废弃。

(6)在土石方的合理调配范围内，需跨越数量较大的高填深挖地段时，应考虑地段的工期长短，核定能否在规定期限内完成路基施工任务。

(7)土石方调配时，应综合考虑与远期工程相配合。在预留的复线位置或拟扩建的站场范围，都不应在其挖方上弃土，亦不应在其填方处取土。

(8)路基土石方调配段落的划分，一般以概算编制的段落为单元。在调配中要周密考虑工期的先后顺序，研究其运输的可能性，并确定其调配的运输道路。例如在建有大桥和隧道的区段，因修建工期较长，调配时可不考虑跨越；但在建有中、小桥涵地段，则应根据地形情况适当考虑其跨越的可能性。

三 区间路基土石方调配

(一)调配原理

区间路基和一般中间站土石方的调配，常采用线调配法，即沿线路中心线调配土石方。该法主要是根据经济运距确定纵向移挖作填和横向取、弃土的合理范围。

从经济观点来看，当由路堑挖一方土纵向运到路堤的费用，比在该路堑挖一方土就近横向运到弃土堆和自取坑挖一方土横向运到路堤的总费用低时，则纵向运土是经济的，即可纵向移挖作填。而当纵向运土大到一定距离时，即路堑挖一方土运到路堤的费用，比将该一方土运到弃土堆再从取土坑挖一方土运到路堤的总费用大时，则纵向运土是不经济的，而应采用横向取、弃土。此时，纵向运土的范围称为纵向移挖作填的最大范围(或称极限范围)，而在纵向移挖作填的最大范围内的平均运距称为最大经济运距(或称极限平均运距)。这就是区间路基土石方调配的基本原理。

(二)最大经济运距的确定

最大经济运距是根据工程费用计算的，即根据纵向移挖作填和横向取弃土这两种方案在价格相等的条件下来决定的，如图4-1所示。

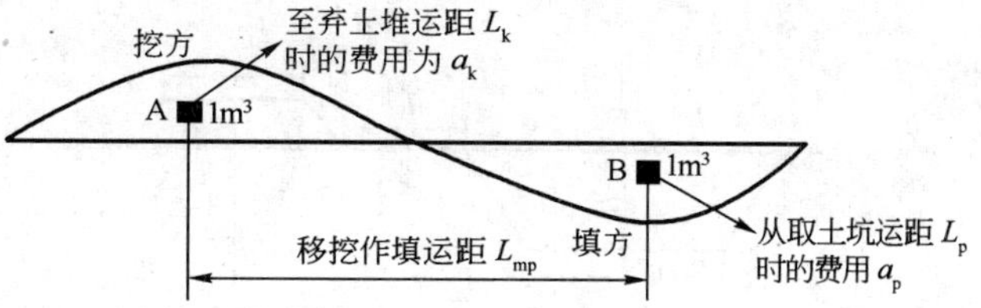

图4-1 最大经济运距

设路堑A处挖1m³土体横向运往弃土堆时的单价为 a_k 元(弃方的平均单价)；从取土坑挖1m³土体横向运往路堤B处时的单价为 a_p 元(借方的平均单价)；路堑A处挖1m³土体纵向运往路堤B处时的单价为 A_{mp} 元(利用方的平均单价)。根据调配原理，路堑A处土体运往路堤B处则应满足；

$$A_{mp} \leqslant a_k + a_p \tag{4-1}$$

上式每一单价均包括挖土费用和运土费用，因此

$$A_{mp} = a_0 + b_0 L_{mp} \tag{4-2}$$

$$A_k = a_1 + b_1 L_k \tag{4-3}$$

$$A_p = a_2 + b_2 L_p \tag{4-4}$$

式中：a_0——纵向移挖作填时，在路堑中开挖1m³土体的费用(元)；

b_0——纵向移挖作填时，1m³土体运送1m距离的费用(元)；

L_{mp}——纵向平均运距(m)；

a_1——横向弃土时，在路堑中开挖 $1m^3$ 土体的费用(元)；

b_1——横向弃土时，$1m^3$ 土体运送 1m 距离的费用(元)；

L_k——路堑至弃土堆的横向运距(m)；

a_2——横向取土时，在取土坑开挖 $1m^3$ 土体的费用(元)；

b_2——横向取土时，$1m^3$ 土体运送 1m 距离的费用(元)；

L_p——取土坑至路堤的横向运距(m)。

根据公式(4-1)，即可用下式求得最大经济运距 L_{mp}：

$$L_{mp} = \frac{(a_1 + b_1 \cdot L_r) + (a_2 + b_2 \cdot L_r) - a_0}{b_0} \tag{4-5}$$

当路堑与取土坑的土质相同并采用同一施工方法时，则土体的开挖单价相等，运输单价也相等，即 $a_0 = a_1 = a_2$，$b_0 = b_1 = b_2$，上式可简化为：

$$L_{mp} = \frac{a_0 + b_0(L_k + L_p)}{b_0} \tag{4-6}$$

在取土和弃土时，有的要占用农田，损毁青苗，因此还要将相应的购地费和青苗补偿费计算在内。故公式(4-2)应改为：

$$L_{mp} = \frac{a_0 + b_0(L_k + L_p) + AF + A'F'}{b_0} \tag{4-7}$$

式中：F——取土 $1m^3$ 和弃土 $1m^3$ 占用耕地的总面积(m^2)；

A——$1m^2$ 耕地的购地费(元)；

F'——取土 $1m^3$ 和弃土 $1m^3$ 占用的青苗总面积(m^2)；

A'——$1m^2$ 的青苗费(元)。

式中的各个单价可以由定额和单价表中查得，只需确定两个运距 L_r 和 L_p。

(三)横向运距的确定(图 4-2)

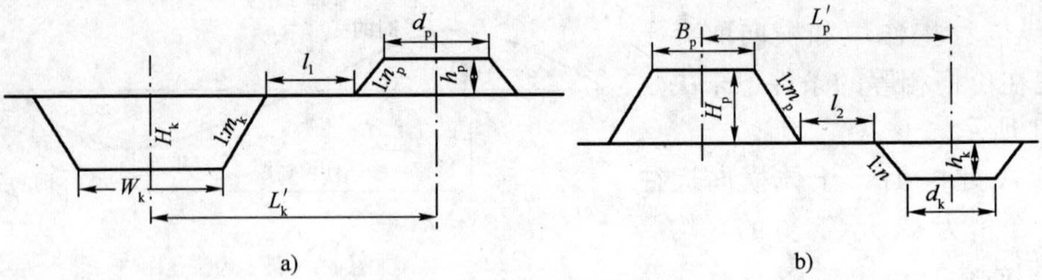

图 4-2 路基横向运距

1. 横向水平运距的计算

横向运距应根据路堑中心线到弃土堆中心线间的距离 L'_k，或路堤中心线到取土坑中心线间的距离 L'_p来计算。

如图 4-2 所示，当横向运距没有上、下坡时，L'_k、L'_p 即为横向水平运距。

即
$$L'_k = \frac{W_k}{2} + m_k \cdot H_k + L_1 + n_p \cdot h_p + \frac{d_p}{2} \tag{4-8}$$

式中：W_k——路堑底宽(m)；

m_k——路堑边坡；

H_k——路堑挖深(m)；

L_1——隔带宽(m)；

n_p——弃土堆土边坡；

h_p——弃土堆高度(m)；

d_p——弃土堆顶宽(m)。

$$L'_p = \frac{B_p}{2} + m_p \cdot H_p + l_2 + n_k \cdot h_k + \frac{d_k}{2} \tag{4-9}$$

式中：B_p——路堤顶宽(m)；

m_p——路堤边坡；

H_p——路堤填高(m)；

l_2——护道宽(m)；

n_k——取土坑边坡；

h_k——取土坑深度(m)；

d_k——取土坑底宽(m)。

2. 横向实际运距的计算

1)横向斜距离的计算

设横向弃土的斜距离为 L''_k(m)；横向取土的斜距离为 L''_p(m)；弃土堆重心与路堑重心间的高度差为 H_1(m)，近似按 $0.4(H_k+h_p)$计算；取土坑重心与路堤重心间的高度差为 H_2(m)；近似按 $0.4(H_p+h_k)$计算。则

$$L''_k = \sqrt{(L'_k)^2 + H_1^2} \tag{4-10}$$

$$L''_p = \sqrt{(L'_p)^2 + H_1^2} \tag{4-11}$$

2)横向折合水平距离 L_k、L_p 的计算

当重载方向有上、下坡时，应根据不同的运输方法，按运土斜距离 L''_k、L''_p乘以重载坡度折算系数 K_h(也称升高折平系数)，即为横向折合水平运距 L''_k、L''_p，即：

$$L_k = K_h \cdot L''_k \tag{4-12}$$

$$L_p = K_h \cdot L''_p \tag{4-13}$$

根据采用的运输方法及坡度值 i，在表 4-8、表 4-9、表 4-10 和表 4-11 中查出 K_h 值，坡度值 i 分别按下式计算：

$$i_1 = \frac{H_1}{L''_k} \times 100\% \tag{4-14}$$

$$i_2 = \frac{H_2}{L'_p} \times 100\% \tag{4-15}$$

人力挑抬折算系数 表 4-8

项　目	上坡坡度%			下坡坡度%		
	4 及以内	5～30	31 及以上	15 及以内	16～30	31 及以上
重载坡度折算系数	1.0	1.8	3.5	1.0	1.3	1.9

手推车(架子车)运输折算系数 表 4-9

项　目	上坡坡度%			下坡坡度%	
	2 及以内	3～10	11 及以上	10 及以内	11 及以上
重载坡度折算系数	1.0	2.5	4.0	1.0	2.0

轻轨斗(平)车运输折算系数 表 4-10

项 目	上坡坡度%		
	0.3 及以内	0.4～1.5	1.6 及以上
重载坡度折算系数	1.0	1.7	2.4

铲运机、推土机坡度折算系数 表 4-11

项 目	上坡坡度%			
	5 及以内	6～10	11～20	21～30
重载坡度折算系数	1.0	2.0	3.0	3.5

【例 4-1】 某段路堤采用推土机施工，由取土坑取土填筑，路堤和取土坑断面如图 4-3 所示，计算其横向运距。

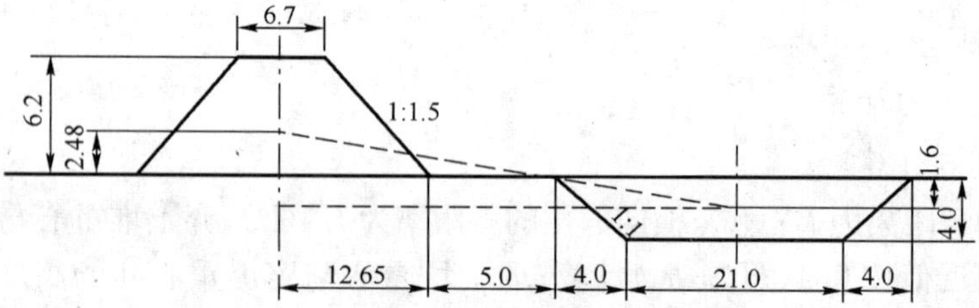

图 4-3 某路基断面示意图(单位：m)

【解】 横向水平距离按式(4-9)可得：

$$L'_{\mathrm{p}} = 6.7/2 + 1.5 \times 6.2 + 5.0 + 1 \times 4 + 21.0/2 = 32.15(\mathrm{m})$$

取土坑与路堤重心的高度差：

$$H_2 = 0.4(H_{\mathrm{p}} + h_{\mathrm{k}}) = 0.4(6.2 + 4) = 4.08(\mathrm{m})$$

横向取土斜距离按式(4-11)可得：

横向坡度：

$$i = H_2/L'_{\mathrm{p}} = 4.08/32.15 = 12.7\%$$

查表 4-11 得折算系数为 3.0，则推土机施工的折合水平运距按式(4-13)计算可得：

$$L_{\mathrm{p}} = 3.0 \times 32.41 = 97.23(\mathrm{m})$$

故按定额采用运距为 100m。

四 区间路基土石方调配方法

采用在经济运距范围内的概略调配法进行区间路基土石方调配，其宗旨是在经济运距范围内，最大限度地移挖作填，减少施工方数。

(一)概略调配法

路基土石方的概略调配法，是在较熟练地掌握调配原理和符合经济条件的前提下，在每 100m 的土石方数量图上进行的。现以实例说明，如图 4-4 所示。

土石方数量图的横坐标为距离(以百米标表示)，纵坐标为每百米标的土石方数量，挖方画在上面，填方画在下面。按比例画成矩形，并在矩形内注明土石方数量。

当综合考虑了各种因素和确定了纵向调配的最大经济运距之后，即可在土石方数量图上进行具体调配。由图 4-4 可看出 DK120＋500～DK121＋400 间为挖方，其余前后两段为填方。该段挖方可调往前一段，也可调往后一段填筑路堤作为利用方，究竟怎样调，能调配多少方，主要取决于经济运距。

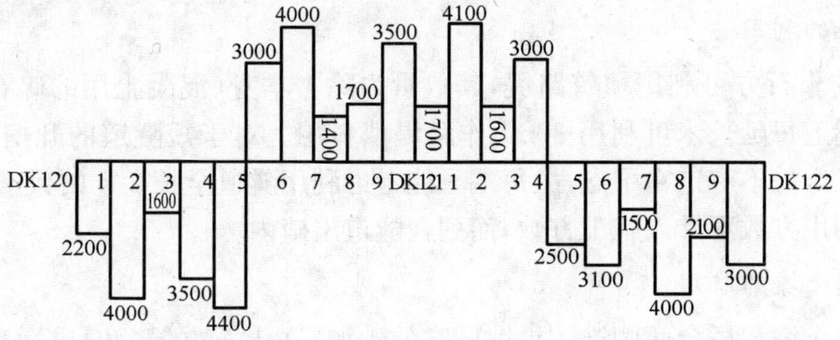

图 4-4　百米标土石方数量图

在调配时，可由填挖交界处向两边进行土石方累计，每累计一次则计算一次纵向平均距离，同时观察其是否接近经济运距，经过几次试算后，至接近，即将两边累计的土石方数量（即挖与填的数量）调整到相等，并定出两段的桩号，这两个桩号之间的距离即为纵向调配范围。在此范围以外，则采取横向取、弃土。

本段线路处于荒野，取弃土不占农田，无青苗可损，从有关单价表中查得挖土单价为 0.20 元/m^3，运 $1m^3$＝0.05 元/m，L_k＝196m，L_p＝200m。根据公式(4-6)计算得：

$$L_{mp}=\frac{0.20+0.05(196+200)}{0.05}=400(\mathrm{m})$$

根据以上所述，经过试算，就可以较容易地定出该路段路基纵向移挖作填和横向取土的范围。调配结果是：

将 DK120＋500～DK120＋972 处挖方 12620m^3 纵向调至 DK120＋122～DK120＋500 处作填方是经济的。其纵向平均运距可以较精确地用各百米标内土石方数量与距离的加权平均值计算其填挖方各重心间的距离。即：

$$\text{平均运距 } L_{cp}=\{[3120\times339+1600\times250+3500\times150+4400\times50]+[2520\times436+1700\times350+1400\times250+4000\times150+3000\times50]\}/12620=395.9(\mathrm{m})<400(\mathrm{m})$$

同理，将 DK120＋996～DK121＋400 处挖方 10540m^3 纵向调至 DK121＋400～DK121＋786 处作填方也是经济的。其平均运距为：

$$L_{cp}=\{[140\times402+1700\times350+4100\times250+1600\times150+3000\times50]+[3440\times343+1500\times250+3100\times150+2500\times50]\}/10540=399.5(\mathrm{m})<400(\mathrm{m})$$

根据上述结果，从理论上讲，DK120＋972～DK120＋996 处挖方 840m^3 应作横向弃土，DK120＋000～DK120＋122 处所需填方 3080m^3 和 DK121＋786～DK122＋000 处所需填方 5660m^3 均需横向取土填筑。

(二)与其他工程的相互利用

在路基土石方调配中，除了合理安排区间路基土石方本身的利用和取弃土外，还应充分考虑与其他工程的相互利用和配合，以减少施工方数和降低工程造价。

1. *附属工程的利用*

在进行调配时，应注意对附属工程（改河、改沟、开挖侧沟、扩大天沟、改移公路等）的土石方加以利用，不仅可以减少施工方数，而且少占用土地。

2. *隧道出碴的利用*

隧道开挖的土石方可利用填筑路堤，其数量为除去本身（混凝土用的碎石与拱背回填片石）利用之外，隧道每延长米可利用 30m³ 作路堤填料用。对于短隧道的开挖，一般为两端并进，两端出碴，汇合处不一定在中点，故每端只能考虑利用隧道全长 2/5 的数量。在调配中，对该项土石方的利用方数不计入施工方数，而列在隧道出碴内。

3. *桥梁回填土壤的取用*

对桥头渗水土壤与桥台两侧锥体护坡所需的土壤，在土石方调配时应适当考虑。当开挖路堑有这种土壤时，可将该种土壤就近弃于路堑附近的弃土堆，待桥梁需要使用时再做第二次运输，其倒装和第二次运输的费用列于桥梁工程中。

4. *石料和道碴的供应与路堑石方的利用*

路堑内开挖的石方，不仅可填筑填石路堤，而且还可以用作桥隧建筑和附属工程的片石、碎石材料以及线路道碴材料。如路堑石方数量较少不敷应用时，应先满足填石路堤的需要。当路堑中石方很充裕且可用作建筑材料时，应将该石方调配作为弃方堆放于弃土堆，以备运用，不得用以填筑路堤，以便节省料费。

（三）土石方调配在经济运距范围内的工期核算

当土石方调配在经济运距范围内，但需跨越数量较大的填挖地段时，可能出现工期限制，在这种情况下，需要进行工期核算，确定施工顺序，以保证在规定期限内完成路基施工任务。

如图 4-5 所示，工期的核算顺序是应先算出 60000m³ 路堑开挖所需的工天，再算 35000m³ 路堑开挖所需的工天。这是因为在 60000m³ 的挖方尚未完成之前，由于没有运土道路无法越过高坡进行运输，故 35000m³ 的挖方还不能开工。这两个工期之和才是本段土石方工程的施工总期限。如总工期不超过规定工期，此 95000m³ 土方可全部利用。当 60000m³ 土方开挖不

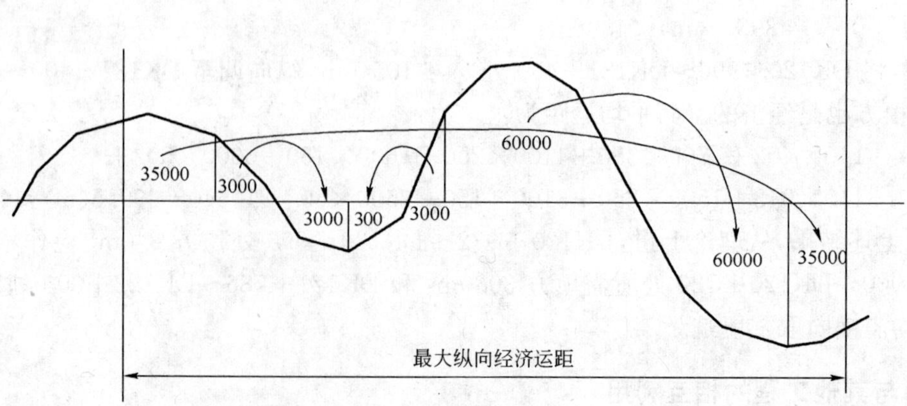

图 4-5　调配与工期配合

超过规定工期，而 95000m^3 超过规定工期时，则 35000m^3 的开挖应与 60000m^3 的开挖同时进行，因不具备施工条件，为确保工期，只有将这 35000m^3 中的一部分弃土或全部弃土。至于填土的不足部分，则另行在填方附近取土填筑路堤。

当土石方调配在经济运距范围内，由挖方调向填方虽不跨越填筑地段，但土石方数量太大，且开挖面又小时，亦应进行工期核算。

（四）路基工程的施工顺序

铁路工程的施工顺序，一般均为大中桥、小桥涵和隧道先行施工，接着是路基土石方，而土石方工程又常是先选择重点或填挖方较大的地段进行。小桥涵必须在路基施工前完成，以保证路基机械施工的效率和工程质量。特别是对重点土石方或工程量大起控制作用的涵洞，更要引起足够的重视。

五 站场路基土石方调配

（一）站场土石方施工特点

站场（区段站、编组站或较大坪场等）土石方调配与区间路基不同。其特点是施工范围广且施工场地宽；工程量大而集中，山区铁路尤为显著（如成昆铁路新建的八个区段站中，普雄、金江、广通三个站的土石方都超过 1.0×10^{6}m^3，另外，白石岩、尼波、泸沽、拉鲊四个中间站也都超过 8.0×10^{6}m^3）；站内建筑物多且施工顺序先后不一，有时还要考虑分期施工并需满足扩建要求；取土、弃土受城市建设的限制（不能在站场范围或距站场较近地点挖坑取土或堆置弃土堆）。因此，站场土石方调配一般采用方格调配法进行。

（二）方格调配法的调配程序

（1）在站场地形平面图上画出方格，方格的大小应根据地形条件和要求的精度确定，一般每边长 10～100m，并将方格编上号，如图 4-6a）所示。

（2）根据设计标高和地形断面（地面实测标高）确定填挖零线。

（3）计算每一方格填挖数量，编制“广场土石方数量计算表”（见表 4-12）。

进行土石方调配，选择施工方法，确定运土路线，并编制“广场土石方调配表”（见表 4-13）。

（4）在进行方格调配时，必须遵守运距最短和运输互不干扰的原则。

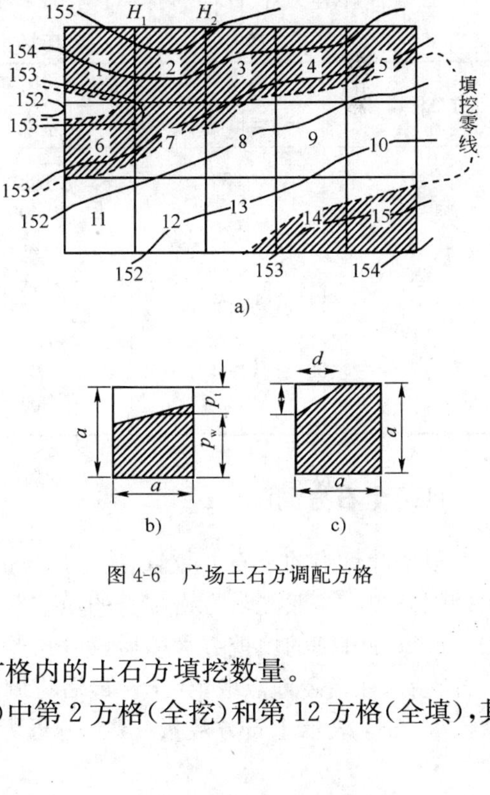

图 4-6　广场土石方调配方格

（三）广场土石方的计算

广场土石方可采用四方棱柱体公式计算每个方格内的土石方填挖数量。

1. 当一个方格中全是挖方或填方时，如图 4-6a）中第 2 方格（全挖）和第 12 方格（全填），其土石方数量是该方格的面积与其平均填挖高的乘积。即：

$$V = a^2(H_1 + H_2 + H_3 + H_4)/4(\text{m}^3) \tag{4-16}$$

式中：　　a——方格的边长(m)；

H_1、H_2、H_3、H_4——方格顶点的填挖高(m^3)。

对于挖方：挖高＝地面表高－设计标高；

对于填方：填高＝设计标高－地面标高。

2. 当一个方格中有部分填方和部分挖方时，其填方和挖方的土石方数量应分别计算。如图 4-6b)、c)所示。

当填挖方格如图 3-6b)时，使用下式计算：

$$V_t = a \cdot p_t(A' - B') \tag{4-17}$$

$$V_w = a \cdot p_w(B' - A') \tag{4-18}$$

当填挖方格如图 4-6c)时，则使用下式计算：

$$V_t = \frac{d \cdot l}{2}(A' - B') \tag{4-19}$$

$$V_w = (a^2 - d \cdot l/2)(B' - A') \tag{4-20}$$

式中：V_t——一个方格中的填方数量(m^3)；

V_w——一个方格中的挖方数量(m^3)；

A'——一个方格中的平均设计标高(m)；

B'——一个方格中的平均地面标高(m)；

p_t——填方部分的平均宽(m)；

p_w——挖方部分的平均宽(m)。

土石方计算完毕后，应将其计算结果填入"站场土石方数量计算表"(见表 4-12)内。

广场土石方数量计算表

表 4-12

方格编号	土石方数量(m^3)		方格编号	土石方数量(m^3)	
	填方	挖方		填方	挖方
1	250	9650	9	5900	—
2	—	14400	10	6100	—
3	5	10500	11	7900	—
4	610	6120	12	7900	—
5	2435	2460	13	5855	30
6	250	1520	14	1860	1090
7	1935	1470	15	280	3920
8	4630	300	合计	45855	51460

(四)土石方调配

根据计算出的土石方数量，按全广场的填挖分部情况，结合施工方法及施工顺序合理地确定调配方案。一般先求方格本身的填挖平衡，将剩余的挖方数量调往邻近需要填方的方格内去。待每一方格的填挖方平衡后，如填方不足或挖方有余，则从站场范围外靠近处取、弃土，或结合支农，在指定地点取、弃土。最后将调配结果填入"广场土石方调配表"(见表 4-13)中，表中数据，分子表示土石方数量(m^3)，分母为运距(m)，即表示各方格土石方的来源或去处。

广场土石方调配表

表 4-13

挖方量(m³) \ 填方量(m³)		1	2	3	4	5	6	7	8	9	10	11	12	13	14	15	弃土堆	总计
		285	—	5	610	2435	250	1935	4630	5900	6100	7900	7900	5855	1860	280		47215
1	9650	$\frac{285}{20}$					$\frac{1270}{120}$					$\frac{7900}{210}$					$\frac{195}{100}$	
2	14400							$\frac{465}{120}$					$\frac{7900}{210}$	$\frac{3255}{250}$			$\frac{2780}{100}$	
3	10500			$\frac{5}{20}$					$\frac{4300}{120}$	$\frac{2825}{150}$				$\frac{2570}{210}$	$\frac{770}{200}$			
4	6120				$\frac{610}{40}$					$\frac{3075}{120}$	$\frac{2435}{150}$							
5	2460					$\frac{2435}{50}$					$\frac{25}{100}$							
6	1250						$\frac{250}{30}$											
7	1470							$\frac{1470}{60}$										
8	300								$\frac{300}{20}$									
13	30													$\frac{30}{20}$				
14	1090														$\frac{1090}{50}$			
15	3920										$\frac{3640}{120}$					$\frac{280}{30}$		
取土坑																		
总计	50190																2975	

六 机械化施工土石方调配运距的调整

根据土石方数量图(或表)用概略法或目估法进行土石方调配,并确定施工方法和运距,对于人力施工来讲是比较合适的,但对于机械化施工的土石方工程,常由于其调配所得的运距,往往与机械实际走行距离不相符合。因此,调配结果不能依此而定,对运距需要进行适当的调整。其原因是:一方面由于填挖处的地表水平与邻近地段的地形起伏情况不同,因此机械走行总是不能行径最短的直线距离,加上机械本身体积较大,往返转弯时均需绕弧度运行,因此机械的实际运距较之直线距离有所延长,而其延长的距离,随所用机械和运输工具不同而异,同时随着工程的进展而改变。再由于路堤的逐渐升高或路堑的加深,由于机械从地表上升或下降而使其所需增加的距离也就会越来越长。另一方面,用概略调配法调配土石方,在土石方数量图上是按垂直断面进行调配的,但用机械开挖路堑时,不能按垂直的横断面开挖,而是以水平或斜平方向开挖;同样修筑路堤也必须分层填筑。这样从概略调配法所得的运距,也不符合现场施工实际情况。

因此,由概略调配法所定出的土石方调配范围,需要按机械的实际走行路线进行修正,但实际情况复杂多变。为了适应现代化土石方机械施工的要求,在进行机械化土石方调配时,宜按工地的实际情况,直接作出几个机械走行路线,经技术经济比较后,进一步决定其调配范围。

第四节　劳动力、机械及运输工具需要量的计算

在土石方调配和施工方法确定以后,就可据此计算劳动力、机械及运输工具的需要量。

一 劳动力需要量的计算

人力施工劳动力的需要量可按下式计算

$$p=\frac{W\cdot q}{T_z}(\text{人}) \tag{4-21}$$

式中:W——人工施工的土石方数量(m^3);

q——土石方劳动定额(工天/m^3);

T_z——日历施工期内的工作天数。它等于日历天数 T_c 乘以工作日系数 0.71[除去星期日和国家法定假日,即(365－104－7)/12×30＝0.71],再乘以气候影响系数 K,即:$T_z=T_c\times0.71K$。

对于在挖土机械和运输机械上工作所需的工人人数,可从机械手册或操作作业规范中查得。

【例 4-2】 某路基土石方工程施工方数为 5000m^3,采用人力挖土,双轮车运输施工。土质为普通土,其中 3000m^3 运距为 50m,2000m^3 运距为 100m,一班制作业,工期要求为 2 个月,该地区气候影响系数为 0.9。求该工程所需劳动力数量(出工率为 85%)。

【解】 查《铁路工程预算定额》LY-12 和 LY-13 可得,每 100m^3 普通土挖运 50m 的工天消耗为 26.97 工天,每增运 50m 的工天消耗为 4.12 工天,则所需的总工天数:

$$\sum W\cdot q=26.97\times30+(26.97+4.12)\times20=1431(\text{工天})$$

日历工期内的工作天数：

$$T_z=2\times30\times0.71\times0.9=38(\text{天})$$

劳动力需要数量：
$$p=\frac{1431}{38\times85\%}=44(\text{人})$$

二 挖土机械需要量的计算

挖土机械台班需要量可用下式计算：

$$M=W_j\cdot q_l(\text{台班}) \tag{4-22}$$

式中：W_j——某种机械施工土石方数量(m^3)；

q_l——某种机械施工土石方的时间定额(台班/m^3)。

求出施工中所需各种机械的台班数后，再按下式求机械的需要量：

$$N=\frac{\sum M}{T_z\cdot a} \tag{4-23}$$

式中：$\sum M$——各个地段上同一种机械所需的台班总数；

a——每昼夜的工作班数；

T_z——同公式(4-21)。

按照计算所需的机械数量，应再增加10%～15%的备用量，以备修理之用。

【例 4-3】 某路基工程土石方量为10000m^3，采用≤8m^3拖式铲运机施工，推土机配合，土质为硬土，运距为400m，两班制作业，工期为一个月，施工地区气候影响系数为0.85，求机械需要量。

【解】 查《铁路工程预算定额》LY-171和LY-172可得：铲运机定额为$0.55+2\times0.12=0.79$台班/100m^3，推土机定额为0.11台班/100m^3。则铲运机所需台班数为：

$$M=W_j\cdot q=10000\times0.79\div100(\text{台班})$$

推土机所需台班数为：

$$M=10000\times0.11\div100(\text{台班})$$

日历工期内的工作天数：

$$T_z=1\times30\times0.71\times0.85=18(\text{d})$$

铲运机需要量：$N_{铲}=\dfrac{79}{18\times2}=2.19$台，采用两台。

推土机需要量：$N_{推}=\dfrac{11}{18\times2}=0.31$台，采用一台。

三 运输工具需要量的计算

有些挖土机械，需要配备一定数量的运输工具(如汽车、运土列车车辆等)，所需的运输工具可根据运输量及运输工具的能力计算。

计算公式为
$$N_y=\frac{Q_w}{q_w} \tag{4-24}$$

其中
$$q_w=\frac{q_1\cdot T}{t'+t''+\dfrac{2L}{V_{cp}}+t_d}\cdot K_t \tag{4-25}$$

式中：N_y——运输工具的需要量(辆)；

Q_w——在所计算时间内的运输量(t、m^3 等)；

q_w——在所计算时间内一辆运输工具的生产率(t、m^3 等)；

q_1——运输工具的额定载重量(t)；

T——完成运输量 Q_w 所规定(或所计算)的工作时间(min)；

t'——装车时间(min)；

t''——卸车时间(min)；

t_d——等待时间(min)；

L——运距(m)；

V_{cp}——往返的平均运行速度(m/min)；

K_t——运输时间利用系数 0.80～0.95。

根据运输工具的种类和具体条件，对计算出的运输工具需要量，一般尚应增加 10%的备用量，以备部分运输工具进行定期检修或不定期的修理。

【例 4-4】 某路基土石方工程，根据工程量和工期，要求每天完成 $1000m^3$ 的土方施工任务，运距为 8km，采用载重量为 12t 的自卸汽车配合斗容量为 $1m^3$ 的挖掘机施工，两班制作业。求自卸汽车需要量。

【解】 根据施工现场测定资料：

$$t'=4.9\text{min}\qquad t''=1.4\text{min}\qquad t_d=2.6\text{min}$$

$$V_{cp}=31.8\text{km/h}=530\text{m/min}$$

另据已知条件：

$$Q_w=1000\text{m}^3$$

$$T=2\times8\times60=960\text{min}$$

$$Q_1=12\text{t}(\text{每车定额容量为 }6.3\text{m}^3)$$

$$K_t=0.80\qquad L=8\text{km}$$

将以上数据代入公式(4-25)和公式(4-26)得：

$$q_w=\frac{6.3\times960}{4.9+1.4\dfrac{2\times8\times1000}{530}+2.6}\times0.80=123.78(\text{m}^3)$$

$$N_y=\frac{1000}{123.78}=8(\text{辆})$$

增加 10%的备用量，按 9 辆配备。

第五节 路基工程实施性施工组织设计

一 路基工程施工组织设计的基本问题

在组织路基土石方工程的施工中，必须正确地解决以下基本问题：

(1)合理地进行土石方调配，使土石方的利用达到最大限度，减少施工方数。

(2)合理的选择施工方法。根据工程数量、工期要求、土壤种类、运土距离、劳动力及施工机具等具体条件综合分析，并通过技术、经济指标比选，确定最佳施工方法。

(3)周密的安排施工进度计划。根据施工定额或预算定额,以及确定的路基土石方施工方数,计算所需劳动天数、材料、施工机械和运输工具台班消耗量,再根据工期要求、施工顺序安排劳动组织、机具设备及施工进度计划,并决定其调动顺序。

(4)妥善的进行工地组织。根据安排的施工顺序、施工方法和施工期限妥善的进行工地组织。把整个工地划分为几个施工段落,修建运土道路,将开挖地点与填筑地点联系起来,成为完整的工作循环。对于高填深挖大量集中的土石方工程,还需按照选定的施工方法进行详细的开挖设计和填筑设计,另外还要绘制每一施工循环的平面布置略图。除此之外,还应筹划工地所需的机具修理、水电供应和施工所需生产、生活房屋及设施,以保证工程的顺利开展。

以上几个基本问题应系统完成地反映在路基工程实施性组织设计文件中,以指导施工。

二 路基工程实施性施工组织设计的编制

(一)编制实施性施工组织设计的原始资料

(1)线路平面、纵断面图、路基横断面图,排水系统图,土石方数量计算表及汇总表;
(2)施工调查资料,如地质、地形、水文、气象及施工供应条件等资料;
(3)指导性施工组织设计(施工方案、工期要求、工程配合等);
(4)施工单位所拥有的机械设备类型、规格、数量、能力程度及其标准技术作业图表;
(5)有关定额资料及施工单位统计的工效指标。

(二)实施性施工组织设计文件组成及内容

1.说明书

主要说明线路特征、工程特点、工程数量、工期、设备条件及所使用的定额。着重说明土石方调配、施工方法选择及机械设备经济技术比较,以及加快施工进度、提高工程质量、降低成本、保证施工安全和支援农业的技术组织措施等。

2.图纸

1)线路平面示意图及纵段面简图;
2)土石方调配图,包括区间路基土石方概略调配图和站场土石方方格调配图;
3)施工进度计划图(线条图或网络图);
4)劳动力动态图(人力施工)、机械使用动态图(机械施工);
5)机械运行路线图。

3.附表

1)路基土石方数量表;
2)土石方数量调配明细表和汇总表;
3)广场土石方数量计算表及广场土石方调配表;
4)劳、材、机数量计算表;
5)施工进度计算表;
6)劳动力组织及机械设备配备表;
7)临时工程数量表。

(三)路基工程实施性施工组织设计编制程序

(1)根据原始资料和设计文件,认真分析施工条件;

(2)经过技术经济比较确定施工方法和机具设备,并合理进行土石方调配,绘制区间、站场土石方调配图,编制土石方调配表;

(3)计算劳、材、机需要量;

(4)绘制线路平面、纵断面图;

(5)编制施工进度计划图、表;

(6)绘制劳动力动态图(人力施工)、机械使用动态图(机械施工);

(7)编制技术作业规程;

(8)绘制运土机械运行图;

(9)编制施工场地平面布置图;

(10)编制说明书。

第六节　机械化土石方工程实施性施工组织设计示例

一　工程概括

(一)地形

本段铁路施工里程为 DK151＋912～DK155＋700,经过地段为低缓丘陵区,地形起伏不大,相对高差 10～25m,自然坡度 10°～25°,部分地段穿越水田。线路走向与一国家公路大致平行,相距不远,交通方便。

(二)地质

地表植被较差,坡面冲刷较严重,上覆残坡积膨胀土厚 0～3m,下伏第三系伏平组泥岩、泥质砂岩,为Ⅳ级软石,属中强膨胀岩土,具有失水收缩,吸水膨胀,并随之崩解的不良特征。稳定性很差,要求在施工中必须按有关规程办理。

(三)气候条件

工程所处地区为亚热带湿润气候,夏季长而炎热,冬季短而暖,5～9 月为雨季,雨量充沛,年降水量平均为 1171.7mm,日降水量最大可达 140mm。对机械施工产生不利的影响。

(四)工期

根据局、处指挥部的要求,本段土石方工程要求保证 2007 年“8.1”铺轨工期,因此根据现场施工条件及本单位的实际情况,工期安排为 12 个月,其中包括两个月施工准备的时间。

二　土石方调配

本段土石方工程断面方 428949m^3,其中挖方 270826 m^3,填方 158123 m^3,挖方多出填方 11270 m^3。因此,在经济运距范围内尽量移挖作填,弃土时应多考虑造地,搞好对农业的支援。本段土石方工程分为两个段落进行调配,各段土石方数量及调配结果见土石方数量调配明细表(如表 4-14 所示)和土石方数量调配汇总表(如表 4-15 所示)。

路基土石方数量调配明细表

表 4-14

$\underline{××}$线$\underline{××}$段　施工设计

起讫里程	段落编号	断面方数(m³) 路堤	断面方数(m³) 路堑	施工方数(m³) 路堑 往路堤	施工方数(m³) 路堑 往弃土堆	利用方数(m³) 路堤 自取土坑 紧方	利用方数(m³) 路堤 自取土坑 张余方	利用方数(m³) 路堤 自路堑 紧方	利用方数(m³) 路堤 自路堑 张余方	利用方数(m³) 路堤 自其他 紧方	利用方数(m³) 路堤 自其他 张余方	自何处来往何处去	土、石等级	运距(m)	施工方法及数量(m³) 推土机 100m Ⅰ Ⅱ / Ⅳ	施工方法及数量(m³) 铲运机 200m Ⅱ	施工方法及数量(m³) 铲运机 300m Ⅰ / Ⅱ	施工方法及数量(m³) 铲运机 500m Ⅱ	施工方法及数量(m³) 挖掘机挖自卸汽车 1000m Ⅳ
1	2	3	4	5	6	7	8	9	10	11	12	13	14	15	16	17	18	19	20
DK151+912～	Ⅰ	103528	124183	2688				2668				本段利用	Ⅱ	200		2668			
DK153+995				1635				1635				本段利用	Ⅱ	100	1635				
				5948				5948				本段利用	Ⅱ	300			5948		
				22243				22243				本段利用	Ⅳ	300					22243
				2427				2427				本段利用	Ⅳ	100	2427				
					6511								Ⅰ	300			6511		
				10554				10554				本段利用	Ⅱ	500				10551	
				19297				19297				本段利用	Ⅳ	500					19297
				3562				3562				本段利用	Ⅳ	200					3562
					5292								Ⅰ	300			5292		
				10827				10827				本段利用	Ⅱ	300			10827		
				24367				24367				本段利用	Ⅳ	300					24367
					6544								Ⅱ	200		6544			
				2308								调往Ⅱ段	Ⅳ	100	2308				
第1段小计		103528	124183	105836	18347			103528							1635 / 4735	9212	11803 / 16775	10554	69469
DK153+995～	Ⅱ	54595	146643					2308				由Ⅰ段调来	Ⅳ	100	(2308)				

××线××段　施工设计　　　　　　　　　　　　　　续上表

起讫里程	段落编号	断面方数(m³)		施工方数(m³)		利用方数(m³)						自何处来往何处去	土、石等级	运距(m)	施工方法及数量(m³)				
				路堑		路堤									推土机 100m	铲运机 200m	铲运机 300m	铲运机 500m	挖掘机挖自卸汽车 1000m
		路堤	路堑	往路堤	往弃土堆	自取土坑		自路堑		自其他					I II / IV	/ II	I / II	/ II	/ IV
						紧方	张余方	紧方	张余方	紧方	张余方								
1	2	3	4	5	6	7	8	9	10	11	12	13	14	15	16	17	18	19	20
DK155+700					1656								I	100	1656 /				
				6285				6285				本段利用	II	200		/ 6285			
				7601				7601				本段利用	IV	200					/ 7601
					13334								II	300			/ 13334		
				31923				31923				本段利用	IV	300					/ 31923
					2248								I	200		2248 /			
					4530								II	200		/ 4530			
					31018								IV	200					/ 31018
				3478				3478				本段利用	IV	100	/ 3478				
					4267								II	200		/ 4267			
					37303								IV	200					/ 37303
				3000				3000				本段利用	IV	100	/ 3000				
第II段小计		54595	146643	52287	94356			54595							1656 / 6478	2248 / 15082	/ 13334	/	/ 107845
合计 土石方		158123	270826	158123	112703			158123							14504	26542	41912	10554	177314
		428949		270826				158123							270826				

填表　　年　月　日　　　　　　　　　　　　　　复核　　年　月　日

路基土石方数量调配汇总表　　表 4-15

××线××段　施工设计

起讫里程	DK151＋912～DK155＋700			
土、石类别	施工方法	运距(m)	施工方数(m^3)	备　注
II	推土机施工	100	1635	
IV	推土机施工	100	4735	
II	铲运机施工	200	9212	
I	铲运机施工	300	11803	
II	铲运机施工	300	16775	
II	铲运机施工	500	10554	
IV	自卸汽车配合挖掘机	1000	69469	
第I段小计			124183	
I	推土机施工	100	1656	
IV	推土机施工	100	6478	
I	铲运机施工	200	2248	
II	铲运机施工	200	15082	
II	铲运机施工	300	13334	
IV	自卸汽车配合挖掘机	1000	107845	
第II段小计			146643	
全段合计			270826	

填表　　　年　月　日　　　　　　复核　　　年　月　日

三 施工方法的选择

本段土石方工程数量较大，土壤种类有松土、普通土和软石，岩土具有膨胀性，因此根据设计要求，采取分层开挖，分层填筑，实行及时开挖，及时封闭，决定采用人工、机械并用的施工方法。管段内的圬工采用人工砌筑。根据工程数量、土壤性质、工期、运距、路堤填高和路堑挖深等主要因素，土石方施工采取铲运、挖运和推运施工相结合的综合施工方法。软石采取先潜孔钻爆松动，然后进行土石方作业施工。

四 施工安排

(一)施工准备

2006 年 8、9 月两个月进行的施工准备工作，主要内容包括：

(1)租用当地外贸局招待所一年，作为项目经理部；

(2)在 DK153＋200 处修建临时房屋(包括宿舍、办公室、料库、试验室.发电房、修理间、水泥库、油库、炸药库、工具房等)共 120m^2；

(3)分别在 DK153＋200 和 DK154＋100 两处扩建既有乡间公路 6km，作为施工便道；

(4)修储水池一个，管道长 2.5km；

(5)预制场、堆料场各一处，租地 7.1 亩；

(6)水电供应：采取地方电源，架设电力线至工点，前期内燃发电过渡并作平常备用；由于工点上严重缺水，生产生活用水困难，各工点采用水罐车拉水并修建蓄水池储水，解决施工期间用水问题。施工场地平面布置如图 4-7 所示。

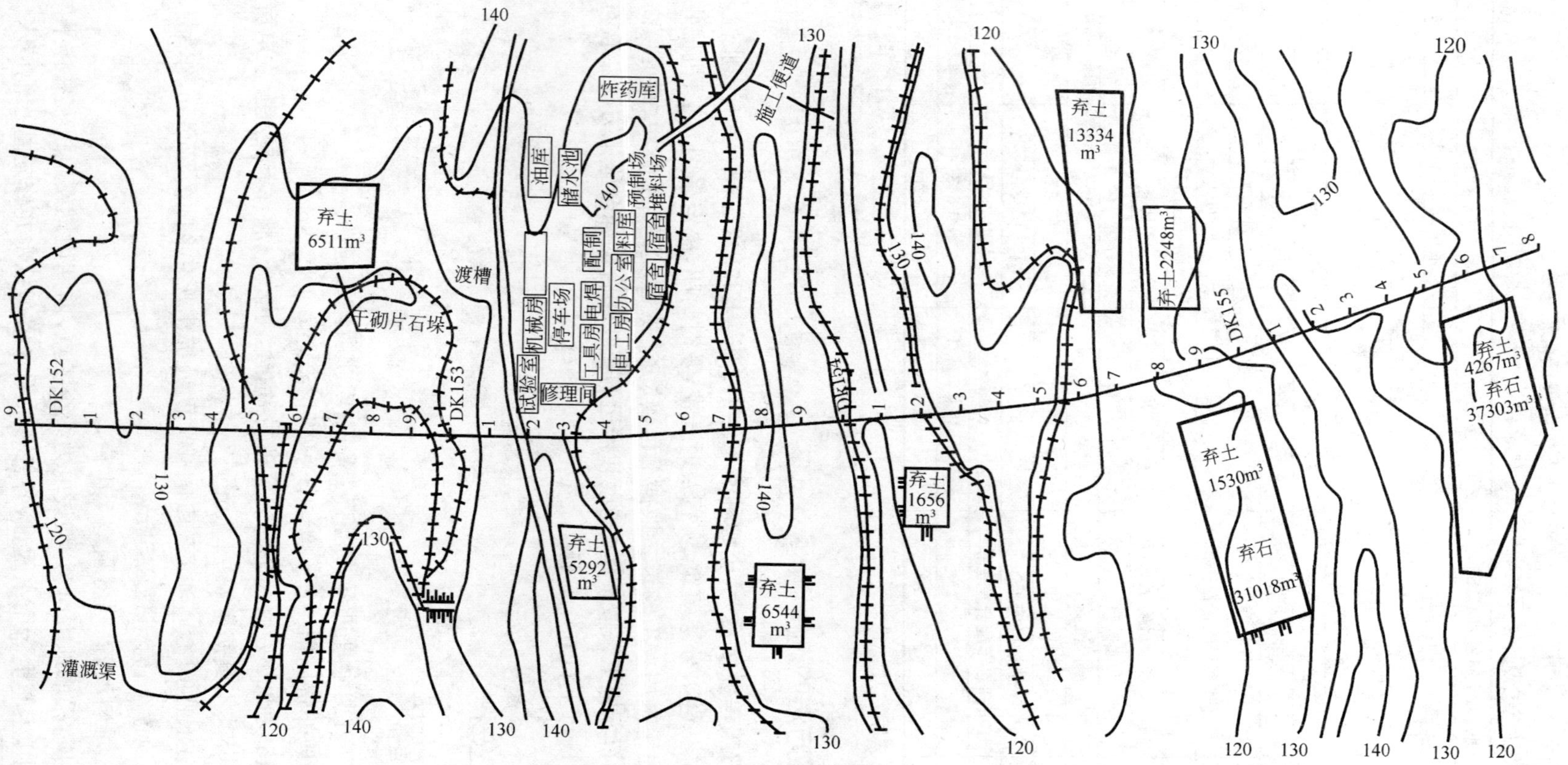

图4-7　施工场地平面布置图

(二)施工进度安排

本段土石方工程分为两个区段进行施工安排,由一个机械筑路分队担负施工任务,采用两班制,每班工作 8h,全月按 21 个工作日安排(周 40h 工作制),施工期为 10 个月。

1.机械需要量的计算

根据土石方调配结果,按照定额(见表 4-16)以及工期要求,计算机械需要量。

采用定额一览表 表 4-16

施工机械类型	土壤种类	运距(m)	时间定额(台班/$100m^3$)	说 明
推土机≤105kW	I(松土)	100	0.63	
	II(普通土)	100	0.66	
	IV(软石)	100	2.04	
拖式铲运机≤$8m^3$	I(松土)	200	0.37	
		300	0.47	
	II(普通土)	200	0.45	
		300	0.56	
		500	0.78	
挖掘机≤$1.0m^3$	IV(软石)	1000	0.40	
自卸机≤10t	IV(软石)	1000	1.89	配合挖掘机施工
推土机≤75kW	II(普通土)		0.06	配合拖式铲运机施工
	IV(软石)		0.20	配合挖运机械施工
履带式电动潜孔钻机 d≤150mm	IV(软石)		0.24	深孔爆破眼
内燃空压机≤$12m^3$/min	IV(软石)		0.48	配合深孔爆破施工
自行式振动压路机≤10t			0.37	机械施工路堤压实用
平地机≤120kW			0.22	机械施工路堤平整用
气腿式凿岩机	IV(软石)		0.09	配合深孔爆破施工
气动锻钎机 d≤90mm	IV(软石)		0.01	配合深孔爆破施工

1)第一段机械需要量的计算

机械台班需要量计算公式

$$M = W_j \cdot q_j \tag{4-26}$$

(1)主力施工机械台班需要量的计算

铲运机≤$8m^3$:

$\sum M_{铲1} = 92.12\times0.45+118.03\times0.47+167.75\times0.56+105.54\times0.78=273$(台班)

推土机≤105kW:

$$\sum M_{推1} = 16.35\times0.66+47.35\times2.04=107\text{(台班)}$$

挖掘机≤$1.0m^3$:

$$\sum M_{w挖1} = 694.69\times0.4=278\text{(台班)}$$

自卸汽车≤10t:

$$\sum M_{w汽1} = 694.69\times1.89=1313\text{(台班)}$$

(2)辅助施工机械台班需要量的计算

推土机≤75kW:

$$\sum M_{推1}=(92.12+167.75+105.54)\times 0.06+694.69\times 0.20=161(台班)$$

潜孔钻机 d≤150mm：

$$\sum M_{潜1}=(47.35+694.69)\times 2.04=178(台班)$$

内燃空压机≤12m³/min：

$$\sum M_{空1}=(47.35+694.69)\times 0.48=356(台班)$$

气腿式凿岩机：

$$\sum M_{凿1}=(47.35+694.69)\times 0.09=67(台班)$$

气动锻钎机 d≤90mm：

$$\sum M_{锻1}=(47.35+694.69)\times 0.01=7(台班)$$

自行式振动压路机≤10t：

$$\sum M_{压1}=1035.28\times 0.37=383(台班)$$

平地机≤120kW：

$$\sum M_{平1}=1035.28\times 0.22=228(台班)$$

(3)主力施工机械需要量计算公式

$$N=\sum M/T_z\cdot a$$

铲运机≤8m³	$N_{铲1}=273/10\times 23\times 2=0.59$ 台	采用1台
推土机≤105kW	$N_{推1}=107/10\times 23\times 2=0.23$ 台	采用1台(与II段倒用)
挖掘机≤1.0m	$N_{挖1}=278/10\times 23\times 2=0.6$ 台	采用1台
自卸汽车≤10t	$N_{汽1}=1313/10\times 23\times 2=2.85$ 台	采用3台

2)第II段机械需要量的计算

与前面计算同理可得：

(1)主力施工机械台班需要量

$$\sum M_{铲2}=151(台班)$$
$$\sum M_{推2}=143(台班)$$
$$\sum M_{挖2}=431(台班)$$
$$\sum M_{汽2}=2038(台班)$$

(2)辅助施工机械台班需要量

$$\sum M_{推2}=238(台班)$$
$$\sum M_{潜2}=274(台班)$$
$$\sum M_{空2}=549(台班)$$
$$\sum M_{凿2}=103(台班)$$
$$\sum M_{段2}=12(台班)$$
$$\sum M_{压2}=202(台班)$$
$$\sum M_{平2}=120(台班)$$

(3)主力施工机械需要量

$N_{铲2}=151/10\times 23\times 2=0.33$(台)	采用1台
$N_{推2}=143/10\times 23\times 2=0.31$(台)	采用1台(与I段倒用)
$N_{挖2}=431/10\times 23\times 2=0.94$(台)	采用1台
$N_{汽2}=2038/10\times 23\times 2=4.43$(台)	采用5台

根据上述计算及综合考虑，本段主力施工机械的配备情况是：铲运机≤8m³，两台；推土机

≤105kW，1 台（在 I、II 施工段中相互倒用）；挖掘机 1.0 m^3，两台；自卸汽车≤10t，8 台。对于辅助施工机械，应根据各施工段所需台班数量、施工进度及施工机械相互配合施工等统筹考虑合理安排配备台数。根据本段具体情况安排如下：推土机≤75kW 两台，I、II 段各 1 台；潜孔钻机 d≤150mm^2 台，I、II 段各 1 台；空压机 12m^3/min，两台，I、II 段各 1 台；凿岩机两台，I、II 段各 1 台；压路机≤10t，1 台；平地机≤120kW，1 台；锻钎机 1 台，根据施工需要在 I、II 施工段内安排。

2. 进度安排

第 I 施工段采用 1 台铲运机、1 台推土机、1 台挖掘机、3 台自卸汽车等主要机械施工，于 11 月 1 日开工，次年 6 月 29 日完工；第 II 段采用 1 台铲运机、1 台推土机、1 台挖掘机、5 台自卸汽车等主要机械，于 10 月 1 日开工，次年 7 月 20 日完工；全段需填筑渗水土 30433m^3，由于数量大，运距远（15～33km），工期紧，此项工作必须见缝插针，穿插安排，路基成型一段，则填筑一段，以保证铺轨工期。具体施工进度计算见表 4-17 和表 4-18，详细施工进度安排如图 4-8 所示，见书末插页（渗水土施工未作安排）。此外，本例还采用网络图安排施工进度，有关的计算安排详见表 4-19 和图 4-9。

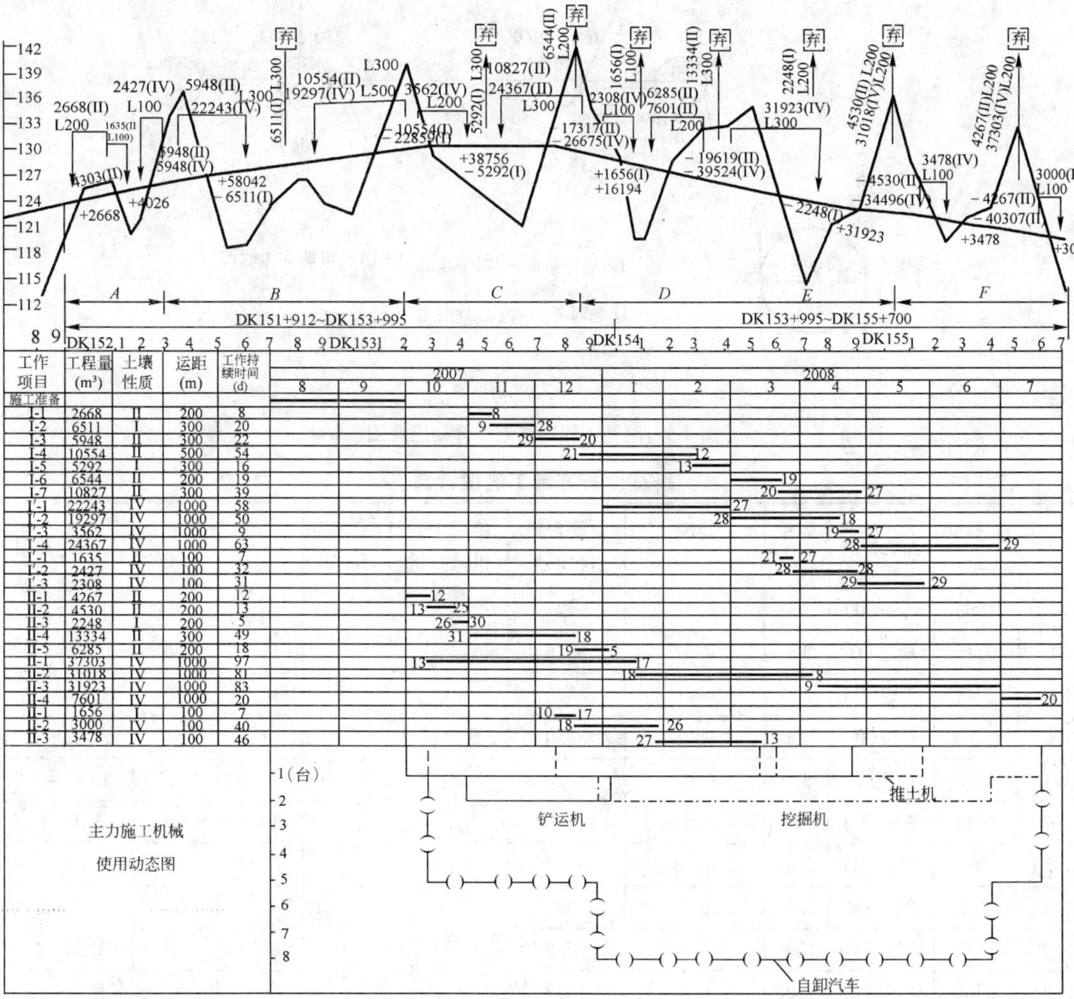

图 4-8　路基工程施工计划进度图

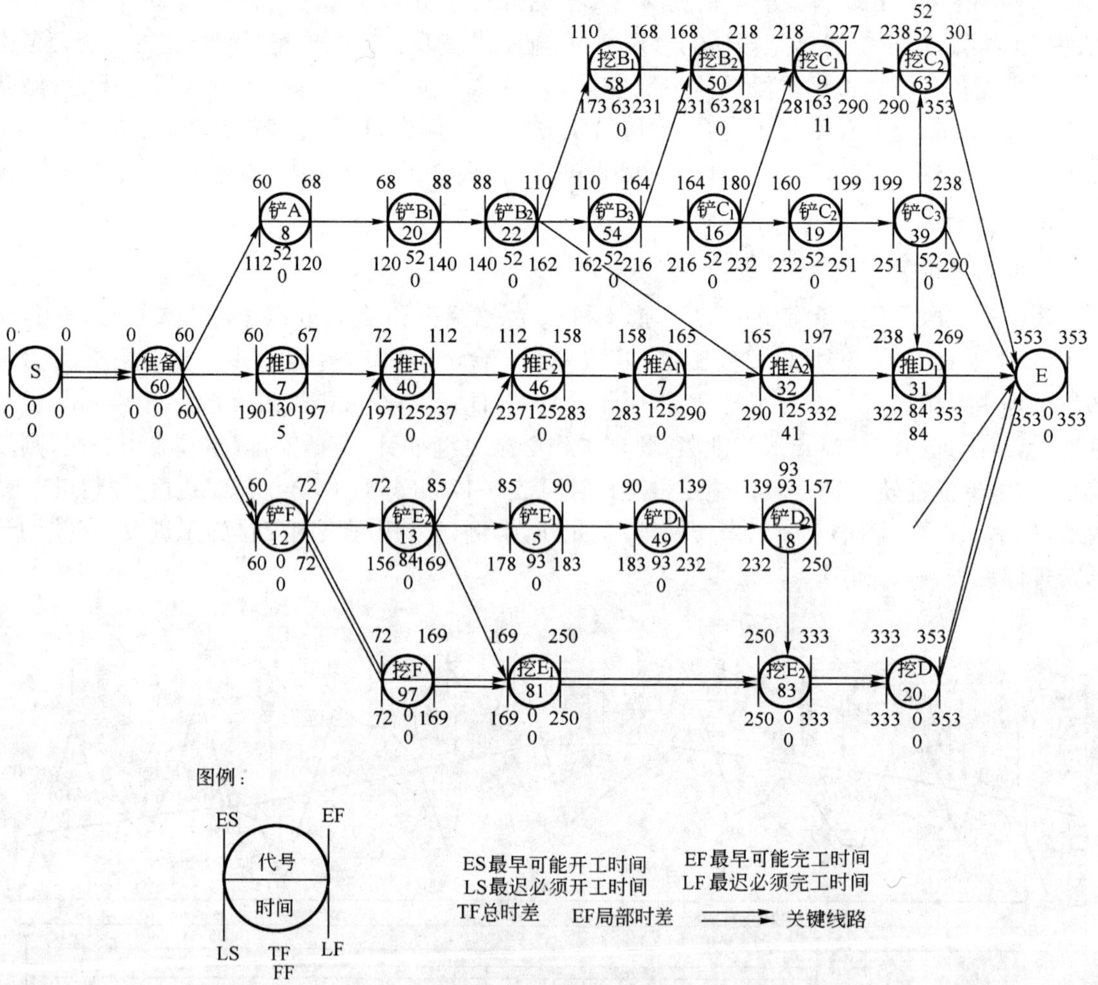

图 4-9　路基工程网络施工计划进度图

路基土石方施工进度计算　　　　表 4-17

序号	工程量（m^3）	土壤种类	运距（m）	定额（台班/1000^3）	需要台班（台班）	使用土方机械数量	工作班数（班/d）	工天（d）	日历天（d）	起止日期
1-1	2668	普通(II)	200	0.45	12			6	8	11.1～11.8
1-2	6511	松土(I)	300	0.47	30.6			15.3	20	11.9～11.28
1-3	5948	普通(II)	300	0.56	33.3			16.7	22	11.20～12.20
1-4	10554	普通(II)	500	0.78	82.3	1 台铲运机	2	41.2	54	12.21～2.12
1-5	5292	松土(I)	300	0.47	24.9			12.5	16	2.13～2.28
1-6	6544	普通(II)	200	0.45	29.4			14.7	19	3.1～3.19
1-7	10827	普通(II)	300	0.56	60.6			30.3	39	3.20～4.27
I′-1	22243	软石(IV)	1000	0.4	89	1 台挖掘机 3 台自卸汽车	2	44.5	58	1.1～2.27
I′-2	19297	软石(IV)	1000	0.4	77.2			38.6	50	2.28～4.18
I′-3	3562	软石(IV)	1000	0.4	14.2			7.1	9	4.19～4.27
I′-4	24367	软石(IV)	1000	0.4	97.5			48.8	63	4.28～6.29

续上表

序号	工程量（m^3）	土壤种类	运距（m）	定额（台班/1000^3）	需要台班（台班）	使用土方机械数量	工作班数（班/d）	工天（d）	日历天（d）	起止日期
Ⅰ″-1	1635	普通(IV)	100	0.66	10.8			5.4	7	3.21～3.27
Ⅰ″-2	2427	软石(IV)	100	2.04	49.5	1台推土机	2	24.8	32	3.28～4.28
Ⅰ″-3	2308	软石(IV)	100	2.04	47.1			23.6	31	4.29～5.29

路基土石方施工进度计算 表 4-18

序号	工程量（m^3）	土壤种类	运距（m）	定额（台班/1000^3）	需要台班（台班）	主力机械数量	工作班数（班/d）	工作天（d）	日历天（d）	起止日期
II-1	4267	普通土(II)	200	0.45	19.2			9.6	12	10.1～10.12
II-2	4530	普通土(II)	200	0.45	20.4			10.2	13	10.13～10.25
II-3	2248	松土(II)	200	0.37	8.3	1台铲运机	2	4.2	5	10.26～10.30
II-4	13334	普通土(II)	300	0.56	74.7			37.4	49	10.31～12.18
II-5	6285	普通土(II)	200	0.45	28.3			14.2	18	12.19～1.5
II′-1	37303	软石(IV)	1000	0.4	149.2			74.6	97	10.13～1.17
II′-2	31018	软石(IV)	1000	0.4	124.1	1台挖掘机 5台自卸汽车	2	62.1	81	1.18～4.8
II′-3	31923	软石(IV)	1000	0.4	127.7			63.9	83	4.9～6.3
II′-4	7601	软石(IV)	1000	0.4	30.4			15.2	20	7.1～7.2
II″-1	1656	松土(I)	100	0.63	10.4			5.2	7	12.10～12.17
II″-2	3000	软石(IV)	100	2.04	61.2	1台推土机	2	30.6	40	12.18～1.26
II″-3	3478	软石(IV)	100	2.04	71			35.5	46	1.27～3.13

路基网络图施工工序划分及计算 表 4-19

分段	工序	施工方数	土壤种类	运距（m）	定额（台班/$1000m^3$）	需要台班（台班）	使用主力机械数量	工作班数（班/d）	工作天（d）	日历天（d）
	铲 A	2668	II	200	0.45	12	1台铲运机	2	6	8
A	推 A_1	1635	Ⅱ	100	0.66	10.8	1台推土机	2	5.4	7
	推 A_2	2427	IV	100	2.04	49.5	1台推土机	2	24.8	32
	铲 B_1	6511	I	300	0.47	30.6	1台铲运机	2	15.3	20
	铲 B_2	5948	II	300	0.56	33.3	1台铲运机	2	16.7	22
B	铲 B_3	10554	II	500	0.78	82.3	1台铲运机	2	41.2	54
	挖 B_1	22243	IV	1000	0.40	89	1台挖掘机	2	44.5	58
	挖 B_2	19297	IV	1000	0.40	77.2	1台挖掘机	2	38.6	50
	铲 C_1	5292	I	300	0.47	24.9	1台铲运机	2	12.5	16
	铲 C_2	6544	II	200	0.45	29.4	1台铲运机	2	14.7	19
C	铲 C_3	10827	II	300	0.56	60.6	1台铲运机	2	30.3	39
	挖 C_1	3562	IV	1000	0.40	14.2	1台挖掘机	2	7.1	9
	挖 C_2	24367	IV	1000	0.40	97.5	1台挖掘机	2	48.8	63

续上表

分段	工序	施工方数	土壤种类	运距(m)	定额(台班/1000m³)	需要台班(台班)	使用主力机械数量	工作班数(班/d)	工作天(d)	日历天(d)
D	推 D_1	2308	IV	100	2.04	47.1	1台推土机	2	23.6	31
	推 D_2	1656	I	100	0.63	10.4	1台推土机	2	5.2	7
	铲 D_1	13334	II	300	0.56	74.7	1台铲运机	2	37.4	49
	铲 D_2	6285	II	200	0.45	28.3	1台铲运机	2	14.2	18
	挖 D	7601	IV	1000	0.40	30.4	1台挖掘机	2	15.2	20
E	铲 E_1	2248	I	200	0.37	8.3	1台铲运机	2	4.2	5
	铲 E_2	4530	II	200	0.45	20.4	1台铲运机	2	10.2	13
	挖 E_1	31018	IV	1000	0.40	124.1	1台挖掘机	2	62.1	81
	挖 E_2	31923	IV	1000	0.40	127.7	1台挖掘机	2	63.9	83
F	推 F_1	3000	IV	100	2.04	61.2	1台推土机	2	30.6	40
	推 F_2	3478	IV	100	2.04	71	1台推土机	2	35.5	46
	铲 *F*	4267	II	200	0.45	19.2	1台铲运机	2	9.6	12
	挖 *F*	37303	IV	1000	0.40	149.2	1台挖掘机	2	74.6	97

(三)施工要求

1. 路堑

精确测定施工开挖边桩，画出施工图，先施工天沟、护裙，阻止地表水渗入边坡，路堑边坡由于采用浆砌片石护坡全封闭防护，因此开挖时，留 0.3～0.5m 厚保护层以利边坡稳定和精刷坡。开挖应自上而下，分层开挖，分段完成，及时封闭，施工至换填标高后，应及时用深水土换填基床，防止暴露过久。

2. 路堤

1)基底处理

清除地面的树根腐殖土等杂物，并根据地面坡度，用推土机整平或自下而上挖台阶，并随挖随填筑压实，保持台阶的稳定，整平压实必须达到设计要求的密实度。水田地段应清除 0.5m厚淤泥和腐殖土后，整平、挖台阶碾压密实。水塘地段，挖除 1m 厚淤泥，抛填 2m 厚片石和 0.25m 厚砂夹卵石反滤层，并采用振动式压路机碾压。

2)填筑路堤

按照《铁路路基填筑压实施工供应》有关规定，采用四区段、八流程，水平填筑的方法施工，分层厚度不宜大于 30cm，填料块经击碎 15cm 以下，碾压时应保持最佳含水量，并配以相应的加强压实机械碾压，压实应先压两侧(靠路肩部分)后，再压中央，平行操作，行与行之间及相邻区段均应重叠压实。并应按规范要求进行压实密度的检验，对路基边坡部分(2.0m 内)的检验应单独进行，抽样点数应比《铁路路基施工规范》要求增加一倍。

五 与其他工程的配合

本段共有单孔箱涵 12 座，双孔涵 1 座，倒虹吸管 5 座，渡槽 1 座，此外还有大量档、护、沟等附属工程，而土石方工程按照通段施工、通断成型、通段竣工的原则安排施工。因此，根据路基开挖和填筑段落的先后顺序和时间安排，应紧跟安排档、护、沟等工程的施工，为路基填筑深水创造条件，赢得时间；涵洞工程应先行安排施工，保证其圬工按期达到承重强度，以配合机械填筑路堤的顺利进行。

六 劳、材、机需要量（见表 4-20）

主要劳、材、机需要量统计表 表 4-20

劳、材、机名称	单位	数量	劳、材、机名称	单位	数量
人工	工天	18306	内燃空 q 气压机≤$12m^3$/mm	台班	905
合金工具钢	kg	377	气腿式凿岩机	台班	170
潜孔钻头 ϕ150	个	189	气动锻钎机 d≤90mm	台班	19
合金钻头	个	189	履带式推土机≤105kW	台班	250
钻头键	个	94	拖式铲运机	台班	424
合金刀片	kg	38	履带式推土机≤75kW	台班	394
硝铵炸药 1 号	kg	94264	履带式液压单斗挖掘机≤1.0m^3	台班	709
火雷管 8 号、金属壳	个	5656	自卸汽车≤10t	台班	3351
非电毫秒雷管（导爆管长 4m）	发	47132	自行式振动压路机≤10t	台班	585
导爆管 D^3	m	28279	平地机≤120kW	台班	348
履带式电动潜孔钻机 d≤150mm	台班	452	柴油	kg	343058

七 材料供应计划

（一）外来材料

由局南宁材料厂供应油料、水泥、钢材、木材及火工产品等材料，运距 210km。

（二）大堆材料的供应

1. *片石*

从尤昌石场购买，运距 19km。

2. *砂*

从祥周砂场（河砂）购买，运距 16km。由于砂价随时变动看涨且供应数量有限，因此应设堆料场，积蓄备用，并根据需要自行采集山砂。

八 质量、安全措施

（1）贯彻分级图纸会审制度，熟悉图纸，领会设计意图；

（2）坚持技术交底、工程日志记录制度；

（3）严格测量复核制，认真做好测量记录，准确控制路基边桩及路基尺寸，避免出现超填欠挖；

(4)严格按规范施工，及时检查路基压实密度，保证路基填筑质量；

(5)建立健全质量保证体系，积极开展 QC 攻关活动；

(6)贯彻执行工程检查签证制，凡未经监理工程师签证者，不得进行下道工序的施工；

(7)编制创优规划和目标管理图，定人定责，努力实现全优工程的目标；

(8)加强对职工的安全教育，并定期进行安全质量检查及评比活动，并加强对职工的劳动保护工作；

(9)执行机械司机持证上岗，对施工机械及车辆应勤检查、勤保养。运输车辆应遵守交通规则，文明行车，严禁酒后驾车；

(10)一旦发生质量安全事故，按“三不放过”原则处理。

思考与练习

1. 路基工程有哪些特点？编制施工组织设计的意义何在？
2. 路基工程主要包括哪些工程项目和工作内容？
3. 路基工程施工组织设计需要解决的基本问题是什么？
4. 路基土石方工程施工中常用的施工方法和施工机械有哪些？
5. 选择土方机械和石方施工机械时应考虑哪些因素？如何合理选择？
6. 土石方调配的基本目的和要求是什么？
7. 土石方调配应遵守哪些基本原则？
8. 区间路基土石方调配的基本原理是什么？如何确定最大经济运距？
9. 横向运距如何确定？当重载方向有上下坡时，如何确定实际运距？
10. 简述概略调配法的方法原理及特点。
11. 在土石方调配中，如何考虑与其他工程的相互利用和配合？
12. 简述方格法的调配原理及特点？如何计算方格内的土石方数量？
13. 如何计算路基工程施工所需的劳动力、机械及运输工具的需要量？
14. 路基工程实施性施工组织设计文件组成及内容包括哪些？
15. 怎样计算路基工程的施工进度并编制路基工程施工进度图？

第五章　桥涵工程实施性施工组织设计

【本章提要】：本章内容主要讲述桥涵工程施工方法选择；桥涵工程工作分类和施工顺序；桥涵工程施工组织方法；桥涵工程施工进度安排；桥涵工程施工场地布置；中桥实施性施工组织设计示例。

本章是对铁路桥涵工程施工组织全面介绍，通过学习，应了解铁路桥涵工程施工方法，熟悉桥涵工程工作分类和施工顺序，重点掌握桥涵施工进度安排及施工场地布置，通过中桥工程实施性施工组织设计示例学习，掌握铁路桥涵工程施工组织方法。

第一节　概　　述

一　桥涵工程在铁路建筑中的重要性及其作用

桥涵工程是构成铁路建筑物的主要工程之一，属铁路的下部建筑工程。它是保证铁路列车安全正常运行的必要条件。它的作用除可跨越江、河、湖、海、峡谷之外，还可解决排水、灌溉和道路立交等问题，并能代替高填路堤以减少占用耕地面积，既利于排水也便于桥下耕种或通行，在线路通过城镇、村庄或重要建筑物时，可考虑抬高线路平面，修桥跨越，以减少建筑物的拆迁。

一条铁路线的各项建筑物中，桥涵工程占有相当比重，特别是穿越地形复杂的山区地段和河流交错的南方铁路更显得突出。例如大秦双线电气化铁路的阳原至张家湾段，平均每公里正线设桥 195.5 延长米、涵 60.5 横延米，修建桥涵工程所需劳动力、材料、机械设备等投资占全线的比重也相当大。根据统计资料，桥涵工程费用在平原地区占总工程费的 28%左右，劳动力占总劳动量 15%左右；在山区或南方河网地区占总工程费 30%左右，劳动力占总劳动量 22%左右。而且桥涵工程，特别是深水中大桥、特大桥、高桥和技术复杂的桥梁工程的施工期限是控制全线如期铺轨通车的关键。由此可见，桥涵工程在铁路建筑中占有十分重要的地位。

二　桥涵工程的施工特点

(一)桥涵工程类型多

从桥跨上说，有简支梁桥、连续梁桥、斜腿钢构桥、斜拉桥、框架桥、拱桥、悬桥、组合体系桥等。桥跨结构又分钢筋混凝土土梁、预应力钢筋混凝土梁、钢板梁、钢桁梁、系杆拱、石砌拱等。桥梁基础有明挖、挖井、挖孔桩、钻孔桩、沉井、管柱基础等。涵渠有明渠、圆涵、矩形涵、盖板涵、拱涵、渡槽、倒虹吸等。随着科技的进步，机械化程度的提高，将不断设计出新的桥梁、涵渠。不同类型的桥涵，施工方法各不相同。

(二)施工技术复杂

一方面由桥涵类型多、结构复杂决定，另一方面由于桥涵工程野外施工，受地形、地质、水文、气候的制约，使得施工技术复杂，难度大，特别是深水桥基础的施工，常会遇到不良地质，给施工带来很大困难。另外架梁采用悬拼、悬浇、顶推等新方法，施工技术都是比较复杂的。

(三)施工人员和机械集中，工作面狭小

桥涵工程(特别是大桥、特大桥、高桥和大型涵渠)，从基础开始到工程全部完工，需要各种各类人员参与施工，专业多、工种多、工序更多，而且相互交叉，立体作业。因施工场地受限于峡谷、水流以及高空作业等条件，在狭小的施工场地上要聚集相当数量的劳力、建材和机具设备，更需要精心组织和合理设置。

(四)桥涵工程可采工厂化、机械化施工

三 施工组织设计编制依据和单元

(一)编制依据

(1)全线指导性施工组织设计或局、处、段所辖范围综合性施工组织设计或单个桥梁(如特大桥、结构复杂的桥梁等)指导性施工组织设计。根据这些指导性组织设计来了解桥涵工程与其他工程的协调关系以及桥梁的施工方案、工期要求、大宗料供应安排等。

(2)桥涵工程及其他有关工程设计文件，如桥涵设计图、线路平面、剖面图、路基设计图、桥址平面图、桥涵工程数量表、测量及线路诸表等资料。

(3)施工调查资料(见本章第二节)。

(4)施工单位的素质和施工能力状况以及劳力、机具、材料和其他资源供应情况。

(5)对设计图纸的改进意见以及核实的具体工期。

(6)有关定额资料及协议、合同、纪要等文件。

(7)有关施工技术和安全技术的规范、规则。

(8)先进施工经验、方法以为借鉴。

上述各种资料是编制施工组织设计的依据，通常称为编制施工组织设计的原始资料。

(二)编制单元

桥涵工程实施性施工组织设计的编制单元，应视工程的技术复杂程度、施工条件和分期分段施工要求而定。对特大桥、高桥(50m 及以上)、技术复杂的大、中桥、跨度≥100m 的拱桥、新型结构的桥梁以及大型涵洞，均以一座为编制单元；如特大桥由几个施工单位施工时，应以划分的各施工段为编制单元；一般中桥及小桥涵可按施工单位或施工区或成组桥涵为单元进行编制。

四 桥涵工程实施性施工组织设计文件组成及内容

(一)说明书

说明书的内容应包括：

(1)工程概况及工程特点；

(2)施工组织设计编制的依据，如图纸、文件、定额及施工调查等资料；

(3)主要施工方法、施工顺序、进度及采用的新技术、新方法、新材料的意见、措施及有关科研安排；

(4)主要建材及特殊材料的来源、采购、供应及调配；

(5)劳动力的布置及施工机具的配备；

(6)主要的施工技术组织措施与质量、安全要求；

(7)预计施工中可能发生的问题及采取的对策；

(8)主要临时工程和辅助设施的修建计划，施工用水、电、风的来源及管网设置，大堆料堆放场地布置等的意见。

上述各项说明应视工程的具体情况，抓住重点，简明扼要，避免重复。

(二)图

1. 施工计划进度图

包括：

1)桥梁立面及平面图和桥址处纵剖面图；

2)施工进度图(横道图或网络图)；

3)劳动力动态图；

4)各种图例。

2. 施工场地平面布置图

3. 材料、机具供应图

是指材料、机具供应计划以图示形式表示，可画在施工进度图的一旁。

4. 其他必需的附图

如特殊施工方法示意图、特殊构件大样图及剖面图等。

(三)附表(计算表或计划表)

(1)主要工程数量表；

(2)主要劳动工天、材料(包括成品、半成品、构件)、机械台班(包括运输工具)需要量计算表(即主要工、料、机数量计算表)；

(3)劳动力、机具设备数量表；

(4)日历性完成工程数量表；

(5)施工用电、水需要量及日历性供应计划表；

(6)劳动力、材料、机具设备日历性供应计划表；

(7)工程运输计划表；

(8)临时工程数量表；

(9)梁跨及其他设备最晚到货时间明细表。

五 桥涵工程实施性施工组织设计设计编制程序

桥涵工程实施性施工组织设计按下述程序编制：

(1)熟悉桥涵工程设计文件(包括对设计图纸的改进意见、指导性施工组织设计及协议、合同、纪要等)。

(2)熟悉施工技术和安全技术规范、规则。

(3)收集并研究调查资料和施工现场具体情况,为编制施工组织设计提供确切的数据和条件。

(4)选择施工方案和施工方法。

根据设计文件、施工现场具体条件、指导性施工组织设计要求,并结合工程的特点,施工队伍的生产能力,通过研究分析、优化、比选,选择出符合实际情况又比较经济合理的最佳施工组织方案和施工方法。

(5)计算劳动力、材料、机具设备需要量。

根据确定的施工方法、工程数量及有关定额计算总体工程和分部分项工程的劳动工天、材料、机械台班需要量,再根据工期要求和各分部分项工程进度安排,综合考虑劳动力、组织及机具配置。

(6)编制施工计划进度图。

(7)绘制材料、机具供应图 。

(8)绘制其他必要附图。

(9)编制各种计算表或计划表。

(10)编制施工场地平面布置图。

(11)制定施工质量、安全技术措施,预计施工中可能发生的问题及采取的对策。

(12)拟定降低工程成本措施。

例如:利用当地材料及劳动力,充分发挥各种资源及设备效率的办法,以及科学科学的管理制度,如实行内部经济承包责任制,坚持限额领料卡,开展竞赛评比等。

(13)上报审批备案。

编制好的施工组织设计要通过有关部门及领导审批后方可实施。重点工程要报上级部门备案。

第二节 调查研究施工条件

一 施工调查研究的目的

编制实施性施工组织设计,必须建立在详细的调查研究以及对施工条件充分了解的基础上。如果对施工条件掌握的不确切或有较大出入,必定会作出不切实际的施工组织。用此指导施工,会造成不良后果,如确定出不合实际的施工进度,选择了不适宜的施工方法,规划出不合理的施工场地布置等。所以,对桥涵工程施工地区的调查研究是很重要的,必须认真对待。通过调研应达到以下目的:

(1)充分了解桥涵工程具体施工条件;

(2)为选择正确的施工方案和施工方法提供准确的依据;

(3)使施工组织设计能切合实际,正确指导施工。

二 调查研究的具体内容

(一)河流水文资料

在河道上进行施工,必须认真详细了解桥位附近的水文资料:

(1)流速、流量、流向。在山岳地带,常因山洪突发,流量增大,或因施工压缩河道,使流速激增,发生河底冲刷,水流挟持大量沙石移动,不仅给施工带来严重影响,还威胁着人身及财产的安全。因此,在工程开工前,必须进行此项调查,以保证施工安全。

(2)河流在不同季节的常水位、历史最高水位,最低水位,洪水期、枯水期的时间及施工期间的水位变化,都要确切地掌握。因为施工中各主要部位的高程决定于施工水位的高低,水位还决定着现场的施工布置和施工方法。

(3)地下水位高低、水量大小、水质分析以及河床最大冲刷线。

(4)冬季结冰日期、冻结深度、冰层厚度及强度、解冻日期及流冰速度、持续时间等。

水文资料可由设计文件或勘测资料中提供,也可向当地水文站和居民调查了解,还应到桥位处对河流实地观测,踏看近年来洪水最高位留下的痕迹以及河流水位、流速、河床宽度等。除此,还应调查河流的通航情况,这是因为河流的通航直接影响某些建筑物的设置及施工方法的选择。如当筑岛修建沉井基础或修筑围堰施工基础,往往占用河底会影响通航。因此要了解通航密度、船只类型及吨位、有无在短期封闭河道的可能情况。

(二)气象资料

工程在开工前和整个施工过程中都要收集、研究当地气象情况:

(1)年平均气温,最高与最低绝对气温;月平均气温,最高与最低气温的月份。

(2)年平均降雨量,历年最高降雨量与最低降雨量;每个月的平均降雨量以及月平均降雨最高与最低的月份;持续下雨的最长时间等。

(3)冬季降雪量大小,冰冻期限,地层最大冻结深度等。

(4)当地风向、风速、风力情况,多风季节和最大风力、风速以及连续大风的月份和持续时间。

气象资料是编制施工组织设计,确定施工方案和方法及施工顺序不可少的依据,是影响施工的重要因素,必须充分重视。

(三)地质资料

调查研究桥址及河床地质情况,是保证桥梁基础施工顺利进行的重要条件,所以必须有足够的地质资料,例如,工程地质平面、剖面图、桥址钻孔布置图、钻孔柱状图、地下水位、水质资料、地质构造以及岩土的物理、化学性质等。根据施工的需要,还应进行桥位地质专题调查。

(四)地形、地貌资料

桥(涵)址处的地形、地貌情况是布置施工场地的依据。要充分利用有利地形,合理布置临时建筑物、材料堆放场地、运输道路、便桥、水、电、管线,尽量减少临时工程费支出。如设计文件中无桥(涵)址及附近地形、地貌图或地形、地貌资料不足时,施工单位应在编制施工组织设计前进行补测，绘出桥(涵)址范围内已有高空、地面及地下建筑物位置及地形图，并注明必须拆移和可供利用情况。对布置施工场地范围内的地形、地貌应阐述详细些。

(五)当地资源资料

就地取材是降低工程造价的重要措施。因为修建桥涵工程需要大量的笨重材料、成品、半成品，这些建材的运输费用将成为工程造价的主要组成部分(工程费用中，运杂费一般占第二位)。如能充分就地取材，缩短运距，可节省大量运输费用。另外，新建线一般就地取材价格较为便宜，还可节省材料费。

就地取材多数是砂、石(块石、片石、碎石、卵石、道碴等)、砖、瓦、石灰、竹、木、麻、杂品、燃料等，因地区而异，要了解这些材料的产地、产量、质量、规格、单价、采制等情况及运输条件。

(六)交通运输情况

桥涵工地运输条件对工程施工所需建材、机具设备能否保证供应及运杂费高低影响很大。开工前需调查了解以下有关运输资料：

(1)桥(涵)址离即有铁路的远近，离车站的运距、货场容量，以及有无区间卸料的可能。

(2)桥(涵)址距公路远近及运能、运价、其他收费(如过桥费、高速公路费)等。

(3)水运情况。河流、湖泊航运的运能、运距、运价及码头吞吐能力等情况。

(4)其他运输，如马车、拖拉机等运输及运能与运价。

(5)运输单位的情况，能否承担工程材料运输、信誉如何、是否会造成停工待料等。

总之，要尽量利用一切现有运输条件，以减少运费，同时保证工程施工的顺利进行。

(七)供水、供电条件

施工单位应向工程所在地区水电管理部门了解当地的供水、供电能力、水价、电厂电价、用电其他收费(如供电贴费、电力建设资金、买电权费、用电综合加价等)标准。如电力供应不足，有无扩容可能。在地方无供电能力的情况下，应考虑施工单位建立发电站。

还要调查了解工程所在地区可供生产、生活用水的水源，以及水源的水量、水质、水源取水条件及方法，当地供水能力及水价，水管道、电力线的布设条件，管网经路等。

(八)铁路既有线设备情况

对新增第二线或既有线改建、修建桥涵，应了解既有线状况，如区间、站场的通过能力，现行运行图，最大列车间隙，线路封锁的影响程度和可能性，既有铁路的水、电、通信、沙石场等能否利用等。

(九)其他情况调查

要调查了解桥涵工程所在地附近民房能否租用及租用单价；生活供应、卫生医疗条件；当地居民风俗习惯；当地劳动力是否有富余，不同季节可雇用情况及雇用民工单价；以及当地政府对施工界内占地及其附着物(如房屋、坟墓、树木、青苗等)和道路改移、拆迁、赔偿的办法及单价。

总之，调查研究施工条件越详细具体，对编制实施性组织设计、选择施工方法、科学指导施工就越有利。在具体进行施工调查时，应根据工程的特点和工程所在地区的实际情况，先列出详细的调查提纲，以便有目的地调查研究桥涵工程施工条件。

第三节　施工方法的选择

桥涵工程施工特点决定了桥涵的施工方法多种多样，即便使结构设计定型化，也会因工程所在地区、地形、地质、气候、水文条件的不同，施工方法各不相同。同一工程，可能有几种施工方法，不同的施工方法对施工过程将产生不同的效果，这就要从工期、质量、安全、效益等方面进行分析比较，从中选择出最佳的一种。

一　最佳施工方案或方法的选择

(一)按分部工程选择施工方法

桥涵工程施工可分为基础、墩台(包括墩台身、托盘、顶帽、耳墙、道碴槽)或涵身及出入口、桥跨结构等分部分项工程。

1.桥梁基础工程

依据不同地质和施工条件，按照设计的基础类型(扩大基础、沉井基础钻孔、挖孔桩基础、打入桩基础、管柱基础等)，选择基础施工方法。

1)扩大基础(即明挖基础)，基坑开挖，可选用推土机、挖掘机、卷扬机、少先吊、摇头扒杆等其中适用的机械；基坑有水可选用机械排水或人工排水；基坑弃土可选用汽车或人力车或船舶等运土。基坑开挖时是否需要设置支撑或防护(如围堰)，应视基坑深度、地质、水文等具体条件决定。基础混凝土灌注，无水基坑采用串筒法，有水基坑采用导管法；模板应优先选用钢模板，也可用木模板，特殊情况可不用模板，采用满槽灌注；捣鼓方法可采用机械捣鼓或人工捣鼓。

2)沉井基础，包括沉井制造、沉井下沉、沉井封底、沉井填充和沉井顶盖。

先要确定浮式沉井(带钢气筒浮式沉井或钢丝网水泥薄壁式沉井或带有临时性井底的沉井)或筑岛沉井的制造方法。如筑岛(对桥址处无地面水也可不筑岛)沉井是采用枕木支垫还是采用土内模制造沉井刃脚。沉井下沉可采用排水下沉或不排水下沉，可用人工挖土或抓土斗抓土下沉，或吸泥机吸泥下沉，或用泥浆润滑套或空气幕或高压射水等辅助措施配合开挖下沉。封底混凝土可水中灌注，如有条件，可采用排水灌注。沉井内填充可用混凝土或片石混凝土或沙石作填料。顶盖可预制安装，也可在井顶浇筑。

3)钻孔桩基础，选用冲击(冲抓)钻机或旋转转机，选择清孔方法，水下灌注混凝土方法，固定钢筋骨架(笼)方法，混凝土灌注及质量检查方法等，对钻孔桩基础施工的顺利进行十分重要。

4)打入桩基础，选用锤击沉桩或射水沉桩或振动沉桩或静水压桩等方法。

5)管桩基础，选择设置防水围堰或不设置防水围堰的施工方法，选择围囹结构制造、浮运就位、下沉方法，管柱制造、下沉、钻孔、清孔以及混凝土的灌注方法等。

2.墩台工程

选择木模板、钢模板、滑模、爬模施工方法，混凝土水平与垂直运输方法，混凝土浇筑与捣固方法等。

3.桥跨结构工程

如钢筋混凝土梁是选择工厂预制或就地制梁。就地制梁是在桥位上、桥位旁或桥头路基上浇制或悬臂浇筑。选择架梁方法，如人工架梁、拖拉架梁、架桥机架梁、顶推法架梁、膺架法架梁、悬臂拼装架梁等。

在选择施工方法时，应考虑全线铺轨日期及通车方案的要求，如工期紧迫，个别困难的桥涵不能确保按时铺轨，而采用便桥、便涵(便线)通过；对大桥、特大桥等大型工程及成组中、小桥涵，可划分两个及以上施工段落，以缩短工期，争取早日通车，充分发挥已修建好铁路工程的作用。

(二)选择最佳施工方案和方法应考虑的因素

1. 施工期限

工期是确定施工方案或方法的决定因素。单位桥涵工程应根据国家或建设单位对建设项目的总工期或全线或单位工程指导性施工组织设计的工期要求，合理地决定其施工期限。

一般桥涵的工期应在同段路基土石方工程完工前完成，以便结合路基土石方工程进行桥头及锥体护坡的填土。小桥涵应尽量在路基开工前修建，避免留有缺口，影响路基填筑质量。

有时因急需通车，工期紧迫，重点桥梁工程不能按设计如期建成，需修建便线便桥或正线便桥，以保证按期铺架。特别是在既有线改造上新建或重建桥涵工程，往往因运输繁忙，不能中断行车，而采取修建便线便桥过渡方案，或采用顶进法施工，确保施工任务按期完成。在施工中采用修建便线便桥方案，其优点是可使全线早日铺轨，早日开通工程列车，对站后工程和本正式桥涵施工中用的材料(特别是笨重材料)、机具设备(特别是大型机械设备)等可通过工程列车运往工地，既可降低运输成本，又可提高施工机械化程度，促进全线工程的完工。由于线路已开通，此正式重点桥涵工程的工期可适当延长，这样能减少工人数目，均匀使用劳动力，减少临时房屋及其他临时设施的修建费用。同时能按先进合理的施工组织设计组织施工。采用便线便桥或正线便桥过渡方案，其缺点是增加了便线便桥的修建费用，而且正线留有缺口，要在桥涵工程完工后才能进行缺口填土，这将影响桥涵缺口填土的质量。

2. 施工条件

桥涵工程施工条件是选择施工方案或方法的重要因素。要根据工程所在地区的地形、地质、气象、水文、施工季节等造就的施工条件，选择适合工程结构特点的施工方案或方法。如软土地基加固，采用换填、砂垫层、砂井或振冲桩等方法；雨季防淹、防冲措施，冬季防寒保温措施；如何常年不间断施工等。

3. 桥涵基础类型

在桥涵施工中，一般技术比较复杂的是基础工程施工。不同类型的基础，施工方法均不相同，即使是同类型基础，也可能有几种施工方法，需慎重选择。

4. 专业化施工

桥涵工程专业性强，工种多，技术难度大，选择施工方法应考虑专业化施工。这样使工种技术越干越精，而且越干越快，既可保证工程质量，又可加快施工进度。同时为了连续均衡生产，并结合工期要求，应选择流水作业或平行流水作业组织施工。

5. 施工单位的生产能力

施工单位生产工人文化程度、技术工种、等级、实际水平、现有机具设备状况以及生产管理人员的素质和管理水平。

6. 先进技术、工艺和先进施工经验的采用

桥涵工程施工复杂，选择施工方法应吸取成功的先进经验，采用先进施工技术和工艺是非

常重要的，如用空气幕、泥浆套下沉沉井，用滑模、爬模施工混凝土高桥墩，大跨度桥梁的悬灌、斜拉新技术，在新增二线和既有线改造修建桥涵时用顶推法施工等。

7. 尽量采用预制成品、构件，拼装施工

8. 尽量采用机械施工

凡能用机械施工的作业项目，应首先考虑机械施工。如因施工条件限制或工作量零碎不宜采用机械施工时，再考虑其他方法。

9. 施工防案或方法的经济性

桥涵工程施工方案或方法，首先要保证工期、质量和安全，还应采取措施降低工程成本提高经济效益。

（三）施工方案或方法比选

在做桥涵施工组织设计时，首先应根据国家或建设单位规定的通车期限，结合桥涵工程的特点及施工条件，提出不同的施工组织方案或方法，再从技术的可能性（工期、质量、安全）和经济的合理性（成本费用或工程造价）上进行全面研究、分析、比较，选出最佳施工方案或方法，并对所选方案或方法加以必要说明。在此基础上再作施工进度和施工方法的具体安排。

二 桥涵建筑的工业化施工

把便于在工厂内生产的桥涵构件、预制块（如墩、台拼桩块、涵身拼装块、管桩、管柱、圆管、钢筋混凝土及预应力混凝土梁等）在厂内生产，然后将生产产出的成品、半成品、构件运到工地组装架设，构成桥涵实体，这就是桥涵建筑的工业化施工。也称为桥涵工程装配式构件拼装化施工，应大力推广。它具有很多优点。

（一）加快施工进度，缩短施工期限

桥涵结构构件，特别是梁在现场就地浇筑要比在工厂预制好后运到工地拼装架设所需工期长得多。而且在工地制作，工作面小，有时因就地浇筑还会影响其他工作项目的施工。在工厂预制不受工程施工顺序限制，可与其他工作同时进行，也可在桥涵工厂开工前进行。待基础或墩台施工完成，即可运到工地进行预制件拼装或架梁。这样可大大加快施工进度，缩短工期。

（二）改善施工条件，提高产品质量

桥涵构件在工地施工，质量会受到季节、气候、施工场地、生产设备、工艺方法、质量检验、浇筑、养护等条件的影响，而在工厂内生产就可设法避免这些影响，既能保证桥涵构件的施工质量，又可使工人在较好的生产条件下工作。如预应力混凝土梁在工厂制作，从模板拼装、钢筋张拉到浇筑、养护、质量检控，有一整套科学的管理措施，制出的梁外美内强，而在工地制作就没有工厂那么好的条件。

（三）提高机械化水平，减轻工人劳动强度

预制的成品、构件、其重量和体积都比较大，用人抬肩扛很难完成拼装任务，必须采用机械施工，而且要使用大型的运输和起重设备，这就促进了现场桥涵施工机械化。成品、构件在工厂内生产，可广泛采用各种施工机械（包括水平和垂直运输），代替工人的笨重劳动，从而降低工人劳动强度，并确保安全生产。

(四)降低工厂成本,提高经济效益

成品、构件在工厂预制,可以节省施工现场大量劳动力,还可大大减少工地运输以及现场制作的占地和机械设备数量,同时还能提高机械设备利用率。前面已从压缩工期、确保质量、促进机械化等方面论证说明了桥涵建筑工业化施工能降低工厂成本,提高企业经济效益。

三 桥涵建造机械化施工

机械化施工具有加速工程进展、缩短工期、节省劳力、减轻繁重的体力劳动、提高工效、确保工厂质量和安全生产、促进工厂化施工、降低工厂成本、提高企业经济效益等优越性。因此,一项工程施工方法是否先进,其机械化程度是重要衡量标准之一。所以在考虑桥涵施工方法时,要尽可能考虑机械化施工。

为了提高机械效率,应采用多种机械相互配合,即综合机械化施工。例如,在混凝土用量大而且集中的桥梁工地,应有大功率的混凝土搅拌设备,建立混凝土搅拌站。搅拌站的喂料、出浆在各种机械的配合下,形成自动化,充分发挥机械的效能,显示综合机械化的威力。当然,多种机械相互配合应按施工机械的种类和型号、功能和数量综合配套,以形成机械的最佳效率。

推行综合机械化,应根据实际需要选用大、中型机械或小型机具。当前,我国桥涵施工中,还应优先选用小型机具。例如,运输中使用的各种特制车辆(如翻斗车、蹦蹦车、吊运车、爬坡车等);起重中使用的各种机械(如少先吊、摇头扒杆、简易龙门架、简易架空索道等)以及加工工具(如混凝土振捣器、焊接、木工、电工等机具)。桥涵工程作业项目中选用机械时,可参考人民铁道出版社出版的《工程机械施工手册》。

第四节　桥涵工程的工作分类和施工顺序

一 桥涵工程的工作分类

桥涵建造工程可分为准备工作、基本工作和结束工作三阶段。

(一)准备工作

1.组织准备

包括组织施工机构、调遣施工队伍、筹建施工附属企业(如沙石场、混凝土成品场)、建立运输系统等。

2.技术准备

包括审核设计文件(如施工图纸、测量资料等)、进行施工调查、编制技术交底书、施工组织设计、施工图预算和施工预算。

3.置备或调拨机具设备和工程材料

4.布置施工场地,清除场内障碍物

5.建筑临时设施

如临时房屋、便道、便桥、通信、水、电管线等。

(二)基本工作

是为完成构成桥涵建筑物的作业项目所做的工作，包括：

(1)桥涵基础工程；

(2)桥梁墩台和涵洞主体工程；

(3)桥跨及桥面系工程；

(4)桥头引线工程；

(5)附属工程(如锥体护坡、导流堤、河床铺砌等)。

桥涵基本工作按其建筑部位和对后续工作及工期的影响可分为主导工作(也称主体工作)和非主导工作(一般工作)。主导工作如基础、墩台和桥面工程等，对施工资源占用量大，并控制工期，影响后续工作，是该工程的重点，应着重安排，从人力、物力、财力各方面给予保证。非主导工作如基坑回填、开挖河道、砌石勾缝、导流堤、锥体护坡、检查设备制作安装等，与主导工作有牵连，但不影响完工期限。

一般非主导工作可在主导工作完成到一定程度或完成后进行，有的非主导工作也可和主导工作同时进行。当非主导工作影响铺轨通车时，则非主导工作就成为主导工作。如雨季或山洪暴发季节，开挖河道、河床铺砌、基坑回填可能成为主导工作。

主导工作与非主导工作的划分应根据工期要求、桥梁结构、施工部位、施工季节、劳动力、机具设备等具体情况考虑，其目的是为了抓住工程的关键，集中力量完成关键工程。

(三)结束工作

结束工作包括清理施工现场、编制竣工文件以及工程竣工验收和交付使用。编制施工组织设计只考虑施工现场的清理。

二 单座桥梁工程施工顺序

桥梁工程施工顺序是指各分部分项工程或作业项目之间的先后施工的次序。

单座桥梁的施工顺序因桥梁本身的形式、基础类型、施工方法不同而异。通常将全桥分为下部建筑、上部建筑(包括检查设备)、附属工程三部分。应先将它们各部分的施工顺序安排好，再将三部分联系在一起构成全桥施工顺序。

(一)基础工程

1.明挖基础(扩大基础)施工顺序

施工准备→草袋围堰(有地表水时)→人工或机械开挖基坑→坑壁支护→排水→砌石或立模浇筑混凝土基础。

影响坑基开挖进度的因素颇多，如基坑深度，开挖方法，坑壁是竖直还是放坡，是否需要支护及支护种类，有无地下水及排水方法，弃土的运输及距离以及季节、气候、地质等，在组织施工中需认真考虑。

2.沉井基础施工顺序

沉井基础施工比较复杂，应根据施工条件决定施工方法。可采用就地或墩台位置筑岛制作沉井，待达到设计强度后，然后挖土下沉；也可在岸边预制浮运就位下沉。一个墩台的沉井基础，根据下沉深度不同而由一节或多节沉井组成。每节沉井都有制造、下沉等环节。

第一节沉井先在地面或临时筑的土岛上制造好后，在井内挖土，借沉井自重和附加重力逐渐下沉，下沉到一定深度后(井顶露出水面不应小于 1.5m，井顶露出地面不应小于 0.5m)，再接第二节沉井，继续挖土下沉，依次循环，一直下沉到设计高程。

由于地质、水文、季节等因素的影响，沉井下沉往往是控制沉井基础施工期限甚至整个工程工期的关键。在施工前，要充分预料到施工可能发生的各种问题，并采取对策，以便及时解决下沉中可能遇到的困难。

如一座桥梁有几个墩台为沉井基础时，要考虑他们之间的相互配合，特别是等强歇时间的利用。应尽量压缩每节沉井下沉时间。沉井井盖应采用预制安装，以缩短工期。水中施工的沉井或干河河道中的沉井基础应尽量安排在枯水季节施工。沉井基础施工顺序见图 5-1。

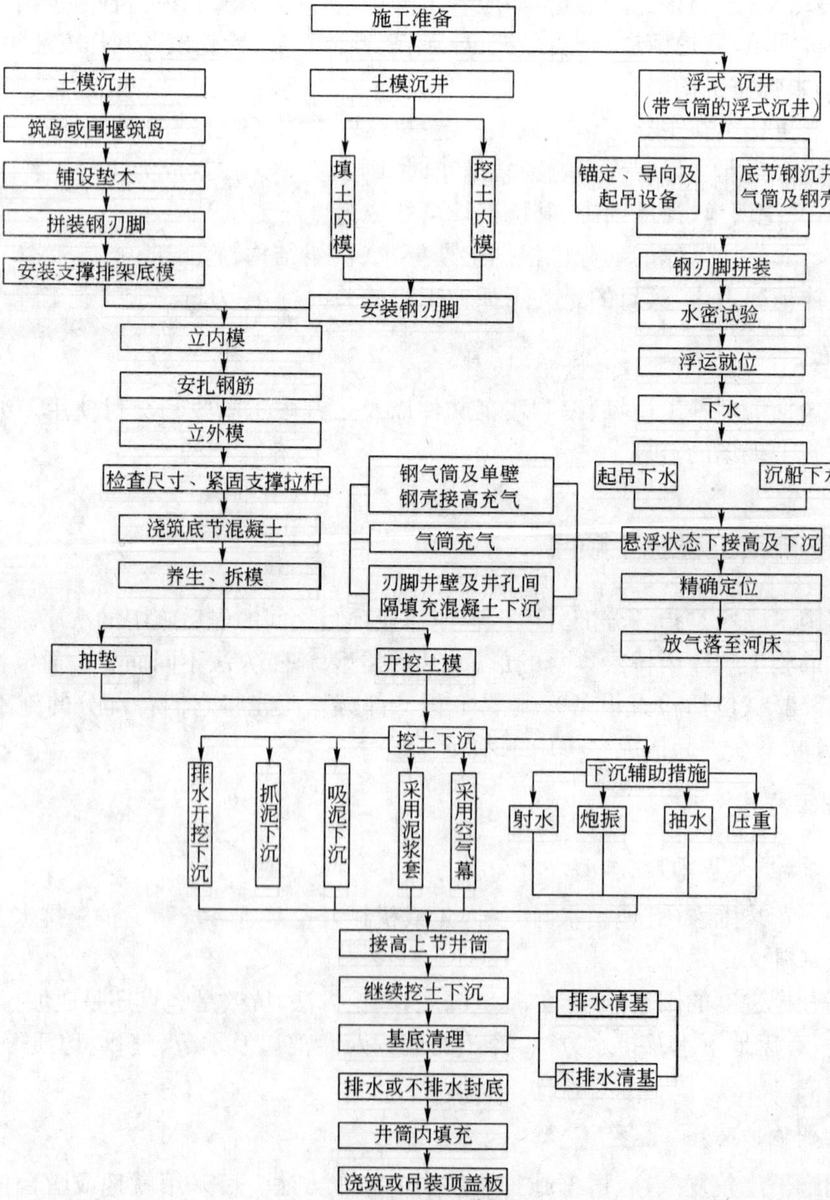

图 5-1　沉井基础施工顺序

3. 钻孔桩基础施工顺序

旋转式钻机钻孔施工顺序见图 5-2。

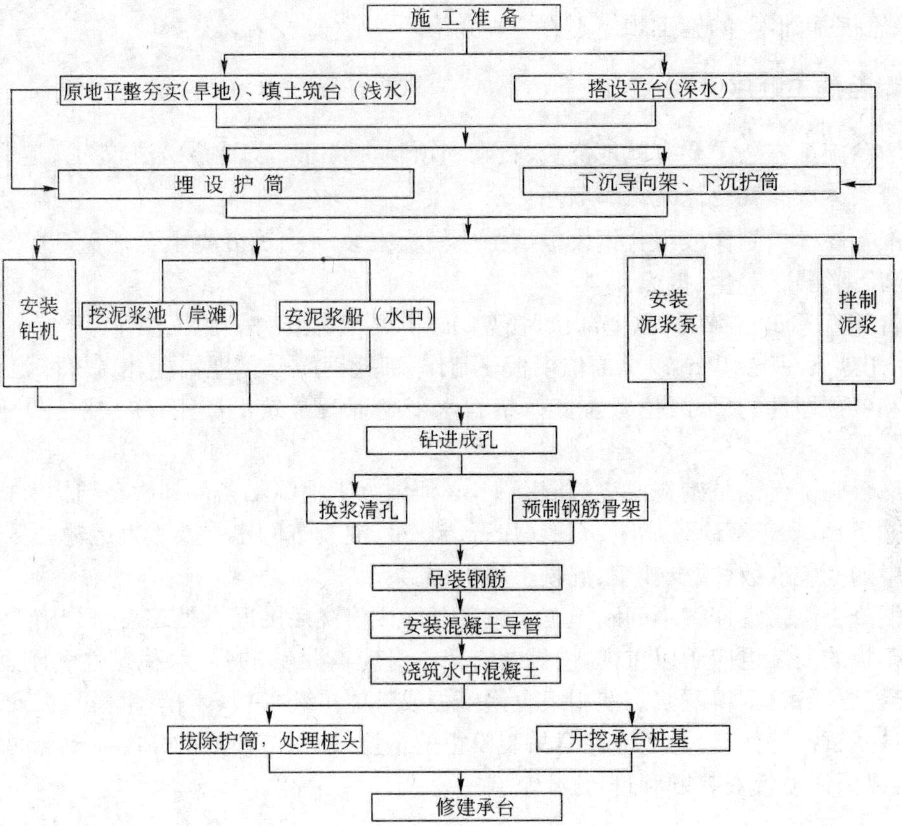

图 5-2 旋转式钻机钻孔施工顺序

冲击式钻机钻孔施工顺序可参照图 5-2,只是拌制泥浆工作可省略,但钻进和抽碴应间隔进行。

4. 挖孔桩基础施工顺序

1)对一根挖孔桩施工顺序;施工准备→开挖桩孔→设置孔口护壁→开挖井身→视地质情况随挖孔进度设置井身护壁→孔内排水及通风→孔底清理→吊装制备好的钢筋骨架→浇筑孔内混凝土。

2)对于同一墩台或各挖孔桩之间施工顺序安排:

(1)承台与桩孔的开挖顺序,先挖孔后挖承台基坑比较好,这样便于排除地面水,并且挖孔时孔口场地平整宽敞,利于操作。

(2)桩孔的开挖顺序,要注意相邻孔壁发生坍塌和施工干扰,因此需视土质情况而定。土质松软者,同一墩、台有四根桩时,应先挖对角两孔,灌注混凝土后再挖另一对角两孔;五孔者,先挖中间一孔,灌注混凝土后,再挖对角孔。当土质一般或较紧密并无水时,四孔者可同时开挖;五孔者先挖中间一孔,灌注混凝土后同时开挖其余四孔。多于五孔者,应根据桩孔排列间距土质情况,采用跳跃式开挖或一次全部开挖。

(3)有涌水的地层,应先开挖一孔作抽水坑用,使其他各孔在无水条件下开挖,以便改善施工条件,提高工效。

挖孔过程中，随着加深，应经常检查有害气体浓度，施工中应备有通风设备。成孔后应立即浇筑桩身混凝土。

各种类型的基础都有符合其特点和施工条件的施工顺序。在此，其他类型桥梁基础(如沉入桩基础、管桩基础等)的施工顺序不再一一介绍。

(二)墩台施工顺序

桥涵墩台施工方法主要有就地浇筑、石砌和预制拼装等。就地浇筑法较为普遍。

1.一般实体墩台就地浇筑施工顺序：

施工准备→模板制作或组合钢模板试拼→模板安装→浇筑混凝土至托盘 30～40cm→预埋接榫(接茬钢筋)→养生、拆模。

2.墩台托盘下 30～40cm 以上部位(托盘、顶帽、耳墙、道碴槽)施工顺序：

制、立托盘下 30～40cm 以上部位模板→制作、绑扎钢筋→预埋锚栓孔、铁件、泄水孔等→检查钢筋和各预埋件的尺寸、位置及支撑垫石水平高程→浇筑混凝土(一次灌完)→养生、拆模。

桥梁墩台施工无论是砌石或浇筑混凝土，必须结合工地施工条件和墩台结构形式，合理选用各种运输机具，妥善解决好砂浆、石料(片石、料石)、混凝土的水平及垂直运输。尽量减少在运输过程中的倒装次数，减少砂浆、混凝土离析、漏浆。

墩台混凝土浇筑宜连续不间断施工。施工分段或停浇后的间歇处理需符合施工技术规范要求。对模板的安装也应予以重视，模板及支架本身应有足够的强度、稳定性和刚度，模板面要光滑，接缝要严密，不得漏浆。使用组合钢模板或整体吊装模板(木模、钢模)，在安装前应进行排版设计及试拼工作，另外还应注意吊装模板的重量(即每节模板的高度)，要与起重设备能力相配合，以保证模板安装顺利进行。

(三)桥梁施工顺序

1.就地灌注钢筋混凝土简支梁

1)适用范围

铁路桥梁梁部，在一般情况下应在桥梁厂或成品厂集中预制，然后运往工地架设。当桥墩台高度较低，梁跨在 16m 及以下，沙石料可就地开采或供应方便，可采取就地浇筑。

2)就地浇筑钢筋混凝土简支梁施工顺序

施工准备→搭设膺架或铺设垫木→制、立底模→制作、绑扎底部钢筋→制、立内模→制作、绑扎好全部钢筋→检查钢筋→制、立外模、端模→制作、绑扎道碴槽钢筋，同时预埋 U 形螺栓及全部泄水管→进行钢筋、模板全面检查→搭设浇筑脚手架平台→浇筑混凝土→养生、拆模。

就地浇筑钢筋混凝土梁可根据具体情况，确定在墩位上或在桥旁或在桥头路基上建造。

(1)在墩台位上建造钢筋混凝土梁：均在膺架(即托梁)上进行。膺架是由枕木垛或木排架、万能杆件搭的脚手架或塔架以及扣轨、木撑架组成。梁制好后，可进行落梁就位。

(2)在桥位旁建造钢筋混凝土梁：是在桥位一侧修建的平行于桥位的便线上进行。此便线应在不妨碍墩台施工的前提下，尽量靠近正线。梁制好后需采取纵向或横移梁的方法使梁就位。此种方法应用在墩台比较低的情况下，否则便线及支架的搭设将消耗大量费用。

(3)在桥头路基上建造钢筋混凝土梁:应选择在铺轨的起点端桥头路基上。梁建造好后需纵向移梁就位。一般是从桥头顺桥位中线设置移梁滑道,桥孔内搭好枕木垛或木排架,然后纵向使梁就位,或者利用架桥机架梁。

2. 悬臂浇筑混凝土连续施工顺序

悬臂浇筑混凝土连续不需要在梁下安设大量的脚手架,它的主要设备是一对能够走行的脚手架——挂篮。挂篮可在已经张拉锚固并与墩身连成整体的梁段上移动。挂篮前一部分伸出已成梁段,模板即安设在它的里边,绑钢筋、立模、浇筑混凝土、预施应力都利用挂篮进行。通常每次可浇筑 3～4m 长的一个梁段。

悬臂浇筑混凝土连续梁施工顺序:

施工准备→靠近墩(台)身用万能杆件拼制成托架→立 0 号块模板→绑扎钢筋→浇筑 0 号块(墩顶梁段)混凝土→养生、拆模→预施应力及管道压浆→在 0 号块上及托架上拼装挂篮→由挂篮两边对称进行 1 号段施工→以后分段块顺序,对两悬臂梁块同时施工至合龙段,完成全桥梁体浇筑施工。

(四)架桥机架设混凝土梁

新建铁路梁工程中,跨度 32m 及以下钢筋混凝土(预应力)简支梁为数最多,在大多数情况下,都采用工厂预制,运到工地用架桥机架设。

采用架桥机架梁,首先要作好供梁计划和梁的运输及存放场地的安排。

1. 钢筋混凝土(预应力)梁的运输

钢筋混凝土(预应力)梁由桥梁厂或成品厂运往工地,常用专用运梁平车或经改造的普通铁路平车。桥梁在工地短距离转移可用运梁台车。桥梁装车位置要正确,不得倾斜,其重心位置必须与平车上转向盘的中心相重合。梁的装运次序及倒、顺方向应严格按工地提出的架梁资料周密安排,避免次序和方向错乱,影响架设。

2. 存梁场

存梁场应因地制宜尽量靠近工点,要有足够场地,而且装、卸梁时不干扰正线行车,便于装卸调车作业。如在沿线两侧存梁,则存梁点宜选在高出线路 1.7m 的土台上,以方便梁装卸及横移,减少搭设枕木垛工作。大型存梁场一般采用横移方式卸车,装、卸桥梁可使用大跨度龙门起重机或其他起重机,或采用千斤顶起落梁。桥梁水平移动一般用人力或电动卷扬机通过滑车牵引。在存梁场存梁数量一般为施工段落架梁孔数的 30%。前方等待架设的梁应按架设的先后次序提前 1～2d 运到前方车站(距架桥工地一个区间),并有 2～5 孔梁装在车上待架,梁车的编排次序,一定要符合架设的先后次序,并将曲线梁及左右梁片标注清楚。为加速梁车的周转,一般在近期内不架设的梁都应卸在存梁场。若条件许可,应直接由桥梁厂运至架设地点架设,可减少存梁场地的装卸工作。

三 单座涵渠施工顺序

涵渠类型比较多,现简介有基圆涵和拱涵的施工顺序如下:

1. 有基圆涵施工顺序

准备工作→挖基→砌筑基础→安装圆管→浇筑护管混凝土→砌筑出入口→浇筑帽石混凝土→防水层及防护层→沉降缝。

2. 拱涵(圆弧形拱涵、卵形拱涵、高矢拱涵)施工顺序

准备工作→开挖基坑→建造基础→(浇筑混凝土、片石混凝土,浆砌石,拼装成品块)→基坑回填→建造墙身(同基础)→制安拱架(钢轨拱架、木拱架、土拱胎等)→凿毛并清洗拱座与拱圈的接触面→建造拱圈(浇筑混凝土、浆砌石,拱圈成品安装)→养护、拆模(拱圈圬工强度达到设计强度的 70%方可拆模)→建造出入口→防水层及防护层→沉降缝。

四 桥涵顶进工程施工顺序

在既有线上修建桥涵工程,当行车密度较大,不能中断行车或立交桥跨度较大,不能采用吊轨梁施工时,可采用顶进桥涵的施工方法。

顶进是利用人工修筑的后背水平抗力及液压千斤顶的顶力,将结构顶入既有铁路的路基中。顶进工程施工顺序见图 5-3。

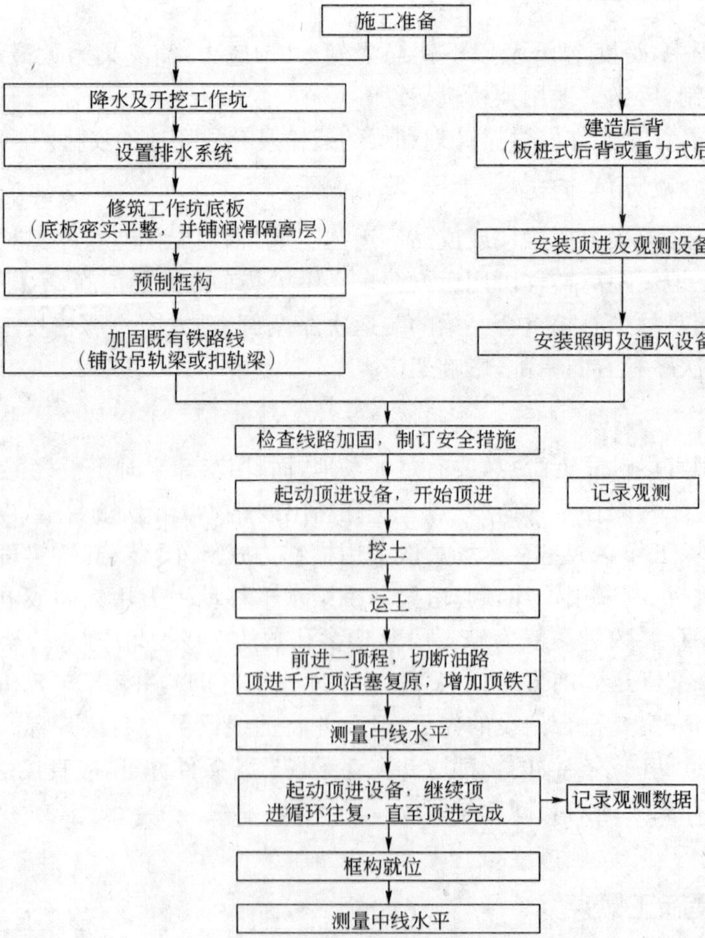

图 5-3 顶进工程施工顺序

五 成组桥涵工程的施工顺序

成组桥涵工程的施工顺序，是指施工单位所辖的一段线路中所有中、小桥涵的施工顺序。确定施工顺序时，应先按中、小桥涵的结构类型(基础类型、桥式、涵洞构造等)及它们所处的位置，进行分类编组，按流水作业或平行流水作业组织施工。

对编组中的桥涵，其施工顺序应考虑以下问题。

(1)应方便施工机具及人员的转移，由近到远或由远到近，以一个方向按顺序施工，尽量不走回头路，避免人员、材料、机具设备往返搬迁，增大运输费用，造成不必要的损耗。

(2)对经验不足、把握不大的工程，应先做试验，在总结经验的基础上再行推广。

(3)要充分发挥专业班组的作用，实现专业化生产，而且要不间断施工，有利于组织流水作业。

(4)充分发挥机械效率，使机具设备能连续工作。对租赁机械更应充分利用，尽量减少停机时间，缩短租赁天数。

(5)对影响其他工程施工进度的桥涵，要提前安排施工，并在其他工程开工前完成。

总之，成组桥涵施工顺序的安排，要使各工程能连续均衡施工，时间要紧凑，劳力不窝工，机具能充分利用，保质、保量、经济、合理、按期完工。

六 桥涵工程施工顺序安排应注意的事项

(1)首先要研究确定桥涵工程总体施工方案，才能具体安排各分部分项工程施工顺序。例如钢桁梁桥，先要确定钢桁梁安装方法，是在桥孔中的脚手架上拼装还是在桥旁脚手架上拼装再拖拉就位；是在桥位上采用半悬臂法拼装还是悬臂法拼装。只有施工方案确定后，才能具体安排基础、墩台等分部分项工程的施工顺序。

(2)应结合季节、气候、水文条件安排施工顺序。季节、气候、水文情况对施工顺序安排影响很大，如果处理得好，充分利用有利方面，对工程质量、施工进度、降低成本能起到促进作用。

例如，桥梁基础和墩台的施工，应尽量避开冬季和雨季。但严寒地区，可利用冰冻期河流结冰的条件，采用冻结开挖基坑，或在冰上搭设脚手架拼装等工作，但必须对冰层强度进行计算。某些工作也可能要专门利用涨水期的高水位进行施工，如浮运钢沉井、浮运法架设钢梁等。在旱季要先安排水中基础及桥墩的施工，并在洪水到来之前完成或在雨季之前桥墩修建至最高水位线上，而且在洪水到来之前应将河道中的脚手架拆除，以减少堵塞和被洪水冲掉。在大风季节应避开某些工作，如浮运沉井、浮运架梁、悬臂拼装钢梁以及其他高空作业等。

(3)要遵循施工程序和操作工艺的客观规律，这种客观规律是结构本身所必需的，是不能随意改变的。例如，灌注钢筋混凝土盖板，由施工工艺决定作业项目之间的先后施工次序为：立模板、绑钢筋、浇筑混凝土、养护及拆模，不可颠倒；沉井混凝土下沉，必须待沉井混凝土强度达到100%设计强度后，方能开挖下沉。

(4)要根据施工方法和采用的机械设备确定施工顺序。施工方法不同，采用的机械设备不同，施工顺序也会有所不同。例如，钻孔桩施工，采用旋转式钻机或冲击式钻机的施工顺序有所区别，前者需设置一套拌制泥浆系统，后者则不需要；前者不需抽碴，后者需要，并且钻进和抽碴需间隔进行。

(5)施工顺序的安排要确保施工安全和工程质量。例如,桥涵顶进工程,当开挖工作坑影响既有铁路运输安全时,首先要进行线路加固工作。如开挖基坑不影响运营安全,则线路加固工作可安排在桥涵顶进前进行。在顶进过程中,如发现框构轴线或高程偏差,则不能继续顶进,应采取纠正措施的施工顺序,如因土质松软造成扎头现象(偏低)时,可在底板前换铺片石或加碎石等,边换边铺边顶进,必要时亦可打桩或浇筑速凝混凝土或采用其他加固方法。

(6)合理选择工作面(即合理确定流水作业组个数)。工作面的安排应全面考虑施工期限、劳动力、机械设备、材料供应等条件。当施工工作面较多时,可使工期缩短,但劳动力、机具设备及一些临时设施会增多,甚至会造成劳动力、机具设备、材料供应困难;反之,若工作面减少,工期会延长,劳力、机具设备可能窝工。因此,要通盘研究,在保证工期前提下,尽量节省模板、围堰等倒用材料和基本不增加机械设备来安排。在多孔桥跨施工时,将桥墩台分成机组安排施工顺序,这样劳力、机具都比较均衡,模板、脚手架可充分利用。

(7)桥涵工程施工时间和施工顺序的安排应考虑与桥涵附近其他建筑物施工的协调配合。例如与路基工程的配合,桥头缺口及涵洞顶填土应满足铺架工程总进度要求,并使填土有足够的沉落时间。一般桥涵工程施工应在同段路基土石方工程完工前半个月至一个半月完工。为此,路基填方地段中的中、小桥涵及大桥、特大桥的桥台应尽早安排施工。另外,还应考虑路基石方工程爆破对桥涵建筑物的影响,以及改河、改沟的弃方及桥涵基础的大量挖方在回填后有剩余,且能利用到路堤填方中,合理安排桥涵工程的开、完工日期和施工顺序。又如与隧道工程的配合,隧道出入口要有材料场地、出碴运输及弃碴场等问题,对隧道洞口的桥涵工程应安排在隧道开工前完成,以免相互干扰。

总之,桥涵工程施工顺序应综合上述各种情况,统筹安排,以达到保证工期、确保质量和安全、降低工程成本之目的。

第五节　桥涵工程施工作业组织方法

一 桥涵工程施工作业组织方法

桥涵工程施工作业组织方法有顺序施工作业法、平行施工作业法、流水作业法、平行流水作业法几种。应根据桥涵工程的工期要求,劳动力、材料、机具设备供应等条件来选择。本节介绍桥涵工程施工流水作业法和平行流水作业法。

二 桥涵工程单位流水作业法

(一)单位流水作业的特点

单位流水作业是由若干个建筑物(如几个中、小桥涵或大桥、特大桥中几个墩、台)组成一个组,按流水作业法组织施工,并对各专业班(组)进行劳动组织(包括劳动力、材料、机具设备的组织),计算其作业时间,协调好专业班(组)之间的衔接与配合。流水作业法可用于一个工点,也可用于多个同类型工程的施工组织。

(二)流水作业法的分类

1. 细部流水

细部流水是指一个专业班组利用同一生产工具,依次连续不断地在各施工段中完成同一施工过程的工作。如安装模板的班组依次在各施工段连续完成模板安装工作,称为细部流水。

2. 工艺组合工程流水

工艺组合工程流水是指若干个在工艺上密切联系的细部流水的组合应用。如钢筋混凝土工程可以组成一个工艺组合,它是由模板(制作、安装、拆除)、钢筋(制作、绑扎)、混凝土(拌和、浇筑)三个细部流水组成的,各细部流水连续在各施工段上施工,而各细部之间又依次进行。

在实际工作中,细部流水的效果不显著,只有把若干个有联系的细部流水严密地组成工艺组合工程流水时,才能达到较好的经济效果。在桥涵施工组织中,细部流水和工艺组合工程流水作业法应结合应用。

(三)流水作业的主要参数

流水作业主要参数有施工过程数、流水节拍、流水步距等。

1. 施工过程数

施工过程数是指施工过程划分的个数。也就是指一个建筑物按其组成的各分部分项工程或作业项目之间的施工顺序,进行不同类别的施工过程的分组数。

组成建筑物的各分部分项工程或作业项目的施工过程,可分为主导施工过程、搭接施工过程和穿插施工过程。主导施工过程是施工项目的关键,它将控制施工项目的工期,以至影响整个工程的工期。如浮式沉井施工中,沉井沉底就位和沉井开挖下沉是沉井基础施工过程的关键,施工组织时应重点对待。搭接施工过程是为了缩短后一个施工过程所占用的施工项目的工期或工程总工期,当前一个施工过程尚未完成,后一个施工过程接着进行。如明挖基础(基础为钢筋混凝土),当基坑开挖到一定程度,就需进行钢筋与模板制作,基坑挖好后,即可进行安装模板、绑扎钢筋、浇筑混凝土工作,这就是基坑开挖与基础建造的搭接。穿插施工过程是利用施工过程中的空间(或间歇)时间进行其他有关工作的过程。这要根据施工现场人力、材料、机具、施工条件以及工期等情况进行穿插施工。如在沉井制造完成后,不能接着挖土下沉,需等待强度达到设计要求,在等强这段时间(称技术性间歇)安排其他工作。一般附属工作及以后续工程的准备工作,常利用穿插过程进行施工。

桥涵工程流水作业的组织要视工程施工过程的繁简、难易程度而定。有些分部分项工程的施工过程比较简单,其分组工程也就少些,流水作业组织也比较简单(如明挖基础);而有的分部分项工程的施工过程比较复杂,其分组工程也就多些,而且也比较细,流水作业组织也相应复杂些(如沉井基础)。

一个建筑物施工过程划分数目的多少,直接影响工程流水作业的组织。分组过少,对复杂的施工内容就不能反映其施工过程或作业间的穿插、搭接关系,因此,复杂的施工项目,其施工过程应分得细些,主要的施工过程不能遗漏。如先张预应力钢筋混凝土梁制作,应分为模板制作、安装、钢筋制作、绑扎、张拉钢筋(施加预应力)、浇筑混凝土等施工过程。对简单的施工内容,如无水基坑开挖,就不必再细分。否则,会使流水作业组织的重点不突出,也使施工组织工作复杂化。

2. 流水节拍(亦称工作循环时间)

1)流水节拍的概念

一个建筑物(如一座涵洞或一座桥或一个桥墩、台等)全部施工过程是由各个不同类型的分组工程组成的。它的施工时间即为各个分组专业工班所完成各施工项目的时间之总和。其中各分组工程的施工过程的持续时间,称为流水节拍,亦称工作循环时间,用 t_i 表示。其中持续时间最短的那一分组工程的工作循环时间称最小流水节拍,这组工作称为最不繁重的工作。相反,持续时间最长的那一分组工程的工作循环时间称为最大流水节拍,这组工作称为最繁重的工作。

每个建筑物各施工过程工作循环时间长短,是与施工技术作业程序、施工方法、劳动组织、机械化程度、劳动定额以及工人技术水平等相互关联的,不是可以任意决定的,必须统筹考虑、研究、分析、合理安排,并通过计算才能确定。为了保持流水作业的节奏性及劳力组织的均衡性,应使每一个循环时间相等或保持一定的比例关系。但实际上,在组织流水作业时,常因建筑物某分组工程施工过程要求尽快完成;或某施工过程的工程量少,所需施工时间短;或某施工过程的工作面受到限制,不能投入较多的人力或机械,所需施工期限长,因而出现各施工过程的工作循环时间不相等,也不保持一定的比例。安排流水作业时,应选定适当的流水节拍,才能使流水组织达到均衡。

流水节拍的选定,会出现下述三种情况:

(1)一个建筑物的所有工作循环时间,一律采用最繁重的施工项目的工作循环时间(即采用最大节拍)时,则其余不太繁重的工作,循环时间就会拉长,参与施工的工人数可减少,工作面不能充分利用,使工期延长。

(2)采用不太繁重的施工项目的工作循环时间时,担任繁重工作循环的工人数就要增加,可能超过工地范围所能容纳的人数,造成相互干扰,降低工作效率。

(3)采用最不繁重的施工项目的工作循环时间(即最小节拍)时,不太繁重和最繁重施工项目的工作循环时间,可采用最小节拍的倍数,此倍数可通过劳力组织、机具设备、工作班制来调整,使其保持一定的比例关系。施工经验证明,选用此法较为有利。一般一个建筑物各分组工程的流水节拍之间的比值最好在 1∶4 之内。

2)流水节拍的计算

流水节拍(工作循环时间)t_i 可用下式计算:

$$t_i = \frac{W}{p \cdot q}(\text{工作天}) \tag{5-1}$$

式中:W——工作循环的工程量(即某一分组工程的施工过程在某一施工段的工程量);

p——此工作循环每班适当的建筑工人数;

q——产量定额。

具体确定流水节拍有两种方法。一种是按已定工期要求,决定流水节拍的大小,再相应求出所需资源量(工人数、机械量、材料量)。这时应考虑工人是否有足够的工作面以及资源供应能否满足要求。如果工期紧、节拍小、工作面又不够时,就应增加工作班次(两班或三班制)。另一种是根据工地现有班组人数及能投入生产的机具设备台数所能达到的产量定额或指标来确定流水节拍,同时要满足工期的要求。节拍越小,则所需人数和机具设备就越多。另外,还应考虑使材料、构件的订购与预制、供应和储备与流水节拍相适应。

3. 流水步距

在单位流水作业组织中，每一后续建筑物加入的流水时间隔(如 1 号墩与 2 号墩开始施工间隔的时间)，称为流水步距，用 t_b 表示。

确定流水步距是流水作业组织中一个重要组成部分。流水步距可按下式计算：

$$t_b = \frac{T_1 - t}{B-1} \tag{5-2}$$

式中：T_1——单位流水作业中，全部建筑物施工总期限(工作天)；

t——单位流水作业中，每一建筑物的施工时间(工作天)，当各流水节拍相等时，$t=b \cdot t_i$；

b——一个建筑物工作循环个数，也就是一个建筑物可划分的施工过程数，

t_i——含义同前；

B——单位流水作业中，全部建筑物的数目。

由公式(5-2)可以看出，若 T_1 和 B 已确定，t_b 就随 t 而变化，同时 t_b 也视第一个建筑物各个工作循环时间而定。因为参加施工的专业班组必须首先完成第一个建筑物相应的工作循环之后，才能转移到第二个建筑物。

如果流水作业中均为同类型建筑物(如桥墩台均为明挖基础，混凝土墩台)，而且各分组工程的循环时间相等，则流水步距将等于一个工作循环时间(流水节拍)，即 $t_b=t_i$。

如果工作循环时间不同，流水步距一般应采用工作循环中最短的时间。在这种情况下，其他分组工程的工作循环时间应等于或倍于流水步距。可通过调整劳动力组织、机具设备、工作班制等方法来达到这一要求。

根据(5-2)公式得出

$$T_1 = t + t_b \cdot (B-1) \tag{5-3}$$

【例 5-1】 假定某大桥有同类型的两台三墩共 5 个建筑物，采用流水作业法组织施工。每个墩台施工时间 $t=30$d，流水步距 $t_b=8$d，则 $T_1=30+8\times(5-1)=64$d。试分析将 t 缩短一半而 t_b 不变和将 t_b 减少一半 t 不变时，总工期 T_1 的变化。

【解】 (1)若将 t 缩短一半($t=15d$)，t_b 不变，则 $T_1=15+8\times(5-1)=47$d，总工期 T_1 减少 26.56%；

(2)若将 t_b 减少一半($t_b=4$d)，t 不变，则 $T_1=30+4(5-1)=46$d，总工期 T_1 减少 28.13%。

由此可见，流水步距的减少对施工总期限影响很大。从流水步距这个特点可以看出，每一个后续建筑物加入流水的时间间距越小，则接近平行作业法的程度越大，而全部建筑物的施工总期限 T_1 越趋近于一个建筑物的施工时间 t，这样虽可大大缩短总工期，但会出现劳动力数量急剧增加，材料、机具设备集中用量增大，造成劳、材、机供应紧张。反之，流水步距大，则工期长。因此，流水步距不能任意减少或增大。适当的流水步距，在施工组织设计中，应通过比较选出最优数值。同时还应计算劳动力均衡使用系数 k_p

$$k_p = \frac{p_{cp}}{P_{max}} \tag{5-4}$$

式中：p_{cp}——平均出工人数；

P_{max}——最高出工人数。

当 $k_p \geq 0.75$ 时，相应的流水步距为最适当的数值。k_p的倒数，称为平行流水作业系数，在

编制施工进度图时应用。

三 桥涵工程施工平行流水作业法

平行流水作业实质上是多个流水作业的平行施工组织方法。大桥、特大桥等大型工程以及成组中、小桥涵常采用平行流水作业组织施工。关键是要合理地将全部工程划分若干个施工阶段，也就是合理确定单位流水作业数目。施工阶段的划分数目是平行流水作业的主要参数之一。

(一)施工阶段划分的概念

施工阶段划分的目的，是为了保证不同工作队、班、组，能在不同的工作面(施工段)上同时进行工作，消除由于各工作队、班、组不能依次连续进入同一工作面(施工段)上工作而产生的互等、停歇及干扰等现象，为流水施工创造条件。

确定施工阶段数目(亦称单位流水数目)的多少，是组织流水施工首先要解决的问题。施工阶段的数目要适中，若过多，则会造成施工力量、机具设备及资金占用过多，致使资源供应紧张，同时也增加管理困难，工作面不能合理利用，机具设备利用率得不到提高。若施工阶段数过少，又会引起劳动力、机具设备和材料供应过分集中，而施工场地工作面紧张，劳力窝工，甚至会导致流不开的现象。因此，要根据具体的施工条件，合理确定工程施工阶段的个数。确定施工阶段数(单位流水作业个数)应考虑下述原则：

(1)各段的劳动量应大致相等，相差宜在15%以内。

(2)若以建筑物(如大桥、特大桥均以墩、台，中、小桥涵群以座)为单位划分施工阶段，一般应以主体工程进行划分，通常是以主导施工过程(如基坑开挖、基础混凝土、墩台混凝土等)的组织为划分依据。

(3)有利于结构的整体性。应考虑到施工工程的轮廓形状、平面组成、结构构造的特点，以及施工规范的要求，施工段的分界线宜设在伸缩缝、沉降缝处，以减少施工缝的数量。例如施工大型框构工程，应以沉降缝为施工段的分界处。

(4)要有足够的工作面。因为工作面太小，工人操作不便，既影响功效，又易出安全、质量事故，同时不能充分发挥机械效能。所谓工作面，是指施工对象上可能安排工人施工和布置机械的地段，用来反映施工过程在空间布置的可能性。在分析工作面时，还应考虑四周环境的约束。

(二)大桥、特大桥单位流水数目的确定

大桥、特大桥等大型工程，其数量较大，基础类型复杂，而且大多要水下施工，施工困难，往往按一个流水作业不能满足总工期要求，通常需将全桥分为若干个流水作业个数，并保证每个单位流水施工期限小于全桥总工期。

大桥、特大桥工程可按其基础、墩台、梁跨三大部位划分，每一部位工程可视为一个建筑物群，而每一基础、墩台或梁跨可视为一个建筑物，各建筑物都有其具体施工过程。对于基础类型不同或墩台结构不同的桥，因其施工方法、所需材料、机具设备各不相同，不便在一起组织流水作业。在这种情况下，确定单位流水作业数目时，应将同类型、同施工方法者组成流水作业组，并根据影响总工期的关键施工项目，计算全桥按一个流水作业组织施工时所需工期(T_1)，

与指导性施工组织设计规定该桥总工期(T)(不包括该桥准备工作、架梁工作和清理工作时间)进行比较。当 $T_1 \leqslant T$ 时,按一个流水组施工即可;当 $T_1 > T$ 时,则应组成若干个流水作业组。流水作业组数目 $=\frac{T_1}{T}$,算出有小数时,应采用大于小数的整数值,用 S 表示。S 个流水作业组同时开工,而每一组内仍按前面所述开展流水作业施工,即为平行流水作业法。

(三)中、小桥涵流水数目的确定

一个施工区段有多个中、小桥涵时,如按一个流水作业组施工,不能满足指导性施工组织设计规定的该施工区段的中、小桥涵群总工期(T)时,需将中、小桥涵群分成几个流水作业组。如各桥涵工程量较大时,常以一座桥涵为单位;各桥涵工程量较小时,可以若干座同类型、同结构桥涵为单位,按平行流水作业法组织施工。

当施工区段若干座中、小桥涵基础类型简单,施工不复杂时,控制工期的往往是桥涵的污工量,此时可按圬工数计算单位流水的数目。如果大桥或特大桥基础类型、墩台结构简单,施工不复杂,其流水数目也可按圬工数计算;若桥梁基础比较复杂,施工难度大,需由单独(不属于单位流水)专业工程队、班进行施工外,在单位流水中,只考虑墩台建造的工作循环。因墩台是桥梁建筑中的主要部分,将主要部分纳入单位流水的规律中,也就等于确定了各项工作的流水作业。虽基础工程不参与单位流水作业,但基础施工须确保墩台流水作业能顺利进行。流水作业数目确定的方法有两种:

第一种方法:

(1)计算每座中、小桥涵或每个墩台的圬工量(W_1、W_2、$W_3 \cdots W_n$)占施工区段所有中、小桥涵或全桥主体工程圬工总量(W)的比值。即:

$$\frac{W_1}{W}=m_1、\frac{W_2}{W}=m_2、\frac{W_3}{W}=m_3 \cdots \frac{W_n}{W}=m_n$$

$$m_1+m_2+m_3+\cdots+m_n=1$$

(2)计算按一个流水作业组施工时,完成 W 的施工期限(T_1)。

$$T_1=\frac{W}{Q_n}=\frac{W}{p \cdot q}(\mathrm{d}) \tag{5-5}$$

式中:Q_n——每班完成的圬工数量(m^3);

p——每班适当的建筑工人数;

q——产量定额(m^3/工日)。

(3)确定流水作业数目。

当 $T_1 \leqslant T$,组成一个流水作业组;

$T_1 > T$ 时,组成流水作业组数目 $S=\frac{T_1}{T}$,S 应进整。

(4)确定每个流水作业组桥涵座数或墩台个数及搭配组合。

因施工区段内同类型同结构的各中、小桥涵或大桥各墩台的圬工数有所不同,为使各工作队、班组能依次在施工段各流水组上连续均衡施工,每个流水作业组的施工量应大致相等。因各 m 比值之和等于 1,可将每个流水作业组中包括的各座桥涵或各个墩台的 m 比值相加,使其和(m)接近相等(即接近 $\frac{1}{S}$),则分配的比较合理。假设计算 $S=3$,也就是按 3 个流水作业组进行施工,应将 m 比值之和接近 0.333 的桥涵或墩台组成一个流水作业组。

(5)计算每单位流水作业平均施工期限 $t_{平}$（按圬工计）。

$$t_{平}=\frac{T_1}{S}$$

(6)计算每单位流水作业组实际施工期限 $t_{平}$（按圬工计）。

$$t_{实}=\frac{各单位流水作业组圬工数 W_s}{Q_u}=\frac{W_s}{p\cdot q}$$

或

$$t_{实}=m_S\cdot T_1$$

【例 5-2】 某新建线某大桥为明挖基础，混凝土墩台，施工不复杂，各墩台（含基础）混凝土数量见表 5-1。

各墩台混凝土数量 表 5-1

墩台编号	1号台	2号墩	3号墩	4号墩	5号墩	6号墩	7号墩	8号墩	9号墩	10号台	合计
混凝土(m^3)	156	200	276	300	310	360	356	305	278	210	2751
比值 m	0.057	0.073	0.100	0.109	0.113	0.131	0.129	0.111	0.101	0.076	1

指导性施工组织设计规定该大桥总工期 T 为三个月（按 90d 计），每班可完成混凝土数量为 $25m^3$。确定墩台施工流水作业组数目及搭配组合（平均每月作业数按 23.33d 计）。

【解】 计算各墩台混凝土数量占全桥总圬工量的比值 m（见表 5-1）。计算一个流水作业组施工，完成总圬工量的施工期限 $T_1=\frac{2751}{25}\times\frac{30}{23.33}=142$（日历天）。

确定该桥墩台施工流水作业组数目 $S=\frac{142}{90}=1.58=2$（组）。

确定每一流水作业组的墩台数及搭配组合。将 m 比值之和接近 0.5 的分配为一组。即第一流水作业组的墩台为 1 号台、3 号墩、5 号墩、7 号墩、9 号墩。

$$m_s=0.057+0.100+0.113+0.129+0.101=0.5$$

其余为第二流水作业组。

$$m_s=0.076+0.073+0.109+0.131+0.111=0.5$$

每个流水组平均施工期限 $t_{平}=\frac{142}{2}=71$（日历天）

每个流水作业组实际施工期限：

$$t_{实1}=\frac{156+276+310+356+278}{25}\times\frac{30}{23.33}=\frac{1376}{25}\times1.286=71(日历天)$$

$$t_{实2}=\frac{200+300+360+305+210}{25}\times\frac{30}{23.33}=\frac{1375}{25}\times1.286=71(日历天)$$

或

$$t_{实1}=0.5\times142=71(日历天)$$

$$t_{实2}=0.5\times142=71(日历天)$$

第二种方法：

(1)在施工区段若干座中、小桥涵或大桥、特大桥中，选择一座圬工量最小的中、小桥涵或一个墩、台（用 $W_{小}$ 表示），并按下式计算其循环工作时间($t_{小}$)。

$$t_{小}=\frac{W_{小}}{Q_u}=\frac{W_{小}}{p\cdot q}$$

式中：Q_u、p——含义同前。

计算各座桥涵或各个墩台圬工量 $W_{小}$ 的比值：

$$\frac{W_1}{W_{小}} = m'_1, \frac{W_2}{W_{小}} = m'_2, \frac{W_3}{W_{小}} = m'_3 \cdots \frac{W_n}{W_{小}} = m_n$$

即
$$m'_1 + m'_2 + m'_3 + \cdots = \frac{W}{W_{小}} = m'$$

式中：W——含义同前。

(2)计算按一个流水组施工，中、小桥涵群或大桥、特大桥总工期(T_1)。

假定专业队、班在所有桥涵施工中每班产量相等，比值 m' 亦表示 T_1 与 $T_{小}$ 之比，有

$$T_1 = m' \cdot t_{小}$$

(3)指导性施工组织设计规定该施工区段中、小桥涵群或大桥、特大桥总工期 T 与 T_1 比较。

若 $T_1 \leqslant T$，按一个流水作业组施工即可；$T_1 > T$，组成若干个流水作业组 $S = \frac{T_1}{T}$，并进整。

(4)平均每一流水作业组施工期限 $t_{平} = \frac{T_1}{S}$。

(5)确定各流水作业组桥涵座数或墩台个数及其搭配组合。

在 m'_1、m'_2、m'_3、m'_n 比值中，将其中若干个比值相加，使其和(m'_s)接近$\frac{t_{平}}{t_{小}}$，此时的桥涵座数或墩台个数即包括在一个流水作业组内。

(6)用 $t_{小}$ 乘以 m'_1、m'_2、$m'_3 \cdots$ m'_n 即可求得各座桥涵或各墩台实际施工期限 t_1、t_2、$t_3 \cdots t_n$，可作为绘制指导性施工组织设计进度图的依据。至于桥梁的架设时间，应配合铺轨工程及有关指标定额来确定。

(7)每一流水作业组施工期限 $t_{实1}$、$t_{实2}$、$t_{实s}$ 应为各作业组的 m'_s 乘以 $t_{小}$ 而得；或者按 $\frac{\text{各流水作业圬工总数}(W_{总1}、W_{总2}、\cdots W_{总n})}{S\text{个流水作业组平均圬工数}(W_{平})} \times t_{平}$ 进行计算

式中
$$W_{平} = \frac{S\text{个流水作业组所有建筑物圬工总数量}(W)}{S}$$

【例 5-3】 某工程处沿线路中线管辖范围内共有小桥涵 22 座(各座小桥涵的线路位置及圬工数量略)，圬工总量(W)为 6135m³，其中最小一座圬工量($W_{小}$)为 180m³，指导性施工组织设计规定该施工区段小桥涵总工期(T)为 120 工作天，平均每班完成圬工量 20m³，计算单位流水作业组数目及桥涵搭配组合。

【解】 完成圬工量最小的一座桥涵的施工期限 $t_{小} = \frac{180}{20} = 9$(工作天)。

此施工区段小桥涵如按一个流水组施工，施工期限：

$$T_1 = \frac{W}{W_{小}} \cdot t_{小} = \frac{6135}{180} \times 9 = 307(\text{工作天})$$

$$\because \quad T_1 > T$$

$$\therefore \quad S = \frac{T_1}{T} = \frac{307}{120} = 2.56 = 3(\text{组})$$

每一流水组平均施工期限 $t_{平} = \frac{307}{3} = 102$(工作天)。

平均一个流水作业组圬工数量 $W_{平} = \frac{6135}{3} = 2045(\text{m}^3)$。

将接近 2045m^3 数量的小桥涵划分为一个流水作业组，同时还要考虑施工范围各桥涵所处位置、距离远近以及施工队伍转移与管理方便。因此，确定 0～24km 为第一单位流水，圬工总量(W_1)为 2116m^3；24～43km 为第二单位流水，圬工总量(W_2)为 2130m^3；43～70km 为第三单位流水，圬工总量(W_3)为 1880m^3。

因划分后的圬工量与平均圬工量有出入，故实际的工期与 $t_{平}$ 也有区别，各流水作业组实际工期为：

第一流水作业组： $t_{实1}=\frac{W_1}{W_{平}}\cdot t_{平}=\frac{2116}{2045}\times 102=106$(工作天)

第二流水作业组： $t_{实2}=\frac{W_2}{W_{平}}\cdot t_{平}=\frac{2130}{2045}\times 102=106$(工作天)

第三流水作业组： $t_{实3}=\frac{W_3}{W_{平}}\cdot t_{平}=\frac{1880}{2045}\times 102=94$(工作天)

第六节　桥涵工程施工进度安排

一　桥涵工程施工进度安排的步骤

(一)确定桥涵工程施工总期限

1)根据全线铺轨日程安排，查出通过本桥涵的铺轨日期，或在全线指导性施工组织设计中查出对本桥涵的工期要求，以便确定本桥涵的最晚必须竣工日期。

2)按照本桥涵指导性施工组织设计中的施工期限，确定本桥涵的开、竣工日期。

3)在确定桥涵施工总期限时，应考虑下述因素对施工工期的影响：

(1)气候条件；

(2)水文、地质条件；

(3)基础类型、结构复杂程度；

(4)地亩、拆迁等施工准备条件；

(5)本桥涵施工与其他工程施工的配合与干扰条件；

(6)施工单位的生产能力条件等。

通过对上述诸因素的综合分析研究，来确定桥涵施工的总期限。

(二)确定桥涵工程数量

桥涵工程数量一般在图纸审核时进行计算。工程数量计算要依照设计图纸、设计说明并参照定型图纸进行。工作项目要与定额项目对口，要符合编制施工组织设计和施工图预算的要求，要方便管理及承发包合同的签订。并要求计算出分步分项工程细目数量，然后确定本桥涵工程的总数量。

(三)确定施工顺序、选择施工方法

根据桥涵工程类型、结构特点和施工条件确定施工顺序，并选择各分步分项工程施工方法和机具设备。

(四)计算桥涵工程所需工天、材料、机械台班数量

计算桥涵工程工天(包括施工单位开采砂、石及工地预制成品、半成品的劳动工天)、材料(包括正式工程和临时工程所需的主要建材、成品、半成品、构配件以及工地临时设置成品厂预制的成品、半成品所需原材料和利用本建设项目拆除或开挖出来的材料)、机械台班需要量是施工组织设计的主要内容,是安排施工进度,确定劳动力、材料、机具设备供应的主要依据。工天、材料、机械台班需要量按其工程数量乘以相应的劳、材、机定额而得,可在"主要工料、机数量计算表"上进行计算,该过程应利用电子计算机。

1)按分部分项工程中各工作项目[如基坑开挖(人工或机械)、基础建造(浆砌石或浇筑混凝土)]的数量,计算所需工天、材料、机械台班需要量,这是为了安排各分项工程施工进度及劳动力数目和机械台数。

2)根据分部分项工程的工、料、机械台班数,汇总全桥涵总的工天、材料、机械台班需要量。这是为了进行总体安排,编制整个工程劳动力、材料及机械总体需要量计划。

(1)根据总工期要求,计算劳动力数量。

【例 5-4】 某桥梁工程计算所需建安工天(定额工天)10000 工天,附属辅助工天(按建安工天 20%计)2000 工天,间接用工(按建安工天 2%计)200 工天,总计 12200 工天,总工期 60 天。由某项目队担任施工,该队共 230 人,其中生产工人 200 人,管服人员 30 人,出工率 80%。试从总体安排劳动力组织。

【解】 该工程共需 12200 工天,工期 60 天,平均每天应出工$\frac{12200}{60}=203$人;而该队生产工人 200 人,出工率 80%,平均每天可出工 160 人。这说明该队要用 60 天完成桥梁工程,劳动力尚缺 43 人,计 2580 工天。这就需要采取措施来解决劳力不足的问题:

①因任务紧,工期短,要加强政治思想工作,提高出工率。如出工率提高 10%,则平均每天可增加出工人数 20 人,计 1200 工天;

②精兵简政,充实第一线。例如抽调 5 名管理服务人员顶岗施工,计 300 工天;

③雇用当地民工,弥补劳力不足;

④从其他工程队借调生产工人助勤。

总体安排应和各部位进度安排结合进行,以便确切掌握哪一专业工种劳力不足或有余等具体情况。

(2)根据劳动力数量,计算总工期。

【例 5-5】 某桥梁工程总工天 20000 工天(包括定额工天、辅助工天、间接用工),而担任施工的某项目队平均每天出工 200 人,计算该桥总工期(平均每月日历按 30d 计)。

【解】 该桥需施工天数 $T_z=\frac{20000}{200}=100$(工作天),考虑节假日休息,平均每月作业天数 23.33d,该桥施工日历天数 $T_c=100\times\frac{30}{23.33}=129$(日历天),再考虑气候等影响日数,假如该桥受雨季等因素影响,不能施工日数为 10d(需根据具体期限和施工地区等情况而定),则该桥总工期 $T=129+10=139$(日历天),即为$\frac{129}{30}=4.6$(月)。

(五)确定桥涵工程单项施工进度

桥涵工程的类型和施工项目繁多,各类型的分部分项工程施工方法、所用材料、机具设备

均不相同。编制桥涵工程实施性施工组织设计时，应先安排各单个施工项目的劳动力组织、机具配备，并计算出实际工作天数(T_z)、日历天数(T_c)、每天出工(人)。

$$T_c = T_z + c + c' \tag{5-6}$$

$$p = \frac{A}{T_z} \tag{5-7}$$

式中：c——节假休息日数；

c'——转移工点及气候影响日数；

A——每一施工项目安定额计算的工天数。

每天出工人数确定后，再根据工作班制(a)，计算出每班出工人数；或根据每班安排的出工人数，计算该施工项目的工作天数和日历天数。

所需某种机械台数：

$$N = \frac{M}{T_z \cdot a} \tag{5-8}$$

式中：M——按定额计算的某种机械台班数量。

各单个施工项目的进度计算完，最后综合成整个工程的施工进度。

二 单个施工项目的劳力组织、机具配备及进度安排

各类型的桥梁工程主要由下部建筑(分基础和墩台)、上部建筑(分梁和桥面系)及附属工程组成。

(一)基础工程

大型桥涵的基础工程，特别是深水基础的施工，技术复杂，施工难度大，往往是控制全桥工期的重点。在安排施工进度时，要充分估计到影响进度的各种因素，特别是地质、水文、气候条件，并采用各种合理先进的施工方法，编制符合工程特点和实际施工条件的进度计划。

1. 扩大基础

扩大基础(亦称明挖基础)分基坑开挖和基础建造。

1)基坑开挖的进度安排

(1)人工开挖

人工开挖基坑时，应考虑每人占用的最小工作面积 f，一般为 $2\sim3\text{m}^2$ 进度安排步骤方法如下：

①计算每班开挖人数：

$$p = \frac{\text{基坑平均开挖面积 } F(\text{m}^2)}{f(\text{m}^2/\text{人})} \tag{5-9}$$

②计算人工开挖工作天：

$$T_z = \frac{A}{a \cdot p} \tag{5-10}$$

式中：A——人工开挖基坑所需定额工天数(工天)；

a——一天工作班制。根据总工期及施工具体情况决定一班、两班或三班制。

③如按日历天在进度图上安排人工开挖基坑施工期限，还需计算日历天：

$$T_c = T_z \times \frac{30}{\text{月平均作业天数}} \tag{5-11}$$

④确定开工日期，并按日历天在施工进度图上绘制基坑开挖进度。

(2)机械开挖

①计算机械开挖工作天：

$$T_z = \frac{M}{N \cdot a}$$

式中：M——机械开挖基坑所需定额台班数(台班)；

N——每班机械台数。机械开挖应有足够的工作面，一般一个基坑采用一台挖掘机或抓泥斗开挖即可；

a——含义同人工开挖。

②如按日历天绘制进度，需计算日历天：

$$T_c = T_z \times \frac{30}{\text{月平均作业天数}} \tag{5-12}$$

③确定开工日期，并按日历天在进度图上绘制机械开挖基坑的施工期限。

(3)人力开挖、机械(如少先吊、卷扬机等)吊土的施工进度应以人工开挖进行安排

【例 5-6】 某桥 2 号墩基坑土方 350m^3，坑深 6m 以上，无地下水，不设挡板，人工开挖，机械垂直吊土(吊斗为架子车)至坑口，架子车运 50m，基坑平均面积 40m^2，三班制作业。安排此桥墩人工开挖基坑施工进度。

【解】 查《铁路工程劳动定额标准》Q 0019－1、L 0018，定额为

0.401＋0.0147×2.5×1.07＝0.440(工日/m^3)。

基坑平均面积 40m^2，每人占用工作面积按 3m^2 计，则平均每班开挖人数：$p=\frac{40}{3}=13$(人)。

安排 10 人开挖，3 人在地面运土。

$$T_z=\frac{A}{a \cdot p}=\frac{350\times0.440}{3\times13}=4(\text{工作天})$$

$$T_c=4\times\frac{30}{23.33}=5(\text{日历天})$$

2)基础建造

(1)浆砌石料基础及其进度的确定

①砌石劳力组合。砌石小组若干(由技工、普工各一人为一砌筑小组)，另配洗石、运石、砂浆拌和、运浆等 10 人左右(运砂 3 人、水泥 1 人、司机 1 人、运浆 2 人、洗、运石 3 人)。

②基础砌筑工作面大小。每一砌筑小组平均工作面积以 3～4m^2 为宜。

③砌石量的大小及工期要求，可确定砌筑劳动力组合和工作班制。

④基础浆砌石定额。

【例 5-7】 某桥 2 号墩浆砌片石基础 173m^3，基础砌筑平均面积 29m^2，一班制，计算其工期。

【解】 因每一砌筑小组占工作面积 4m^2，该基础平均面积 29m^2，可同时容纳砌石小组$\frac{29}{4}$＝7 个。则每班施工人数可定为 7×2＋10＝24 人。

查《铁路工程劳动定额标准》Q0537，浆砌片石基础工日定额 0.853 工日/m^3。

$$T_z=\frac{173\times 0.853}{24}=6(\text{工作天})$$

$$T_c=6\times\frac{30}{23.33}=8(\text{日历天})$$

(2)混凝土(钢筋混凝土、片石混凝土)基础施工进度安排

①确定每班施工人数 p 及工作班制 a。

②计算工作天数:

$$T_z=\frac{\text{所需定额工天}A}{a\cdot p} \tag{5-13}$$

③日历天:

$$T_c=T_z\times\frac{30}{\text{月平均作业天数}} \tag{5-14}$$

④确定开工日期,根据 T_c 定出完工日期,即可在进度图上绘制混凝土基础施工期限。

3)劳动力组织及主要机具配备参考指标

(1)劳动力组织(参见表 5-2)

明挖基础每班劳动力组织　　表 5-2

名称	人工开挖或人挖配合机械吊土	机械开挖	基础建造			附注
			混凝土	片石混凝土	钢筋混凝土	
基坑开挖	10～12					挖、装 6 人,架子车运土 4 人,或按 $\frac{F}{f}$ 计算
卷扬机司机或少先吊司机	1					人工开挖,配合机械吊运土方
挖掘机或抓泥斗司机		1				
推土机司机	1					倒运土方回填基坑
凿岩机手	2					基坑内有石方时
空压机司机	1					基坑内有石方时
抽水机司机	2					一人看管二台抽水机
混凝土搅拌机司机			1			
混凝土拌和后盘人员			12～16			装运碎石 6～7 人,砂子 4～5 人,水泥 2 人
运输混凝土			4～6			
浇筑及捣固混凝土			3～4			
片石				2～3		掺加片石
钢筋工					2	制作、绑扎钢筋
电焊工					1	
木工			2～4			制、立、拆模板及灌注混凝土时看模
混凝土养生			1			
电工	1		1			
班组长	1		1			
合计	19～21	9	25～34	27～37	28～37	如水中明挖基础需采用围堰,则另行考虑围堰施工劳动组织

(2)施工主要机具配备(参见表 5-3)

明挖基础施工主要机具配备表　　表 5-3

名　称	单位	数量	附　注
单斗挖掘机(正反铲)或抓泥斗	台	1	亦可视同时施工基坑数配备台数
倾卸汽车或自卸蹦蹦车	台		采用挖掘机(或抓泥斗)开挖基坑,视弃土运距决定配备与否
推土机	台	1	进行倒运土及回填基坑平整场地用
打夯机	台	2	夯实基坑用
空气压缩机	台	1～2	视基坑土壤种类(软石、次坚石、坚石及部分硬土)、开挖方法及同时施工基坑个数配备。一般情况下配一台
凿岩机	台	2～5	视基坑土壤种类、开挖方法及同时施工基坑个数配备。一般开挖一个基坑配备 2 台
风镐	台	6～10	当使用机械开挖基坑时配备
IS 型水泵(或潜水泵)	台	若干	视基坑渗水量强弱及同时施工基坑个数配备,并考虑备用量。一般开挖一个有水基坑配备 4～5 台
电动卷扬机(5～10Kn)或少先吊或汽车吊或履带吊	台	若干	基坑垂直提升土方用。一般一个基坑开挖时用 1 台。视同时开挖基坑个数配备若干台
电动混凝土拌和机(250～600L)	台	1～2	视混凝土灌注量大小配备
插入式捣鼓器	台	3～5	视混凝土灌注量大小配备
活底混凝土吊斗	台	3～5	视混凝土灌注量大小配备
电动砂浆拌和机(≤400L)	台	1	当基础为浆砌片石时用
交流弧焊机≤40KVA	台	1	当基础为钢筋混凝土时用
万能杆件	套	若干	搭脚手架用
架子车及手推车	辆	若干	视人力开挖基坑运土及后盘运砂子、碎石,前盘运砂浆或混凝土工作量大小,以及同时施工基坑个数配备
镐、锹、撬杠等工具	件	若干	人力挖土用

注:若灌注混凝土不用混凝土吊斗,而采用溜槽或串筒,应视灌注量大小、基础深度及同时灌注基坑个数等具体配备。

2. 沉井基础

1)沉井制造施工期限的计算

沉井制造工期的计算方法与混凝土(钢筋混凝土)基础施工期限的计算方法同。

2)沉井下沉施工期限的计算

人挖配合机械(卷扬机、少先吊、汽车吊、履带吊等)吊土,施工期限的计算与明挖基础人工开挖同。

机械开挖(卷扬机抓泥斗或挖掘机)与明挖基础机械开挖同。

沉井下沉施工进度安排,要考虑混凝土的强度必须达到设计要求,同时要处理好多节沉井的制造与下沉等环节的施工。

沉井基础施工进度安排有关参考指标:

(1)沉井制作主要机具配备数量(见表 5-4)

沉井制作主要机具配备数量 表 5-4

名　称	单位	数量	名　称	单位	数量
角钢弯曲机	台	1	履带起重机≤10t	台	1
交流弧焊机≤40KVA	台	1	混凝土拌和机≤250L	台	2
钢筋调直机	台	1	插入式捣固器	台	2
钢筋弯曲机	台	1	混凝土吊斗	个	3～6
钢筋切割机	台	1			

(2)沉井下沉进度参考指标(见表 5-5)

沉井下沉进度参考指标 表 5-5

地 质 情 况	下 沉 方 法	进度(m/班)
卵石地层	排水人工开挖	0.15～0.20
黏砂土地层	排水人工开挖	0.50～1.00
中粗砂夹黏土	不排水、抓泥、吸泥、配合高压射水及潜水作业	0.15～0.30
砂类地层(粗～细)	不排水,抓泥下沉,辅以射水	0.32～1.20
砂夹卵石	不排水,抓泥下沉,辅以射水	0.20～0.53
砂黏土	不排水,抓泥下沉,辅以射水	0.40～0.48
黏砂土	不排水,抓泥下沉,辅以射水	0.34～1.38
砂类土及砂黏土	抓土下沉、辅以泥浆润滑套	1.10
分化岩	抓土下沉、辅以泥浆润滑套	0.33
砂类及黏砂土、砂黏土	空气吸泥机吸泥下沉,辅以射水	0.30～0.50

注:当刃角下沉时,接近设计标高,井深在 11m 以上,自重在 1000t 以上,炮震下沉量在 2～46cm,平均 17cm。

(3)沉井下沉方法及主要机具配备数量(见表 5-6)

沉井下沉方法及主要机具配备数量 表 5-6

施工方法		适 用 条 件	机 具 名 称	单位	数量	附　注
基本方法	排水开挖	适用于稳定且渗水量不大的地层(每 $1m^2$ 沉井面积渗水量小于 $1m^3/h$)	电动潜水泵 JQB21—2	台	1	连接胶皮管,长度视井深及排出井口外的距离而定
			起重机≤1t 或 10～30kN 电动卷扬机	台	1	如使用卷扬机,则需万能杆件作抓泥架
			活底吊罐或活门吊斗	个	1	
			双胶轮车或翻板平车	辆	1	如使用平车,需配小钢轨
			分钻或分镐、风铲	台	2	视地质情况配备,基底凿岩用
			电动空气压缩机≤$6m^3/min$	台	1	
	不排水开挖	1.抓泥 不带掘凿的双瓣式抓斗,用于松散,带掘凿的适用于紧密的土层。四瓣式的适用于卵石地层	履带起重机≤10t 或 50kN 电动快速卷扬机	台	1～2	两者可选择一种,如用吊机则机座基底应与加固,如用卷扬机则需有抓泥架
			抓土斗	个	1～2	抓泥斗的容量与重量应视土质而定,数量视施工情况而定
			翻板平车	辆	1～2	配合卷扬机使用
			高压水泵 6DA—8×5～9	台	1～2	冲动土壤用
			高压钢管及高压胶管	m	若干	数量视情况而定

续上表

<table>
<tr><th colspan="2">施工方法</th><th>适 用 条 件</th><th>机 具 名 称</th><th>单位</th><th>数量</th><th>附 注</th></tr>
<tr><td rowspan="9">基本方法</td><td rowspan="9">不排水开挖</td><td rowspan="9">2. 吸泥：
(1)吸泥机适用于砂、砂夹卵石、黏砂土等地层。在黏土胶结层及风化岩中可先用高压射水冲碎土层后再吸
(2)水力吸泥机(吸石筒)使用时，不受水深影响。空气吸泥机在浅水中效率很低，但能吸出较大的石块，如∮300～420 的空气吸泥机能吸出重达 150kg 大石块
(3)空气吸泥机适宜在深水中工作，一般最小水深为 5m，如水深不足，亦可采用注水措施增大水头</td><td>水力或空气吸泥机</td><td>台</td><td>1</td><td>吸泥机有空气吸泥机、水力吸泥机、水力吸石筒三类</td></tr>
<tr><td>空压机</td><td>台</td><td>1</td><td>容量视使用空气吸泥机型吸泥深度选定</td></tr>
<tr><td>履带吊机</td><td>台</td><td>1</td><td>悬吊吸泥机(吸石筒)用</td></tr>
<tr><td>高压水泵 6DA－8×5～9</td><td>台</td><td>1～2</td><td>视使用水力吸泥机或冲射土块或向井内补水情况而定</td></tr>
<tr><td>储风筒</td><td>个</td><td>若干</td><td></td></tr>
<tr><td>高压风、水管路</td><td>m</td><td>若干</td><td></td></tr>
<tr><td>低压水泵</td><td>台</td><td>1</td><td>补水用</td></tr>
<tr><td>潜水设备</td><td>套</td><td>1</td><td>基底处理(包括潜水凿岩)用</td></tr>
<tr><td>风钻或风镐、风铲</td><td>台</td><td>若干</td><td>基底处理</td></tr>
<tr><td rowspan="7">辅助措施</td><td>高压射水</td><td>1. 较坚硬的土层或风化岩层
2. 抓土斗或吸泥机抓吸不到的地方，如刃脚隔墙下等</td><td>机械数量已配于抓泥吸泥机机械数量中</td><td></td><td></td><td>1. 射水管路可附于吸泥机旁联合动作
2. 如土质坚硬、压力不足时，可两台水泵串联使用，此时压力可达 50～54MPa</td></tr>
<tr><td>抽水下沉</td><td>适用于在井内抽水，不致引起翻砂、漏水的地层。或渗水量小的地层且刃脚下已掏空，但沉井仍不下沉时，可在井内抽水，以减少浮力，使沉井下沉</td><td>机械数量已配于抓泥、吸泥机械数量中</td><td></td><td></td><td>可用射水水泵或专用抽水机抽水。亦可用空气吸泥机排水</td></tr>
<tr><td>压重下沉</td><td>当刃脚下泥土已掏空，此时沉井仍不下沉，但摩擦阻力不大时，可采用井顶压重法强迫下沉</td><td></td><td></td><td></td><td>注意在井顶对称均匀的压重</td></tr>
<tr><td>炮震</td><td>适用于沉井下沉最后阶段当井底泥土已掏空，而沉井仍不下沉的特殊情况下可使用之</td><td></td><td></td><td></td><td>每次用药量不宜超过 0.2kg，同一沉井一次只能起爆一处，并不得多于四次</td></tr>
<tr><td rowspan="3">泥浆润滑套</td><td rowspan="3">适用于沉井深度较大(大于 25m 以上时)且侧面阻力成为主要矛盾时</td><td>1. 泥浆搅拌机≤150L</td><td>台</td><td>1</td><td>数量视同时施工的沉井定</td></tr>
<tr><td>2. 泥浆泵</td><td>台</td><td>1</td><td>数量视同时施工的沉井定</td></tr>
<tr><td>3. 输浆管路 ϕ50～150mm</td><td>m</td><td>若干</td><td></td></tr>
</table>

(4)每一沉井的施工周期(见表 5-7)

每一沉井的施工周期 表 5-7

项　　目	所需时间(d)
筑岛	视情况定
第一节沉井制造(铺设与拆除垫木、刃脚角钢安装与焊接,绑扎钢筋,安装及拆除模板,灌注及养护混凝土)	15～20
第二、三节沉井制造(安装及拆除模板,绑扎钢筋,灌注与养护混凝土)	10～20
下沉	见表 5-5
封底及养生	5～7
填充	2～3
顶盖	1～2

注:制造工期中,如采用整体井孔模板时,工期可适当缩短。

(5)泥浆润滑套施工时(吸泥机吸泥下沉)劳动力组织(见表 5-8)

泥浆润滑套施工(吸泥机吸泥下沉)劳动力组织 表 5-8

工种 / 人数 / 时间	水枪	沉井制造(备料、立拆模板、灌注混凝土)	泥浆泵	空压机	供水	机电	铆焊	测量	合计
每班	5	40	4	2	2	2	1	1	57
每天	15	40	12	6	6	6	3	3	91

(6)钢丝网沉井制造,浮运定位配置机具(见表 5-9)

钢丝网沉井制造、浮运定位配置机具 表 5-9

名　称		单位	数量	附　注
一 钢丝网沉井制造部分	灰浆搅拌机≤400L	台	1	可视沉井制造数量适当增加
	角钢弯曲机	台	1	制造刃脚角钢,也可用一般洪炉加热,人工弯制
	交流弧焊机≤40kVA	台	1	
	钢筋切断机 d≤40mm	台	1	切 ϕ6～40mm 钢筋
	履带起重机≤10t	台	1	安装刃脚及吊装骨架
	千斤顶	台	2	沉井滑移起动用
	紧线器	把	若干	铺设钢筋用
二 下沉定位	慢速电动卷扬机 50～100kN	台	7	也可用手摇卷扬机
	千斤顶	台	2	
	潜水泵 JQB-21-2 附胶管	台	6	同时灌水下沉用
	驳船≤100t	艘	2	水上工作与灌注混凝土用
	潜水设备	套	1	配合潜水工
	钢丝绳 18mm	根	若干	
	沉井上工作与灌注混凝土平台	套	1	可用钢轨或型钢

注:表列机械不包括沉井定位后的开挖下沉。

3. 钻孔桩基础

1)钻孔桩施工进度按公式计算

一根钻孔桩或同时施工的一批桩(指几部钻机同时在几根桩位上钻进),在孔径、桩长、地质、施工条件等相同的情况下,其工期(T)可按下面公式计算:

$$T = t_o + \frac{L_z}{R} + t_g + t_s + t_k \text{(d)} \tag{5-15}$$

式中:T——不包括开挖承台基坑和承台建造所需时间;

t_o——首先施工的钻孔桩埋设护筒的时间。与桩经大小有关,如桩经为 0.6m 钢护筒,埋设一个需一个工日;桩经为 1.2m 的钢护筒,埋设一个需 2 个工日;

L_z——桩长(m)。如同时施工一批桩,取其平均值;

R——钻孔平均日进度(m)。如钻进通过不同地质层,可取加权平均值。由于钻孔桩是连续施工,故钻孔平均日进度的单位 m/d 计;

t_g——钢筋笼安装时间。视钢筋重量计,每吨 3 个工日。钢筋笼制作可与钻进工作平行作业,故其制作时间可不计在钻孔桩工期内;

t_s——清孔及灌注水下混凝土的时间,一般需 2~3d;

t_k——其他所有时间。如水上施工筑岛或搭设工作平台等的时间,视具体情况而定。

如一座墩(台)的各孔护筒系同时一次埋设,则推算钻孔桩的延续工期时,只计算第一批施工的桩孔埋设护筒的时间。以后开工的桩孔护筒埋设,因可与正钻进的桩孔工作平行作业,故埋设时间可不计在钻孔桩工期内。

2)按定额计算

护筒的制作、埋设、拆除,机械钻孔,钢筋笼制作、安装,灌注水下混凝土,开挖承台基坑,凿除桩头,灌注承台混凝土等,应分别查出定额(施工定额或预算定额),计算所需工天及机械台班数量,再根据工期要求、劳动力组织、机械配备、施工顺序的衔接与搭接,最后可确定钻孔桩基础的工期。

3)钻孔桩基础施工进度安排的有关参考指标

(1)钻孔桩基础施工劳动力组织(见表 5-10)

钻孔桩基础施工每班劳动力组织 表 5-10

项目	人数			附注
	旋转式钻机	冲击式钻机	冲抓锥式钻机	
护筒制作、安装及拆除	6	6	6	①如系水上施工,还需考虑筑岛或建立工作平台,拼组护筒导向框或打导向桩,并考虑其他影响因素(如洪汛); ②旋转式钻机如同一小组操作两台钻机,可增加 4 人; ③表列劳动力组织系一般岸滩正常情况的组织
机械钻孔	10~12	5~7	7~11	
钢筋笼制作安装	6~9	6~9	6~9	
清孔及灌注水下混凝土	30	30	30	
凿除桩头	2~3	2~3	2~3	
建造承台	25~30	25~30	25~30	

(2)钻孔桩施工主要机具配备(见表 5-11)

钻孔桩施工主要机具配备数量 表 5-11

名　称	单位	数量	附　注
甲、钻孔机械			
旋转式钻机	台	1	
泥浆泵或灰浆泵	台	1～2	视泵量大小配 1～2 台，包括胶管
泥浆搅拌机	台	1	
30kN 电动卷扬机	台	1	包括钢丝绳、吊钩、滑轮等
冲击式钻机	台	1	包括卷扬机、搭架及 2～3 钻头
杯式抽碴筒	台	1	
交流弧焊机	台	1	修补钻头、焊接钢筋、护筒等
起动补偿器	台	1	
多极离心清水泵≤m3/h 68m	台	1	钻孔补水用
冲抓式钻机	台	1	包括卷扬机、塔架、冲抓锥等
倾卸车或其他车辆	辆	1～2	运碴用
乙、其他机械			
电动空压机 6～10m3/min	台	1	
空气吸泥机	台	1	ϕ100～200 附管路
高压水泵 6DA-8×7	台	1	
射水装置	套	1	连同管路为清孔用机械
柴油或震动打桩机	台	1	水中打钻机平台脚手架及下沉护筒
起重船 25～30t	艘	1	水中下沉护筒用
泥浆船	艘	2	水中运送泥浆用
驳船	艘	2	水中运砂、石、水泥用
拖轮	艘	2	水中运输用
千斤顶 10～15t	台	2～4	下沉护筒用
护筒	个		视同时施工墩台及每墩台桩孔数配备
履带起重机≤10t	台	1	如利用钻机架时可不备
导管 ϕ250～300	m		视桩孔深度及同时施工量配备
漏斗	个		视桩孔深度及同时施工量配备
吊斗	个	4	视桩孔深度及同时施工量配备
混凝土搅拌机 250L	台	1	视灌注混凝土数量适当增加
胶轮车或铁斗车	辆	10	运送砂、石
钢筋制作机械	套	1	钢筋整直机、除锈机、切断机、弯曲机、交流弧焊机
气焊设备	套	1	
万能杆件	套		视需要配备

注：如钻机及辅助机械以一个桩孔配一套，总的数量以同时施工的墩台及桩孔数而定，其他机械亦相同。

(3)不同地层、不同桩经、不同钻机的钻孔平均日进度(见表5-12)

钻孔平均日进度 表5-12

钻机类型	孔径(m)	土 壤 种 类	平均日速度(m/日)	附 注
大锅锥	小于1.00	砂黏土、黏砂土	3.0	具有行走装置的冲击式钻机及旋转式钻机移位一次约需2h,红星300型旋转式钻机移位一次约需11~15h
旋转式钻机	0.80	砂夹卵石	3.7	
	1.00	砂黏土、黏砂土	30.0	
	1.10	砂夹卵石	5.2	
	1.50	砂黏土	19.6	
冲击式钻机	1.00	砂黏土、黏砂土	12.0	
	1.10	卵石、砂黏土夹卵石	2.2	
	1.30	卵石、砂黏土夹卵石	2.8	
	1.50	卵石层	3.0	
	1.50	卵石(颗粒4~15cm)	2.4	
冲抓式钻机	1.00	砂黏土、黏砂土	30.0	
	1.00	砂夹卵石	6.6	

4.挖孔灌注桩(简称挖孔桩)

1)挖孔桩施工进度安排参考指标如下:

(1)劳动力组织(见表5-13)

挖孔桩施工每班劳动力组织 表5-13

名 称	人 数	附 注
人工开挖	7	挖装土、起吊、卸土各2人,抽水1人
机械开挖	6	风镐手2人,卷扬机司机1人,空压机司机1人,出土2人(1人兼指挥)
木工班	5	负责护壁木模的制、安、拆
电工	2	负责全部电力照明及供电线路工作
混凝土工班	20	负责全部混凝土备料及灌注、拌和、捣固,如使用机械时可酌情减少
钢筋工班	5	护壁及桩身有钢筋时才备此工班
合计	45	

注:每个开挖班可轮流在两个桩孔内开挖。

(2)人力开挖每班施工进度(见表5-14)

挖孔桩人力开挖进度指标 表5-14

孔径(m)	进度(m)	孔径(m)	进度(m)	孔径(m)	进度(m)
5以下	每班0.8~1.0	5~10	每班0.6~0.8	10~15	每班0.5~0.6

(3)每个开挖班,轮流开挖两个桩孔需配备的主要机具数量(见表5-15)

挖孔桩施工主要机具配备数量 表5-15

名 称	规 格	单位	数量	附 注
挖土工具(锹、镐等)		套	2~3	人力开挖用
木扒杆或万能杆件		套	2	人力提升土石方
风镐	G-7A或G-11	台	2	机械开挖用

续上表

名称	规格	单位	数量	附注
风钻		台	2	机械开挖用
架子车		辆	1～2	运输土石方用
卷扬机	5～10kN	台	1	提升土石方
空气压缩机	≤10m³/min	台	1	机械开挖用
潜水泵	JOB—1$\frac{1}{2}$—6	台	2	
交流弧焊机	≤40kVA	台	1	
混凝土拌和机	250L	台	1	
插入式捣鼓器		台	1～2	
鼓风机	≤8m³/min	台	2	

(4)为确保挖孔正常进行和操作安全，一般砂黏土含有块石、碎石、松散的砂、砾、卵石地层或需多次放炮施工的地层应设护壁。护壁类型及适用范围见表5-16。

挖孔桩护壁类型及适用范围 表5-16

护壁类型	适用地层	优缺点
木护壁(排架式)	土压力不大的黏性土壤	施工简便，安装快速，但拆除不易，对工程质量有影响
木护壁(框架式)	土压力较大的砂性土壤	
混凝土护壁(就地灌注)	各种土壤地层	一般每开挖1m需灌注混凝土护壁，如不受施工震动(如放炮)护壁在凝固期内可不影响挖孔，否则要待混凝土灌注2h后才可继续开挖，施工安全，工程质量较好

注：木框架间距视土壤渗水情况而定。黏砂土、砂砾层、卵石类砂及山坡堆积层，有渗水者为0.3～0.6m；无水者为0.6～1.0m。薄层松散流沙及半流动性淤泥采用密排。

2)按有关定额计算挖孔桩所需工天、机械台班，再根据进度要求和工作班制等，安排其施工进度。

3)挖孔桩承台：挖孔桩承台基坑开挖和承台建造，可参照挖基础的基坑开挖和钢筋混凝土基础建造的进度安排。

(二)桥墩与桥台

1)桥墩台施工进度安排有关参考指标如下：

(1)实体墩台施工、劳动力组织(见表5-17)

实体桥墩台施工劳动力组织(人/班) 表5-17

工作内容	混凝土墩台	石砌墩台	附注
砂石运输	8		装运石料5人，砂3人
混凝土拌和	3		司机1人，拌和台上工作两人
混凝土运输	5		卷扬机司机1人，运输4人
混凝土灌注、捣固、养生	5		
其他	3	3	工班长1人，电工、木工各1人
砌石工		3	
清洗、抬运石料		5	
拌和灰浆、养生		4	
合计	24	15	

(2)实体桥墩台施工机具配备(见表 5-18)

实体桥墩台施工机具配备 表 5-18

名称	单位	数量	规格及说明	附注
混凝土搅拌机	台	1	电动≤250L	此表为地面施工实体墩台施工机具配备。如在水中施工,应安排船只及水上运输设备
振捣器	台	2	混凝土内部振动器 d≤75mm	
卷扬机	台	3	10、30、50kN 各 1 台,人员上下、天线走行,混凝土起吊	
皮带运输机	台		30m 按传送长度安排,无天线时采用	
履带起重机	台	1	15t 无天线时采用	
缆索吊机	套	1	5t	
活动龙门架	套	1	万能杆件组装	
牵引车	台	1	40t 有轨道工点用	
平车	台	3	5t 有轨道工点用	
脚手架	组	1	按施工情况计划安排	
滑动钢模	套	1		
万能杆件	t	30	约/4 套	
钢筋加工机械	套	1	钢筋调直机 d≤14mm,切断机 d≤40mm,弯曲机 d≤40mm,交流弧焊机≤40kVA	
整体模板	套	1	钢模板、木模板	
发电机组	套	1		

(3)施工进度参考指标

①滑模施工进度(见表 5-19)

滑 模 施 工 进 度 表 5-19

项目 墩类	组装滑动模板(d)	钢模平均提升速度(m/d)	墩顶实体断(d)	顶帽(d)	拆除钢模(d)	附注
空心墩	4	3.5～5.5	4～5	2	1	拆除钢模时间不包括拆除顶杆。因拔除顶杆可与第二墩的组装钢模同时进行
实体墩	3					

②大桥施工进度参考指标(见表 5-20)

大桥施工进度参考指标 表 5-20

孔跨及梁式(孔—m)	基础类型	每一成桥米圬工(m^3)	月成桥(m)
5-16 钢筋混凝土梁	扩大	9.8	53.4
5-16 钢筋混凝土梁	扩大	25.2	30.2
7-16 钢筋混凝土梁	扩大	4.4	42.7
7-16 钢筋混凝土梁	扩大	10.9	36.6
8-16 钢筋混凝土梁	扩大	9.5	61.1
12-16 钢筋混凝土梁	扩大	13.7	72.32

续上表

孔跨及梁式(孔—m)	基础类型	每一成桥米圬工(m^3)	月成桥(m)
1-23.8 预应力混凝土梁 4-31.7预应力混凝土梁	扩大	26.1	46.3
6-23.8 预应力混凝土梁 5-16预应力混凝土梁	扩大	34.2	36.8
13-16 预应力混凝土梁 5-31.7预应力混凝土梁	扩大	12.4	58.6
4-31.7 预应力混凝土梁	挖孔桩等	10.3	32.6
10-23.8 预应力混凝土梁 2-16 预应力混凝土梁	挖孔桩等	14.9	43.2
4-31.7 预应力混凝土梁	沉井、扩大	22.7	32.3
7-31.7 预应力混凝土梁 2-23.8预应力混凝土梁	沉井、扩大	21.0	43.2
2-64 下承式栓焊梁 4-80 栓焊梁	沉井、扩大	20.1	50.6
7-31.7 预应力混凝土梁 1-16预应力混凝土梁	沉井、挖孔桩、扩大	26.6	51.9
9-31.7 预应力混凝土梁 3-80栓焊梁	沉井	28.4	61.0
23-23.8 预应力混凝土梁	钻孔桩、扩大	12.6	97.2
30-4.5 普通 T 梁	钢筋混凝土桩	3.5	65.5

2)采用滑动模板施工高墩的工期推算:

用滑模施工一个桥墩的工期(即计划天数 T)可按下式推算:

$$T = t_1 + \frac{H}{h} + h_2 + t_3 + t_4 (\mathrm{d}) \tag{5-16}$$

式中:t_1——组装滑动钢模的时间(d);

H——采用滑模施工的墩身高度(m);

h——滑动钢模平均提升速度(m/d);

t_2——墩顶实体段施工所需时间(d);

t_3——顶帽施工所需时间(d);

t_4——滑动钢模拆除所需时间(d)。

上述施工进度见表 5-19。

3)桥墩台施工进度可根据其施工方法、工程数量、定额计算所需工天、材料、机械台班需要量,再根据工期要求、施工条件、工作班制等来安排劳动力、机械台数及施工进度。

(三)桥跨工程

1. 就地灌注钢筋混凝土梁施工进度安排的参考指标

1)每班劳动力组织(见表 5-21)

就地灌注钢筋混凝土梁每班劳动力组织　　表 5-21

项　目	班组名称	人　数	附　注
在桥位上灌注混凝土梁	起重工班	24	工长1人、起重工6人、普通工17人拼装架设便梁
	混凝土工班	34	工长1人、钢筋工2人、木工4人,拌和机2人,电工、普通工24人
在桥位旁或桥头路基上灌注钢筋混凝土梁	起重工班	24	工长1人、起重工6人、其他17人架设钢筋混凝土梁
	混凝土工班	34	工长1人、钢筋工2人、木工4人,电工1人、各种司机4人,其他22人
悬臂灌注应力混凝土梁	起重工班	30	安装索道拼装托架、吊架、跑架、吊运混凝土等,其中安装挂篮10~20人
	木工班	24	制作、安装、拆除模板等
	钢筋工班	21	钢筋制作、绑扎
	混凝土工班	35	灌注混凝土及运料
	养生	2~4	
	张拉	24~32	钢丝除锈、编束、穿束、张拉锚固、记录
	压浆	6	
	管道	16	准备胶管和硬、软芯棒、穿管、安设压浆管等
	机电组	20	安装搅拌机、捣固器、拆卸运转、维修部分钳、锻工
	电焊组	2	配合施工、焊接钢筋及辅助工作

2)在桥位上或桥旁(桥头路基上)灌注钢筋混凝土梁及架设时所需主要机具数量(见表5-22)

在桥位上或桥位旁灌注钢筋混凝梁及架设所需机具设备　　表 5-22

名　称	规　格	单　位	数　量	附　注
卷扬机	10~50kN 电动	台	2	
钢万能杆件		t	55~70	作承托便梁用
混凝土拌和机	250~600L 电动	台	2~3	
捣固器	混凝土内部振动器 d≤50mm	台	8~14	
交流弧焊机	≤40kVA	台	1~2	
液压千斤顶	≤200t	台	4	移落梁用

3)悬臂灌注预应力混凝土梁所需主要机具数量(见表5-23)

悬臂灌注预应力混凝土梁所需机具配备　　表 5-23

名　称	规　格	单　位	数　量	附　注
万能杆件		t	90	拼作托梁吊架用
混凝土拌和机	250~600L 电动	台	2~3	
捣固器	电动附着振动器	台	105	
捣固器	混凝土内部振动器 d≤50mm	台	6	

续上表

名　称	规　格	单　位	数　量	附　注
灰浆拌和机	≤200L	台	2	
卷扬机	10～50kN 电动	台	2	
油压千斤顶	≤200t	台	15	张拉用
压浆机		台	2	
交流弧焊机	≤40kVA	台	2	

4)悬臂灌注预应力梁施工进度(见表 5-24)

悬臂灌注预应力混凝土梁施工进度　表 5-24

项　目	天数	附　注
施工准备	3～5	
墩旁支架安装	10～20	只有 0# 块才有此项
安装挂篮	5～7	
绑扎钢筋	5～10	
节段混凝土灌注	1～2	通常每次可灌注 3～4m 长的梁段
混凝土养护、拆模	3～7	
张拉预应力钢丝束	1～2	

2.就地灌注钢筋混凝土梁施工进度表

可根据其施工方法、工程数量、定额、工期、工作班制等,通过计算确定。

(四)桥涵顶进工程

1.顶进施工劳动力组织(见表 5-25)

2.顶进施工主要机具配备(见表 5-26)

顶进施工劳动力组织　表 5-25

名　称	人数	名称	人数	名称	人数	名称	人数
装吊工	30	冷作工	1	木工	2		
机电组	6	空压机司机	1	挖掘机司机	1		
线路工	5	普工	40	挖掘吊司机	1	合计	87

顶进施工主要机具配备　表 5-26

名　称	规格	单位	数量	名称	规格	单位	数量
顶镐	200t	台	26	顶具		套	1
拉镐	15t	台	2	履带起重机	≤15t	台	1
高压油泵	45 kW	台	2	汽车起重机	≤5t	台	1
空气压缩机	6m3/min	台	1	倾斜汽车		辆	2
风铲、风镐		套	8	架子车		辆	20
挖掘机		台	1				

三 施工计划进度图的编制

(一)绘制全桥立面、平面图

要标明线路走向、桥中心里程、线桥分界里程、全桥长、孔跨、墩台高度、基础形式、工程地质、地下水位、常水位、洪水位、地面及各局部标高等。

(二)编制施工进度图

1.确定施工作业组织方法

根据工程类型、数量大小、工期要求等选择施工作业组织方法。桥涵工程通常采用流水作业法或平行流水作业法组织施工,并计算单位流水作业数目及有关流水的参数。

2.确定施工顺序,按季节性安排施工项目

施工顺序必须保持施工过程的连续性,并遵守施工技术规范和安全操作规程的规定。在安排分项工程施工中要充分重视季节性对桥涵工程的施工质量及工期的影响。

3.编制施工进度图

施工进度图应根据工期要求、施工作业组织方法、各施工项目的劳动力组织、机具配备、工作班制,按施工顺序进行编制。在编制中要抓住关键,统筹全局,合理布置人力、物力,充分利用机具设备;要注意施工顺序和各作业项目的衔接与配合(搭接);必须遵循施工技术规范规定的作业时间间隔(称技术间歇时间)以及安全规则。

实施性施工组织设计的施工进度图要按桥涵工程各分部分项工程进行编制,并反映出各分项工程的数量、定额工天、工作天数、日历天数等。可采用横道图或网络图表示。

(三)绘制劳动力动态图

在施工进度图的下方或一侧绘制劳动力动态图,以反映各个时期直接参加施工的劳动力需要情况。要注意劳动力的均衡,劳动力动态图绘出后,要计算平行流水作业系数,该值在1.2～1.4之间为宜。否则要重新安排劳动力组织和施工进度。同时,还应检算安排的劳动力总工天是否与定额总工天相近,以不超过5%为宜。

(四)绘制各种图例

对施工计划进度图中有关图例含义应加以说明。

第七节 施工场地平面布置图

施工场地平面布置图是桥涵工程施工组织设计的重要组成部分之一。它是一个具体指导现场施工的空间布置图,对现场文明施工有着重要意义。实践证明,施工场地布置不好,会造成施工现场混乱,给施工管理带来许多不便和困难,甚至会影响施工进度,影响安全生产,容易发生触电、失火、水淹等危害。因此,必须充分重视施工场地的布置。

一 施工场地平面布置图的内容

(1)桥涵建筑工地平面图上首先标定购(租)地界内及附近已有的和拟建的地上、地下建筑物及其他地面附着物、农田、果园、钻孔、地下洞穴、坟墓等的位置和主要尺寸,并应标出需要拆迁的建筑物及需占用的农田、果园等,以及需拆迁建筑物(如房屋)在施工期间是否可供利用,还要标出拟建线路及桥墩台位置、里程等。

(2)施工区段划分。对有两个及以上施工单位施工的大桥、特大桥或成组桥涵,应标出各自施工范围。

(3)对既有线改造或新增第二线桥涵工程,在施工现场地平面布置图上,应标明既有线位置、里程及既有线与设计线的关系。

(4)为施工服务的临时设施的布置:

①各种运输道路及临时便桥以及过渡工程的设置。

②临时生活房屋。如行政管理办公用房、施工人员宿舍、食堂、浴池、文化服务用房等。

③各种加工厂、混凝土成品厂及机械站、混凝土搅拌站。

④各种材料、半成品、成品仓库或堆栈。

⑤大堆料堆放点及机械设备设置点。

⑥临时供电(或变电)、供水、蒸汽及压缩空气站及其管线和通信线路。

⑦其他生产房屋,如木工棚、铁工棚、机具修理棚、车库、油库等。

⑧安全及防火设施等。

(5)取土和弃土位置。取土和弃土位置如果远离施工现场,在场地布置图上无法标注时,可另加以说明。

二 施工场地的选择

桥梁施工场地的选择,要视桥址处的地形、地貌及河流(沟谷)状况而定。一般应遵循以下原则:

(1)当河流较小(河跨窄)水不深且不通航、跨河容易时,施工场地应布置在地势比较平坦,便于与公路衔接,便于水、电管线接通的一岸。材料、行人、机具设备及拌和好的混凝土等,可通过修建临时便桥过河。

(2)当河宽阔、水深且通航、架便桥困难时,应以一岸为主要工地,另一岸布置少许设施,这样便于施工管理。

(3)河床很宽、主河道流水、河滩宽而无水时,可利用河滩进行分期施工场地布置,但要对解冻期及雨季采取防洪、防淹、防冲措施。一般河滩布置要简单,只设置直接为生产而需的临时设施,对重要的使用期长的临时设施,应尽量可能设置在岸上较高处。

(4)在城市繁华区域建桥,工地只能沿桥梁附近的街道布置。当场地受到限制且干扰大时,只能在桥头工地设置必需的仓库、管理机构、看守房、主要机械棚等。对于大量的生活、生产临时房屋及设施,以及占地较大的材料堆放地,可设在与交通线衔接的空旷地区,利用城市道路将材料运至工地,随用随运。

三 施工场地布置应注意事项

桥涵工程施工场地平面布置涉及问题较多，如交通运输，水、电、材料供应，机械设备的安置，临时房屋、附属企业的布置，加工场地的选择以及桥涵的建筑等，在这诸多问题中首先应考虑整个建筑工程的重心工作是什么，以便围绕这一重心布置其他设施，从而保证施工顺利进行。施工场地平面布置需注意以下事项：

(1)应合理利用桥涵地界内施工场地，尽量少占用或租用土地，减少占地、拆迁。

(2)进行分期施工场地布置，要符合施工顺序。

(3)加工车间、仓库、混凝土搅拌站及大堆料堆放地等，应尽可能靠近施工点，而且不与施工发生干扰，场内运距最短，又不出现反向运输，减少装卸次数。

(4)有条件的地方，运输工具的出入口应尽量分开，使场内外运输互不干扰。

(5)合理布置场内各种管线(如水、电、气、电缆等)，避免与施工发生干扰。

(6)临时性修建费用力求最低。

①尽量利用工地附近已有的建筑物和施工界内需拆除的建筑物(如民房、水源等)。

②尽量减少临时房屋建筑面积。临时房屋及设施结构力求简单，多使用帐篷、活动房。

③各种附属企业(如加工厂、成品厂等)应尽量集中，以缩短道路、水管、电线、电缆的长度，也便于管理和简化供应工作。

(7)临时房屋及设施力求符合劳动保护、技术安全和防火规范的要求。

(8)应保证整个工地在施工期间不被水淹。当场地布置难于满足这一要求时，应将贵重材料仓库、职工宿舍等房屋布置在不被水淹的地方。

四 绘制施工场地平面布置图

在 1：500～1：2000 桥址地形图上，按场地布置应注意的事项及施工过程中需设置的内容，用各种符号、图示或文字，在选择的场地上标示出来，并对各种符号、图示及施工场地布置中的重点加以说明。

第八节　中桥实施性施工组织设计示例

某新建线××中桥实施性施工组织设计。

一 说明书

(一)工程概况

该中桥为 1～36m 及 2～24m 预应力混凝土直线梁桥。全长 95m，中心里程 DK158＋476。耳式桥台，矩形收坡桥墩，钻孔桩基础，每个墩、台有直径 1.25m 的钻孔桩四根。桥址处地质大部分为砂黏土，较深层及中间间隔有卵石土和砾石土层。地下水位较深，旱季河道无水，只有下雨才有流水，每年七、八、月份雨量较多，冬季最低气温在－40℃左右。

该桥下部建筑及附属工程由某项目队施工，上部建筑由铺架队施工。因架梁随同全线铺轨工程进行，故只编制本桥下部建筑和附属工程实施性施工组织设计。

(二)编制依据

(1)××施桥 I-16 变 1、××中桥设计图、弍桥 4063-19 标准图以及工程数量(见表 5-27)。

(2)××线指导性施工组织设计。

(3)定额:《铁路工程劳动定额标准》、《铁路工程预算定额》第一册“路基工程”、第二册“桥涵工程”。

(4)施工规范:《铁路桥涵施工规范》(TBJ 203—86)、《铁路混凝土及砌石工程施工规范》(TBJ 210—86)、《铁路路基施工规范》(TBJ 202—86)、《铁路桥涵工程施工技术手册》。

(三)工期

根据全线指导性施工组织设计要求,该桥下部建筑和附属工程施工期限为 2008 年 3 月~同年 8 月 13 日。

(四)施工顺序、施工方法与机械设备

1. 施工顺序

本桥施工顺序为 A 台、B 台、2 号墩、1 号墩、附属工程。

2. 施工方法与机械设备

1)钻孔桩基础施工

(1)护筒制作与埋设:

护筒采用 4mm 钢板焊接成高 2m、内径 1.4m 整节式钢护筒,焊接要牢固不漏水。护筒顶端留有高 400mm、宽 200mm 的出浆口。全桥制作 4 个护筒倒用。

埋设时,护筒顶面要高出地面 0.3m,采用挖孔埋设,即在桩位处开挖直径比护筒大 40cm(即 1.8m)的圆孔,坑底深与护筒底面平,坑底加以夯平,然后埋设护筒,四周回填黏土,并分层对称夯实。

(2)设置泥浆循环系统:

钻孔前,需在 1 号墩与 2 号墩之间地面上开挖沉淀池、泥浆池及泥浆流槽。沉淀池底应比泥浆池底低 1m 左右,以利沉淀存碴,流槽要用水泥砂浆磨面。

泥浆由≤150m^3/h,39m 离心式泥浆泵从泥浆泵池输进钻杆内腔后,经钻头的出浆口射出,带同钻碴沿钻孔上升到孔口,溢进泥浆槽,返回沉淀池中净化,流入泥浆池再供使用。

(3)钻孔:

采用一台红星型转盘钻孔机,配刺猬钻头,进行循环旋转钻孔。

泥浆拌制的指标要求:

泥浆由良好的制浆黏土(塑性指数大于 17)和水拌和而成。泥浆比重为 1.1~1.3,黏度为 16~22S,新制泥浆含砂率不得超过 4%,胶体率不小于 95%。循环泥浆含砂率不得超过 8%。泥浆 pH 值大于 6.5。当发现坍孔时,应立即加大泥浆比重。

主要工程数量表

表 5-27

工作项目			单位	A 台	1 号墩	2 号墩	B 台	合计
上部建筑		预应力混凝土梁 Lp=24m(直线梁)	孔					2
		预应力混凝土梁 Lp=32m(直线梁)	孔					1
		预应力混凝土梁支座(摇轴支座)	孔					3

续上表

类别	分项	工作项目		单位	A台	1号墩	2号墩	B台	合计
上部建筑		梁上及台上钢栏杆、钢立柱(双侧)		延米					95
上部建筑		人行道(宽1.3m)		延米					95
上部建筑		护轮轨		延米					115
上部建筑		弯轨及梭头		一座桥					1
上部建筑		围栏(桥墩)		一个墩		1	1		2
上部建筑		吊篮		每侧	1	1	1	1	4
上部建筑		检查梯		个	1	1	1	1	4
上部建筑		避车台(带检查梯、钢立柱、钢栏杆)		个		1	1		2
上部建筑		桥上通信支架乙式(支架中心线至墩帽边缘3.4m)		套					2
上部建筑		电力、信号支架、单片式		套					2
上部建筑		单线七级地震区防止落梁措施	跨度24m	孔					2
上部建筑		单线七级地震区防止落梁措施	宽度32m	孔					1
下部建筑		200号钢筋混凝土桩身		m^3	90.14	93.33	83.76	122.04	389.27
下部建筑		桩身A3钢筋 $\phi>10mm$		kg	1833.5	564.5	564.5	1833.5	4796
下部建筑		桩身A3钢筋 $\phi\leqslant10mm$		kg	375.6	178.3	178.3	375.6	1107.8
下部建筑		钻孔桩设计长(黏性土层)		m	36.0	32.0	30.0	62.0	160.0
下部建筑		钻孔桩设计长(卵石土层)		m	20.0	26.0	22.0	6.0	74.0
下部建筑		钻孔桩孔总深度(从地面算起)		m	67.20	65.60	62.44	86.20	281.44
下部建筑		凿除桩头混凝土		m^3	2.56	2.56	2.56	2.56	10.24
下部建筑		200号钢筋混凝土承台		m^3	67.3	67.3	67.3	67.3	269.2
下部建筑		承台挖基土0～3m,无水、不带挡板		m^3	170	170	160	160	660
下部建筑	墩台	200号钢筋混凝土墩台帽		m^3	5.7	11.7	11.7	5.7	34.8
下部建筑	墩台	200号钢筋混凝土耳墙		m^3	14.5			14.5	29
下部建筑	墩台	200号混凝土墩台身及托盘		m^3	46.0	17.	17.6	46.0	127.2
下部建筑	墩台	150号混凝土墩台身		m^3	50.4	55.6	60.1	50.4	216.5
下部建筑		防水层涂两层沥青		m^2	54.5			54.5	109
下部建筑		防护层沥青砂胶一层厚10mm		m^2	9.1			9.1	18.2
下部建筑		回填土		m^3	95	100	90	90	375
附属工程	锥体护坡	50号浆砌锥体坡面及基础		m^3	218.4			18.4	436.8
附属工程	锥体护坡	碎石垫层		m^3	50			50	100
附属工程	锥体护坡	夯填土		m^3	1320			1320	2640
附属工程	锥体护坡	挖基0～3m,无水、无挡板(锥体基础)		m^3	140			150	290
附属工程		锥体及缺口填土		m^3	2680			4770	7450
附属工程	台后泄水沟	黏土(耳台后排水措施)		m^3	21.9			21.9	43.8
附属工程	台后泄水沟	碎石(耳台后排水措施)		m^3	15.9			15.9	31.8
附属工程		100号浆砌片石台阶(路基检查梯)		m^3	7.9			8.2	16.1

钻孔操作施工中必须严格按照质量和安全操作规程进行，以预防钻孔事故的发生，确保施工质量和安全。

钻孔操作质量和安全的注意事项：

①钻机钻架的位置要安装正确，使转盘底座平整，起重滑车缘、固定钻杆的卡孔和护筒中心三者应在一根竖直线上，不得倾斜，并经常检查校正。

②开始钻孔时，应稍提钻杆，在护筒内旋转造浆，开动泥浆泵进行循环，待泥浆均匀后以低档慢速开始钻进，使护筒脚处有牢固的泥皮护壁，钻至护筒脚下 1m 后，方可按正常速度钻进。

③在钻进过程中，应注意地层变化。在黏性土中钻进，选用尖底钻头，中等转速，大泵量，稀泥浆，进尺不得太快；在砂土或软土层中钻进，选用平底钻头，控制进尺，轻压、低档慢速，大泵量，稠泥浆钻进；在土夹砾(卵石)层中钻进，选用低档慢速，优质泥浆，大泵量，因土质太硬，可分两级钻进，第一级钻头直径可为桩经的 0.7 倍。

④起落钻头要避免撞击孔壁。在接卸钻杆时，严防钻头脱落。并对钻杆接头应逐个检查，及时调整。钻杆弯曲要用千斤顶调直。

⑤一般情况下，钻孔过程中不能停钻，必须停钻时，应将钻头提出孔外，并为钻孔加盖。

⑥每进尺 5～8m，应检查钻孔直径一次，做好每根钻孔过程的施工记录，对每断土质都应取样。

⑦在有倾斜的软硬地层钻进时，应吊住钻杆，低速钻进；或回填片、卵石、冲平后再钻进。

⑧同一墩或台相邻孔不得同时施工，需待一孔灌注的混凝土强度达到设计强度的 50％后，方可开钻施工邻孔。以避免相邻孔壁坍塌或影响邻孔已灌注混凝土的凝结。一孔施工完毕后，应施工对角钻孔桩。

钻孔桩事故的处理：

在钻进中要多测量、多观察、及时发现钻进中的异常现象。如发生钻孔事故，首先应弄清事故的原因，以便采取措施加以处理。

(4)清孔：

清孔要求：

钻孔达到设计标高，经终孔检查后，即应进行清孔。其目的在于尽可能减薄沉淀层，提高孔底承载力，确保灌注混凝土的质量。

可采用换浆法进行清孔。即正循环旋转钻孔，终孔后，将钻头提离孔底 10～20cm 空转，保持泥浆正常循环，以中速压入符合规定指标的泥浆，把孔内比重大的泥浆换出，使含砂率逐步减少，直至稳定状态为止。换浆时间一般为 4～5h。在灌注水下混凝土前，孔底沉碴厚度不能大于 30cm。

清孔需注意事项：

①不得用加深孔深来代替清孔，必须认真操作。

②清孔时，应及时向孔内注入清水或纯泥浆，保持孔内水头，避免坍孔。

③清孔后，及时用活底吊桶将缓凝砂浆置于孔底，厚度约为 60cm。该砂浆具有比重轻、凝固慢的特点，缓凝时间为 12h，并具有与桩身混凝土相等的强度。用与桩经相同的搅拌板，在孔底以慢速度旋转 20 次，将孔底少量沉碴与砂浆混合在一起，随即安装钢筋笼和导管。灌注水下混凝土时，孔底缓凝砂浆被混凝土冲击，悬浮在混凝土之上，从而消除桩底软垫层，保证桩基有足够的承载力。

(5)钢筋笼制作与吊装：

钢筋笼制作：

钢筋笼应根据设计图纸用卡板成型或箍筋成型制作。由于吊装高度的限制，可分两节制成，在吊装过程中再焊接成整体，以便一次整体吊装安设就位。焊接时，主筋内缘应光滑，钢筋接头不得侵入主筋内净空，钢筋笼下端应整齐，用加强箍筋全部封住不露头，使混凝土导管及吸泥管能顺利升降，防止与钢筋笼卡挂。

钢筋笼吊装就位：

①为使钢筋笼与孔壁保持设计保护层距离，可在其上下端及中部每隔 2m，于同一断面上对称设置四个 ϕ10～12mm 钢筋"耳环"。

②在清孔后，用 8t 汽车起重机安设钢筋笼。起吊时，吊点位置应恰当，以保证钢筋笼起吊不变形。

③调入钢筋笼时，应对准孔位轻放、慢放。若遇阻碍，可徐起徐落和正反旋转使之下放，防止碰撞孔壁而引起坍塌。下放过程中，要注意孔内水位变化，如发生异样，马上停止，检查是否坍孔。

④钢筋笼入孔后，要注意钢筋笼轴线上下一致，并牢固就位，使钢筋笼底部处于悬吊状态下灌注水下混凝土，防止灌注水下混凝土过程下落或被混凝土顶托上升。当灌注完毕，待桩上部混凝土初凝后，即解除钢筋笼的固定措施，以便钢筋笼同混凝土收缩，避免黏结力的损失。

(6)搭设灌注支架，安置串筒、漏斗及导管：

灌注支架采用移动式的，应事先拼装好，用时移至孔口，以悬挂串筒、漏斗及导管。导管内径为 250mm，内壁要平顺光滑，每节长 2m，最下节导管长 4m。组装后需用球塞、检查锤做通过试验，并自下而上标示尺度，编上号码。导管入孔要对准钢筋笼中心，以防卡在钢筋笼上。灌注前，导管下端距孔底沉碴 0.3～0.5m。

(7)灌注水下混凝土：

①灌注前，应再次核对钢筋笼标高，导管下端距孔底尺寸、孔深、泥浆沉淀厚度、孔壁有无坍塌现象。如不符合要求，经处理后方可开始灌注。灌注工作应迅速，防止坍孔和泥浆沉淀。灌注所需混凝土数量，约为设计桩经体积的 1.3 倍左右。

②灌注水下混凝土时，导管上的漏斗(或储料斗)一定装足混凝土数量(初存量)，一旦放下时，应保证首批混凝土压出管内之水将导管埋入混凝土的深度不小于 0.8m。

③随灌注随提升导管，注意提管速度不得过快或过慢，过块容易引起漏水，过慢容易将导管埋入混凝土内过多，导致提升导管困难，易造成断桩。在任何时候，导管埋入混凝土深度不得小于 1m，一般控制在 2～4m 内。

④为防止钢筋笼被混凝土顶托上升，在灌注下段混凝土时，应尽量加快，当孔内混凝土面接近钢筋笼时，应保持较深的埋管，放慢灌注速度，当混凝土面上升入钢筋笼 1～2m 时，应减少导管埋入深度。

⑤在灌注过程中，要用测绳吊着重砣进行水下混凝土面的位置测量。混凝土灌注标高要高出桩顶设计标高 0.5m，以便清除浮浆和消除测量误差，以保证桩顶设计标高。

⑥水下混凝土的坍落度应为 18～22cm，并有一定的流动度，保持坍落度降低至 15cm 的时间应在 1.0h 以上。混凝土拌和时间应比一般混凝土延长 1.5 倍。一经开始灌注，应连续进行直至完成。每根桩应尽量在 8h 内灌注完毕。中途任何原因中断灌注皆不得超过 30min，否则采取补救措施或重钻。

(8)在钻进和水下混凝土灌注过程中，应将检查证与记录表填写齐全。

(9)当第一根桩施工完毕后，要总结经验，找出不足，再进行其他桩的施工。

(10)凿除桩头混凝土。待混凝土强度达到 2.5MPa 后，可凿除桩头 0.4m，保证每根桩伸入承台 0.1m。

(11)承台施工：

①承台基坑开挖：当墩或台钻孔桩施工完毕，可开挖承台基坑。本桥基坑均在 3m 以内，无水，砂黏土，采用人工开挖，卷扬机吊土。不需支护，按承台尺寸竖直开挖。

②承台建造：因基坑和承台面积同，不需立模，基底夯实后，将桩身伸入承台的钢筋整理并固定成喇叭式，绑扎好承台底部钢筋，既可灌注承台混凝土，灌注高度为 2.0m。

2)墩、台施工

墩、台身混凝土采用一套平面组合钢模施工。墩、台托盘、顶帽及耳墙混凝土采用木模板施工，木模板制作一套进行倒用。组合钢模板要在平台上进行预拼，预拼后模板整体吊装，每节高 1.8～2.0m，要有足够的整体性与刚度。模板在使用与搬运时必须轻拿轻放不准抛摔，每次使用完毕要及时清理整修、涂油防锈。混凝土灌注要按施工规范和桥涵施工技术手册的要求进行。用 250L 电动搅拌机拌和混凝土，活底架子车水平运输，8t 汽车起重机垂直运输，并用钢管搭设脚手架，以利工人施工。

(五)施工进度安排

1. 施工准备

包括便道加强、临时房屋修建、施工场地平整，以及在 1 号和 2 号墩间修建泥浆池、沉淀池及流槽等。施工准备期 7d，32 人工作。

2. 基本工程施工进度安排

1)劳动力组织

劳动力组织要考虑工期和进度要求，还要考虑工作量、工作面、工作班制及工作繁简和作业项目的衔接。本桥组建两个专业班，一是钻孔班（包括钻进、钢筋笼制作安装、灌注水下混凝土等）；二是圬工班（包括承台、墩台、附属工程等建造）。

人力开挖承台基坑（卷扬机吊土），每班出工人数按每人最少占 $2.5m^2$ 工作面计算，即 $p=\frac{\text{承台基坑面积 }34m^2}{2.5m^2}=14$ 人。

对工序繁多的施工项目劳动力组织，可按《铁路工程劳动定额标准》进行综合加权，计算其平均每班出工人数来安排施工进度。

以 1 号墩钻孔桩施工劳动力安排为例子说明平均每班出工人数的计算见表 5-29。各施工项目每班劳动力组织见表 5-28。

根据上述加权计算，用转盘钻孔机施工钻孔桩，平均每班按 14 人计，三班制。

2)定额及定额工天

各施工项目所用定额及定额工天(A)见表 5-28。

3)各施工项目工作天(T_z)(见表 5-28)

$$T_z=\frac{A}{a\cdot p} \tag{5-17}$$

式中：a——某施工项目工作班制；

p——某施工项目每班出工人数或平均出工人数。

各施工进度安排计算表

工程名称：××中桥下部建筑及附属工程

表 5-28

工程项目或费用名称	施工准备	钢护筒制作	钢护筒安装拆除	机械钻孔桩(黏性土)	机械钻孔桩(卵石土)	人力挖承台基坑卷扬机吊土0～3m深	200号钢筋混凝土承台	150号混凝土墩台身	回填土	200号混凝土墩台身及托盘	200号钢筋混凝土墩台帽	200号钢筋混凝土耳墙	涂沥青两层	涂沥青砂胶一层出10mm厚	缺口及锥体填土 机械施工 75kW推土机普通土运50m	缺口及锥体填土 机械施工 压路机压实	缺口及锥体填土 人力施工 架子车普通土运50m	缺口及锥体填土 人力施工 压路机压实	台后泄水沟 夯填黏土	台后泄水沟 夯填碎石	人力挖基0～3m无水无挡卷扬机吊土	浆砌片石锥体护坡基础	碎石垫层	100#浆砌片石检查台阶	现场清理	合计
单位		m	m	m	m	$10m^3$	$10m^3$	$10m^3$	$10m^3$	$10m^3$	$10m^3$	$10m^3$	$10m^3$	$10m^3$	$100m^3$	$100m^3$	$100m^3$	$100m^3$	$10m^3$	$10m^3$	$10m^3$	$10m^3$	$10m^3$	$10m^3$	10	
工程数量		8	32	160	74	66	26.92	21.65	37.5	12.72	3.48	2.9	10.9	1.82	47.7	47.7	26.8	26.8	4.38	3.18	29	43.68	10	1.61		
定额编号		QY-152	QY-155	QY-143	QY-146	QY-9	QY-321	QY-324	QY-40	QY-356	QY-357	QY-357	QY-359	QY-874	LY-184	LY-481	LY-12	LY-497	QY-924	QY-927	QY-9	QY-908	QY-920	QY-939		
分部工程 定额(工天)		5.04	2.58	10.86	12.89	3.73	25.75	31.65	2.96	35.72	45.42	86.44	0.49	0.81	1.74	2.06		1.38	8.64	8.7	3.73	22.98	6.78	27.23		
分部工程 项目															0.69台班	0.37台班		0.67台班								
施工准备 工程数量		8																								40
施工准备 定额工天		40																								
施工准备 工作班制	1	2																								
施工准备 每班人数	32	5																								
施工准备 工作天	7	4																								11
施工准备 日历天	7	4																								11
施工准备 实际安排劳动工天		40																								

续上表

	工程项目或费用名称	施工准备	钢护筒制作	钢护筒安装拆除	机械钻孔桩(黏性土)	机械钻孔桩(卵石土)	人力挖承台基坑卷扬机吊土0～3m深	200号钢筋混凝土承台	150号混凝土墩台身	回填土	200号混凝土墩台身及托盘	200号钢筋混凝土墩台帽	200号钢筋混凝土耳墙	涂沥青两层	涂沥青砂胶一层出10mm厚	缺口及锥体填土 机械施工 75kW推土机普通土运50m	缺口及锥体填土 机械施工 压路机压实	缺口及锥体填土 人力施工 架子车普通土运50m	缺口及锥体填土 人力施工 压路机压实	台后泄水沟 填黏土	台后泄水沟 夯填碎石	人力挖基0～3m无水无挡卷扬机吊土	浆砌片石锥体护坡基础	碎石垫层	100#浆砌片石检查台阶	现场清理	合计
A台	工程数量			8	36	20	17	6.73	5.04	9.5	4.6	0.57	1.45	5.45	0.91			26.8	26.8	2.19	1.59	14	21.84	5	0.79		
	定额工天			21	391	258	63	173	160	28	164	26	125	3	1			723	37/16	19	14	52	502	34	22		2816
	工作班制				3		3	3	3					3				2				3		2			
	每班平均人数机械台				14		14	14	14					14				21人、一台压路机				14		15			
	工作天													8				19				2		19			74
	日历天													10				24				2		24			94
	实际安排劳动工天													336				798				84		570			2880
1号墩	工程数量			8	32	26	17	6.73	5.56	10	1.76	1.17															
	定额工天			21	348	335	63	173	176	30	63	53															1262
	工作班制				3		3	3	3		3																
	每班平均人数机械台				14		14	14	14		14																
	工作天				17		2	4	5		3																31
	日历天				22		2	5	7		4																40
	实际安排劳动工天				714		84	168	210		126																1302
分部工程	定额(工天)		5.04	2.58	10.86	12.89	3.73	25.75	31.65	2.96	35.72	45.42	86.44	0.49	0.81	1.74	2.06	26.97	1.38	8.64	8.7	3.73	22.98	6.78	27.23		
	项目															0.69	0.37		0.67								

续上表

工程项目或费用名称		施工准备	钢护筒制作	钢护筒安装拆除	机械钻孔桩(黏性土)	机械钻孔桩(卵石土)	人力挖承台基坑卷扬机吊土0～3m深	200号钢筋混凝土承台	150号混凝土墩台身	回填土	200号混凝土墩台身及托盘	200号钢筋混凝土墩台帽	200号钢筋混凝土耳墙	涂沥青两层	涂沥青砂胶一层出10mm厚	缺口及锥体填土 机械施工 75kW推土机普通土运50m	缺口及锥体填土 机械施工 压路机压实	缺口及锥体填土 人力施工 架子车普通土运50m	缺口及锥体填土 人力施工 压路机压实	台后泄水沟 填黏土	台后泄水沟 夯填碎石	人力挖基0～3m无水无挡卷扬机吊土	浆砌片石锥体护坡基础	碎石垫层	100#浆砌片石检查台阶	现场清理	合计
2号墩	工程数量			8	30	22	16	6.73	6.01	9	1.76	1.17															
2号墩	定额工天			21	326	284	60	173	190	27	63	53															1197
2号墩	工作班制				3		3	3	3		3																
2号墩	每班平均人数机械台				14		14	14	14		14																
2号墩	工作天				15		2	4	5		3																29
2号墩	日历天				19		2	5	7		4																37
2号墩	实际安排劳动工天				630		84	168	210		126																1218
B台	工程数量			8	62	6	16	6.73	5.04	9	4.6	0.57	1.45	5.45	0.91	47.7	47.7			2.19	1.59	15	21.84	5	0.82		
B台	定额工天			21	673	77	60	173	160	27	164	26	125	3	1	83/33	98/18				19	14	56	502	34	22	2338
B台	工作班制				3		3	3	3					3				3				3		2			
B台	每班平均人数机械台				14		14	14	14					14		5人，一台推土机，一台压路机						10		15			
B台	工作天				18		2	4	4		4			8				14				2		19			71
B台	日历天				23		2	5	6					10				18				3		24			91
B台	实际安排劳动工天				756		84	168	168					336				210				60		570			2352
现场清理	工作班制																									1	
现场清理	每班人数																									30	
现场清理	工作天																									3	3
现场清理	日历天																									3	3
合计	定额工天		40		2776		246	692	798					870				1007				108		1116			7653
合计	实际安排劳动工天		40		2772		336	672	756					924				1008				144		1140			7792

4)各施工项目日历天(T_t)(见表 5-28)

月平均日历天按 30d 计,月平均工作天按 23.33d 计。

$$T_c = T_z \times \frac{30}{23.33} = T_z \times 1.286$$

1 号墩钻孔桩施工劳动力安排

表 5-29

工作项目	单位	工程数量	定额编号	工日定额	工天	每班人数	按一班制计算工作天
护筒安装及拆除	个	4	Q0186-2 Q0186-3	2.494	10	5	2
转盘钻孔,土质(从地面算起)	m	65.6	Q0203	0.800	52	12	4
钢筋笼制作、安装	t	0.743	Q0207	10.29	8	9	1
灌注水下混凝土	m^3	93.33	Q0486	1.20	112	30	4
凿除桩头	m^3	2.56	Q0208	7.69	20	3	7
平均一班工作人数	(2×5+12×4+9×1+30×4+3×7)×1.25(增加 25%辅助及其他零星用工)÷(2+4+1+4+7)=14 人						

5)各施工项目实际安排劳动工天 A_z(见表 5-28)

各施工项目劳动工天应为施工进度图中实际安排每天出工人数乘以工作天数。即

$$A_z = p \cdot a \cdot T_z = p \cdot a \cdot \frac{T_c}{1.286}$$

6)结论

本桥劳动力组织基本均衡,平行流水作业系数为 1.36 符合要求。

按定额计算的劳动总工天=7653(工天),实际安排的劳动总工天(不含准备与结束清理工天)=7792(工天),两者相差不超过 5%。

(六)工程材料、机具设备需要量及其供应安排

根据铁路路基及桥涵工程预算定额计算本工程主要材料、机械台班设备需要量。该工程工期短,施工高峰在 4、5、6 月份,为确保月进度所需材料,要求水泥、钢材、砂子、碎石等的一半数量于 4 月份运到工地,其余 5 月份前运到工地,片石于 6 月中旬全部运到工地。所需机具设备应在工程开工前运到工地。

主要材料、机具设备需要量见表 5-30 和表 5-31。

主要材料数量表

表 5-30

材料名称、规格	单　位	数　量		
		下部建筑	附属工程	合计
普通水泥 425 号	kg	341192	28294	369486
中粗砂	m^3	654.9	168.5	823.4
碎石粒径 20 以内	m^3	278.5		278.5
碎石粒径 40 以内	m^3	57.0		57.0

续上表

材料名称、规格	单位	数量		
		下部建筑	附属工程	合计
碎石粒径 80 以内	m^3	571.0	138.7	709.7
片石	m^3		557.1	557.1
黏土(钻孔用)	m^3	252.2		252.2
钢筋(盘条)$A_3F\phi6\sim9$	kg	1924		1924
钢筋(圆钢)$A_3\phi10\sim18$	kg	10991		10991
钢筋(螺纹钢)20MnSiϕ10 以上	kg	3871		3871
铁拉杆、铁件、铁线钉、镀锌铁线	kg	1059		1059
软煤沥青 8 号	kg	448		448
方木	m^3	4.22		4.22
厚板	m^3	7.66		7.66

注:该工程其他材料需要量详见下册第八章表 8-7。

主要机具设备数量表 表 5-31

序号	机具设备名称	型号、规格	单位	数量
1	转盘钻孔机(含刺猬钻头)	红星型	台	1
2	泥浆泵	≤150m^3/h(39m)离心式	台	2
3	泥浆搅拌机	≤2200L	台	1
4	汽车起重机	8t	台	1
5	钢筋调直机	d≤14mm	台	1
6	钢筋切断机	d≤40mm	台	1
7	钢筋弯曲机	d≤40mm	台	1
8	交流电焊机	32kVA	台	1
9	混凝土搅拌机	电动 400L	台	1
10	插入式振捣器	d≤75mm	台	6
11	电动卷扬机	单筒慢速 30kN	台	2
12	剪板机	≤10mm×2500mm	台	1
13	蛙式打夯实	≤700N·m	台	1
14	履带式推土机	75kW	台	1
15	压路机	10t 自行式振动	台	1
16	ϕ25 导管	中间节长 2m,底节长 4m	m	30
17	活底混凝土斗车		辆	10
18	串筒	每节高 1.0m	节	15

(七)施工场地布置意见

该中桥工程量不大,工期短,临时设施应尽量从简。因桥址附近有村庄,根据施工调查,必要的生活用房(如职工宿舍、办公室、材料室、食堂、水房、浴池)可租用民房。施工界内有两栋房屋需拆迁,可先利用其作为水泥库和看守房。工地只需搭设简易混凝土搅拌机棚、吊车棚、卷扬机棚、钢筋棚、木工棚、电工房等。

施工现场有运输道路,需适当加强,可供物质运输,施工期间要进行道路养护。水由村庄水源供应。电为地方电,工地需设置变压器和配电房。村庄有邮电所,离工地很近,可利用地方电话、电报来解决通信问题。

(八)施工质量与安全

本桥主要工程量是混凝土灌注,必须加强混凝土的质量管理。各部位的质量与安全要求已在各作业项目的施工方法中讲述,必须严格执行。除此外,还必须做到以下几点:

(1)水泥、钢材、砂子、碎石等必须有合格证和试验单。没有的必须送试验室检验,要符合设计文件对材质的要求,否则不能使用。

(2)必须认真检查隐蔽工程,并填好隐蔽工程检查证。

(3)做好施工过程的生产记录,认真填写工程日记。轮班制的作业项目,必须做好交接班记录。

(4)本桥所在地区 6～8 月份气温较高,要做好圬工的养生与人身防暑降温工作;7～8 月份为雨季,应做好防雨、防淹工作。

二 本桥实施性施工组织设计图

全桥立面及平面图,见图 5-4,施工场地平面图见图 5-5。

三 附表(计算或计划表)

(1)工程数量表(见表 5-27)

(2)主要材料数量(见表 5-30)

(3)主要机具设备数量表(见表 5-31)

(4)主要临时工程数量表(见表 5-32)

主要临时工程数量表 表 5-32

临时工程名称	单位	建筑面积	说明	临时工程名称	单位	建筑面积	说明
混凝土搅拌机棚	m^2	26	电动 400L	电工房	m^2	20	4m×5m
卷扬机棚	m^2	10		吊车棚	m^2	35	5m×7m
木工棚	m^2	40	5m×8m	便道加固	km	1.5	
钢筋棚	m^2	40	5m×8m				

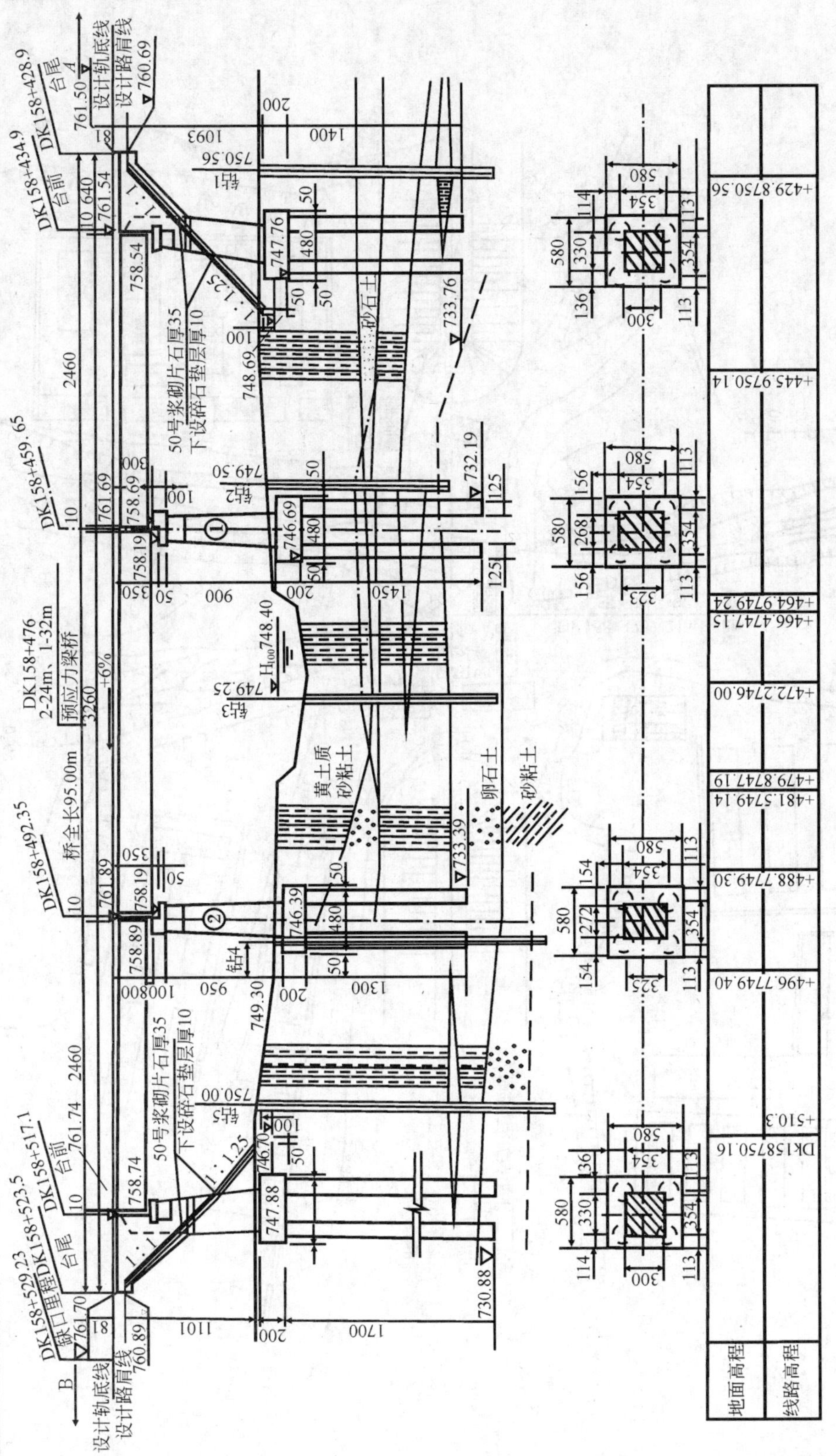
桥全长95.00m
DK158+476
2-24m、1-32m
预应力梁桥
设计轨底线
设计路肩线
50号浆砌片石厚35
下设碎石垫层厚10
黄土质砂粘土
砂石土
卵石土
砂粘土
地面高程
线路高程

图5-4 全桥立面、平面图

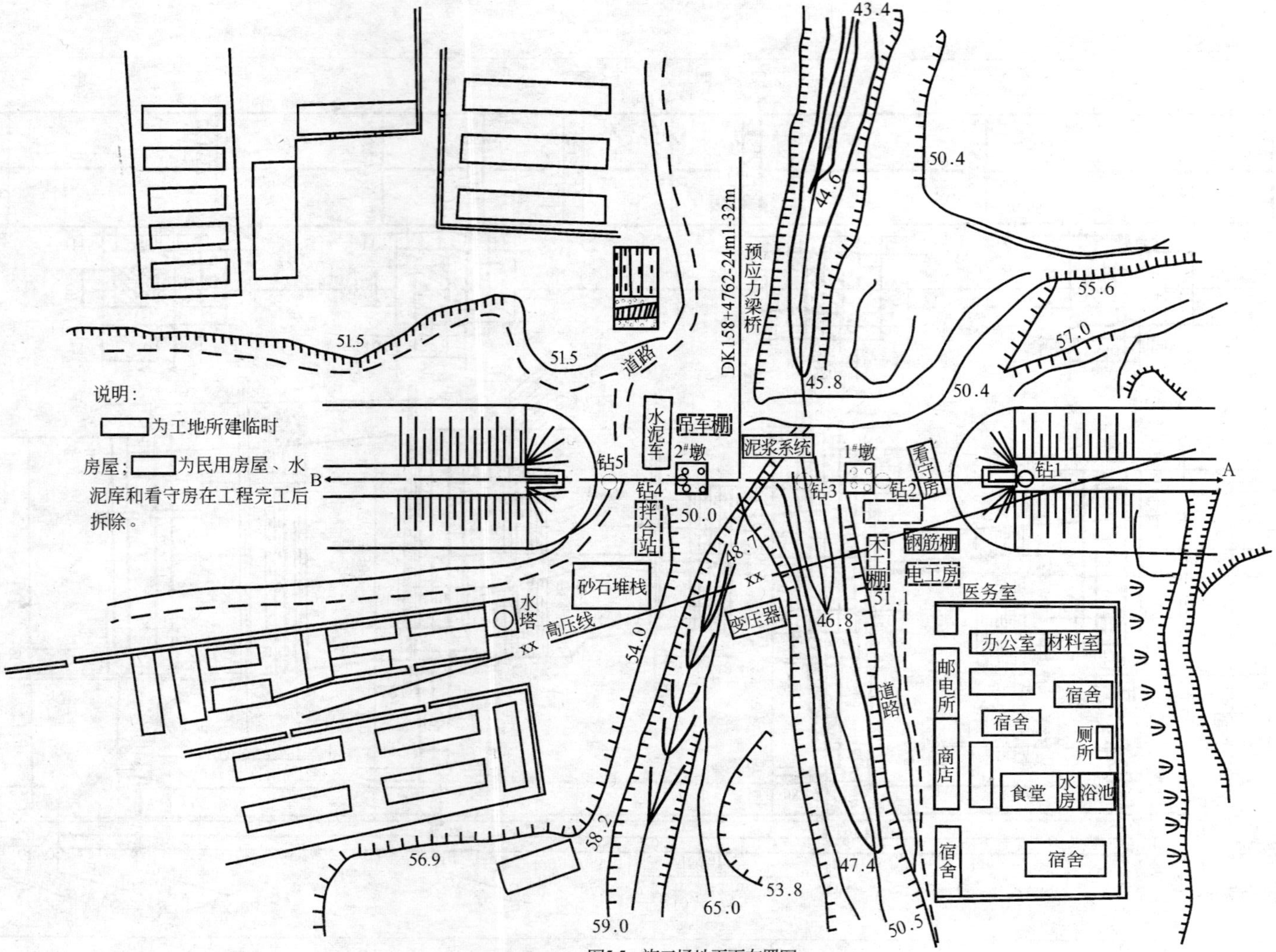

图5-5 施工场地平面布置图

思考与练习

1. 桥涵工程施工有哪些特点?

2. 桥涵工程施工组织设计编制依据有哪些?

3. 桥涵工程实施性施工组织设计的文件组成及内容包括哪些?

4. 说明桥涵实施性施工组织设计的编制程序。

5. 为什么要进行施工调查研究? 调查研究的具体内容有哪些?

6. 选择最佳施工方案和方法应考虑哪些因素?

7. 为什么要大力推广桥涵建筑工业化和机械化施工?

8. 桥涵工程包括哪些基本工作? 如何划分桥涵工程的主导工作和非主导工作?

9. 沉井基础、钻孔桩基础施工顺序及挖孔桩基础桩孔开挖顺序应如何安排?

10. 安排桥涵工程的施工顺序应注意哪些事项? 如何安排成组桥涵施工顺序?

11. 桥涵工程流水作业有哪些主要参数? 各参数含义是什么?

12. 如何选定适当的流水节拍,才能使流水作业组织达到均衡? 流水节拍如何计算?

13. 为什么说流水步距的大小对施工总期限影响很大?

14. 如何确定大桥、特大桥及中、小桥涵群单位流水数目?

15. 说明桥涵工程施工进度安排的步骤?

16. 如何安排扩大基础(开挖、基础建筑)施工进度?

17. 如何编制施工进度图? 安排施工进度应注意哪些问题?

18. 桥涵工程施工场地平面布置的内容有哪些? 布置施工场地应注意哪些事项?

19. 如表5-33所示,有十座桥涵的圬工数量,总工期90日历天(不包括准备工作和清理工作),每天生产圬工数量$50m^3$,计算流水作业数目并分配各组内包括的桥涵编号。

20. 某一段铁路线共有七座大、中桥,各桥圬工数见表5-34,施工总期限$T=200$日历天,实际工作时间$T_z=155$工作天,假定每天生产圬工$30m^3$,用第二种方法计算流水作业组数目,并进行分配组合,同时计算每座桥梁圬工施工时间(工作天)。

各桥涵圬工数量表 表5-33

桥涵编号	圬工数(m^3)	桥涵编号	圬工数(m^3)
1	1400	6	1320
2	580	7	900
3	1200	8	1050
4	680	9	940
5	780	10	760

某段线路七座大、中桥圬工数量表 表5-34

桥梁编号	1	2	3	4	5	6	7
桥中心里程	DK7+000	DK52+000	DK60+000	DK73+000	DK80+000	DK93+000	DK105+000
圬工数	1321	3376	1029	1082	1416	844	1822

第六章　铁路隧道工程施工组织设计

【本章提要】:本章主要介绍隧道工程施工特点及施工方法、隧道工程施工方法的选择、隧道工程施工机械选择、隧道工程施工方案、施工进度图与施工平面布置图编制。

要求掌握隧道工程施工特点以及隧道工程施工组织设计文件组成与内容;了解辅助设施:辅助、坑道、供风、供水、供电、施工通风、施工排水、施工运输、掌握隧道工程实施性施工组织设计编制。

第一节　概　　述

在铁路建设中,用隧道穿越高山峻岭,具有运输里程短、提高线路质量、保证运输安全等诸多优点。随着线路通过能力的提高,要求隧道向长(隧)、大(双线和多线断面)发展,对隧道设计和施工管理的要求也越来越高。

隧道是一种修建在地下的工程建筑物,它已被广泛地应用在包括铁路在内的交通、市政、人防和国防等部门。此外,还有各种水下隧道和大城市的地下铁道。隧道施工是指修建隧道及地下洞室的施工方法、施工技术和施工管理的总称。

我国隧道工程建设历史悠久,特别是建国以来,随着各项建设事业的发展,修建了大量的隧道工程。我国已有营运铁路隧道总里程超过 4000km,居世界之最。我国也是沉埋修建水底隧道座数较多的国家之一。随着我国公路建设的发展,特别是高等级公路在我国的兴起,公路隧道在数量和规模上有很大发展,而施工技术也相应地有了很大提高。

目前我国隧道工程施工中已较普遍地采用了新奥法;岩石中隧道施工除采用钻爆法掘进外,也已开始采用掘进机施工;城市沉埋隧道明挖或盖挖法施工中开始使用了地下连续墙,暗挖时采用的盾构法及沉埋暗挖法已具有较高的技术水平;并积累了在各种复杂地质条件下开挖长大隧道的丰富经验,特别是逐渐掌握了各种不良地质情况,包括膨胀土、大型溶洞与暗河、流沙、大量涌水及瓦斯等工程地质现象下的施工技术。例如大瑶山铁路双线隧道,由于地质复杂、水压高而涌水量大,给施工带来很大困难,施工工期长达 7 年之久。1996 年竣工的南昆线米花岭隧道(长 9.392km),1999 年竣工的西康线秦岭隧道(长 19.45km)则在我国隧道施工技术上又创新纪录。

一　隧道工程施工的特点

隧道施工过程通常包括在地层中挖出土石,形成符合设计轮廓尺寸的坑道,进行必要初次支护和砌筑最后的永久衬砌,以控制坑道围岩变形,保证隧道的长期安全使用。

隧道及地下结构物是多种多样的,构筑这些结构物的施工技术也是多种多样的。这些施工技术的形成和发展与地下结构物的施工特性有关。因此,首先要充分了解地下施工的特性。

概括地说,隧道施工具有以下特性:

(一)隐蔽性大

地下结构物竣工后,我们只能看到外观,而其内部及结构物背后的状态是隐蔽的。因此,工程地质和水文地质条件对隧道施工的成败起着重要的,甚至是决定性的作用。不仅要在勘测阶段做好详细的地质调查和勘探,尽可能准确地掌握隧道工程范围内的岩层性质、岩体强度、完整程度、地应力场、自稳能力、地下水状态、有害气体和地温状况等资料,并要根据这些原始材料,初步选定合适的施工方法,确定相应的施工措施和配套的施工机具。而且,由于地质条件的复杂性和勘探手段的局限性,在施工中出现未预料的情况仍不可避免。因此,在长大隧道的施工中,还应采取试验导坑(如日本青函隧道)、水平超前钻孔、声波探测、导坑领先等技术措施,进一步查清掘进前方的地质条件,及时掌握变化的情况,以便尽快地修改施工方法和技术措施。严格意义上说,地下工程就是一个隐蔽工程,一旦建成就难以更改,所以,除了必须事先审慎规划和设计外,施工中还要做到不留后患。

(二)作业的循环性强

一般的地下结构物都是纵长的,施工是严格地按照一定的顺序循环作业的。如钻爆法开挖就是按照“钻孔——装药——爆破——通风——出碴”的循环,一步一步地循环开挖,直到最后隧道贯通。这种循环性是地下施工最具特色的一点,也是我们组织施工的基本原则。隧道断面较小,一些施工工序只能顺序作业,而另一些工序又可以沿隧道纵向展开,尽可能组织平行作业。因此,要求施工中加强管理、合理组织、避免相互干扰。

(三)作业空间有限

地下结构物通常都是在地下一定深度修筑的,结构物的尺寸受到极大限制,这也就决定了施工空间的几何尺寸和形状,是在有限的空间内进行施工的,投入的人力和机械,都不能够“畅所欲为”,要考虑有限空间这个特点。因此,像地面工程中使用的一些大型机械,是很难在地下工程中发挥其作用的,必须采用适合地下工程有限空间的施工机械和施工方法。一般情况下隧道只有进、出口两个工作面,相对于桥梁、线路工程来说,隧道的施工速度比较慢,工期也比较长,往往使一些长大隧道成为控制新建铁路通车的关键工程。为此,需要附加开挖竖井、斜井、横洞等辅助工程来增加工作面,加快隧道施工速度,这时,必须要加强测量导线控制,确保各段工程顺利贯通。

(四)作业的综合性

地下施工由多种作业构成,开挖、支护、出碴运输、通风及除尘、防水及排水、供电、供风、供水等作业缺一不可。其中任意一项作业搞得不好就会影响整体工作。因此,地下施工的综合性很强。这就要求我们必须有良好的施工管理和施工组织经验,才能使工程有序快速地进行。

(五)施工过程的动态性

施工过程的力学状态是变化的,围岩的物理力学性质也是变化的。地下结构的力学状态极为复杂,其复杂程度直到目前还有许多不清楚的地方。我们只能在修筑地下结构物的整个过程中,逐渐地去认识和了解它的力学状态变化,并通过各种手段尽力控制和调整结构的力学状态变化。从力学角度看,施工过程就是控制和调整这个力学状态变化的过程,施工技术也就是控制和调整这个力学状态的手段和方法，理解这一点是极为重要的。

(六)作业环境差

地下施工的作业环境比较差，黑暗、潮湿、粉尘多，在恶劣的地质条件下，还有安全问题。因此，如何创造一个安全、舒适和工厂化的作业环境，就成为地下施工技术要解决的重要课题。必须采取有效措施加以改善，如人工通风、照明、防尘、消音、隔音、排水等，使施工场地合乎施工卫生条件，并有足够的安全防护措施，以保证施工人员的身体健康，提高劳动生产率。

(七)作业风险性大

风险性与隐蔽性是关联的，施工人员必须经常关注隧道施工的风险性。特别是在不良地质条件下，更要有风险意识和应变意识，应该对掘进工作面顶板岩石的稳定性及时进行安全评价。

(八)气候影响小

隧道施工可以不受或少受昼夜更替、季节变换、气候变化等自然条件改变的影响，可以竟日终年、稳定地安排施工，但高原冻土地区的施工应考虑气候的影响。

二 隧道工程施工方法

一个多世纪以来，世界各国的隧道工作者在实践中已经创造出能够适应各种围岩的多种隧道施工方法。根据隧道穿越地层的不同情况和目前隧道施工方法的发展，隧道施工方法可按以下方式分类：

矿山法因最早应用于矿石开采而得名，它包括上面已经提到的传统方法和新奥法。由于这种施工方法多数情况下都需要采用钻眼爆破进行开挖，故又称为钻爆法。有时候为了强调新奥法与传统矿山法的区别，而将新奥法从矿山法中分出并另立系统。

掘进机法包括隧道掘进机法和盾构掘进机法。前者应用于岩石地层，后者应用于土质围岩，尤其适用于软土、流沙、淤泥等特殊地层。

沉管法、明挖法等则是用来修建水底隧道、地下铁道、城市市政隧道等，以及埋深很浅的山岭隧道。

在隧道施工中最重要的是选择合理的施工方法。在长期的工程实践中，我国已经积累了相当丰富的经验和理论，逐渐形成了具有中国特色的隧道施工方法体系。

- 隧道施工方法
  - 山岭隧道施工方法
    - 矿山法（钻爆法）
      - 传统矿山法
      - 新奥法
    - 掘进机法
  - 浅埋及软土隧道施工方法
    - 明挖法
    - 地下连续墙法
    - 盖挖法
    - 浅埋暗挖法
    - 盾构法
  - 水底隧道施工方法
    - 沉管法
    - 盾构法

选择施工方法时需考虑的基本因素

1. 施工条件

实践证实，施工条件是决定施工方法的最基本因素，它包括一个施工队伍所具备的施工能力、素质以及管理水平。目前我国隧道施工队伍的素质和施工装备水平参差不齐，因此，在选择施工方法时，必须考虑这个因素的影响。

2. 围岩条件

其中包括围岩级别、地下水及不良地质现象等。围岩级别是对围岩工程性质的综合判定，对施工方法的选择起着重要的甚至决定性的作用。从施工技术的发展趋势看，地质条件虽然是重要的，但基本施工方法的变化却不显著。例如全断面法和超短台阶法的结合以及全地质型掘进机及自由断面掘进机等的开发都说明了这一点。

3. 隧道断面面积

隧道的尺寸和形状对施工方法选择也有一定的影响。目前隧道断面有向大断面方向发展的趋势，如公路隧道已开始修建三车道甚至四车道的大断面，水电工程中的大断面洞室更是屡见不鲜。在这种情况下，施工方法必须适应其发展。在单线和双线的铁路隧道、双车道公路隧道中，越来越多地采用了全断面法及台阶法；而在更大断面的隧道工程中，先采用各种方法修小断面的导坑，再扩大形成全断面的施工方法极为盛行。

4. 埋深

隧道埋深与围岩的初始应力场及多种因素有关，通常将埋深分为浅埋和深埋两类，有时将浅埋又分为超浅埋和浅埋两类。在同样地质条件下，由于埋深的不同，施工方法也将有很大差异。

5. 工期

作为设计条件之一的施工工期，在一定程度上会影响基本施工方法的选择。因为工期决定了在均衡生产条件下，对开挖、运输等综合生产能力的基本要求，即对施工均衡速度、机械化水平和管理模式的要求。

6. 环境条件

当隧道施工对周围环境产生如爆破振动、地表下沉、噪声、地下水条件影响的情况下，甚至会成为选择施工方法的决定性因素。

应该看到隧道施工方法的选择是一项“模糊”的决策过程，它依赖于有关人员的学识、经验、毅力和创新精神。对于重要工程则需汇集专家们的意见广泛论证。必要时应当开挖试验洞对理论方案进行实践验证。

从目前的工程实际出发，在今后很长一段时期内，矿山法仍然是修建山岭隧道的主流方法，其他方法不可能代替。

隧道施工过程和方法是多种多样的，目前在我们经常采用的矿山法中大致有全断面法、台阶法和分部开挖法三大类。

在当前的施工实践中采用最多的方法是台阶法，其次是全断面法。在大断面隧道中，单侧壁导坑（中隔壁法）和双侧壁导坑（眼镜法）采用较多。由于施工机械的开发和辅助工法的采用，施工方法有向全断面法，特别是全断面法与超短台阶法结合的发展趋势。也就是说，施工方法有向全地质型方法转变的趋势。因此，选择施工方法并不完全决定于地质条件。地质条件仅仅是选择施工方法的一个因素，而更应强调的是：施工方法必须符合快速、安全、高效、优质及对环境的要求。其中环境因素有时成为选择施工方法的决定性因素。

三 隧道施工技术的发展

自从改革开放以米，我国铁路、公路、水电站等隧道工程的发展又进入了一个新的时期，这不仅表现在隧道数量的增加上，也表现在隧道长度的突破上，如长度超过 12km 的长梁山隧道、西安——安康线上的长 18.6km 的秦岭隧道、长 20.05km 的兰——武二线乌鞘岭隧道以及小浪底水电工程中的地下群体的修建，还突出地表现在施工技术上，如秦岭 1 线隧道是采用直径 8.8m 的断面掘进机(TBM)修建的，这标志着我国铁路隧道施工技术的进步和成熟。在铁路隧道中，也已不再单纯地依靠钻爆法修建隧道，可采用非钻爆的机械开挖法进行隧道的修建。正在修建和预计修建的长度超过 4km 以上的公路隧道，包括大断面(3 车道或 4 车道)的公路隧道也不断出现。因此，隧道技术的发展。面临一个新的机遇和挑战。因此，改造和完善钻爆法及其相关施工技术，仍然是刻不容缓的。必须及时总结经验，适应形势的发展和要求，不断提高隧道施工技术水平。

山岭隧道施工

从山岭隧道施工技术的现状出发，为了适应我国山岭隧道工程发展的需要，并结合隧道工程技术的发展趋势，目前的山岭隧道施工，必须予以关注的问题有：

(1)加强施工:阶段地质划释技术，完善削释办法和手段；

(2)隧道施工方法的标准化、模式化；

(3)不断提高单一工作面的掘进速度，减少辅助工程数量，控制超欠挖量；

(4)加强环境意识，改善地下作业环境，减少对周边环境和结构物的影响；

(5)重视工程质量，加强施工阶段质量检测，以减轻隧道运营后的维修养护工作量；

(6)加强施工中的灾害预测、预防与控制；

(7)不断提高施工管理水平，从多种角度降低工程成本，提高地下工程可持续发展的效应，使之适应技术发展的需求；

(8)加强应用施工新技术的研究。采用隧道施工新技术对施工质量的提高和施工进度的加快有着十分明显的作用。

目前应着重以下方面的研究应用：

(1)钻孔作业使用能力更强的凿岩机或钻孔台车，冲击钻头采用更优良的合金材料和改进钻头形状以加快钻孔速度，开发更有效的爆破器材，研究优化爆破设计，逐步实现由计算机控制钻孔的自动化作业，提高凿岩爆破能力；

(2)加强对湿喷混凝土及喷射钢纤维混凝土的应用研究，完善施工工艺，改善施工条件，提高支护质量、速度及效果；

(3)加强对预制拼装式衬砌的研究应用，使预制混凝土衬砌向高强度、尺寸误差小、拼装密封条件好的方向发展；

(4)进一步完善辅助工法，特别是加强注浆技术(注浆设备、材料、工艺、检验)的研究，以提高对付不良地质的应变能力。

(5)进一步改进量测手段和方法，使用先进的专用量测仪器，及时、定期进行施工导线控制、钻孔布眼定位，同时定期对坑道围岩及时进行位移、应力量测等。

(6)深化施工管理，加强施工队伍素质能力培养，提高技术水平和业务能力，建立科学的成本核算管理体系，形成施工组织、施工管理的现代化企业管理模式，提升其市场竞争能力。

第二节　辅助设备

隧道施工（特别是长隧道），常要利用辅助坑道来增加工作面，将隧道分割成几段，形成"长隧短做"、"分割围歼"，以加快施工进度。同时为配合隧道开挖、运输、支撑及衬砌等作业，还需进行多项辅助作业，如压缩空气的供应、施工供水与排水、施工供电与照明、施工通风与防尘等，从而确保隧道施工快速、安全、顺利进行，优质、高效按期完成修建任务。

一　辅助坑道

辅助坑道分横洞、平行导坑、斜井和竖井等四种类型。它除了增加隧道工作面，还可改善施工通风、排水和运输条件，并减少施工干扰，从而加快施工进度，缩短工期。辅助坑道类型的选择，应根据隧道长度、施工期限、地形、地质、水文和弃碴场等条件，通过技术经济比较综合考虑、合理选择。各种辅助坑道的适用条件及其特点见表 6-1。

辅助坑道的适用条件及特点　　表 6-1

辅助坑道类型	适用条件	特点
横洞	1. 隧道沿河傍，侧面覆盖不厚； 2. 隧道洞口桥隧相连，干扰施工或影响弃碴及场地布置； 3. 洞口地质不良、或路堑土石方数量大，工期紧迫、难以及时从正洞进洞； 4. 横洞长度一般小于 1/7～1/10 隧道长度	能增加正洞工作面，设备简单，施工及管理方便，出碴、进料运输距离较短，但通风排烟较差
平行导坑	1. 长度大于 3000m 的深埋隧道，难以采用其他类型的辅助坑道； 2. 有大量地下水或瓦斯	能增加正洞过左面工作面，提高施工速度，解决施工通风、排烟、排水和运输干扰等问题，还可探明地层变化，但增加造价较大
斜井	1. 隧道旁侧有低洼地型，覆盖不好厚，斜井长度一般不超过 200m（特殊设计例外）； 2. 井深地质较好，地下水不大	能增加正洞工作面、出碴、进料运输距离较短，但要有提升设备
竖井	1. 隧道顶部局部地段覆盖层较薄，竖井深度一般不超过 150m； 2. 井深地质较好，地下水不大	能增加正洞工作面，出碴、进料运输距离较短，但提升设备复杂。深度小于 40m 者，一般采用简易竖井

二　供风

在隧道施工中，以压缩空气为动力的风动机具得到广泛采用，如凿岩机具、喷射机等。这些风动机具所需要的压缩空气都是由空气压缩机产生，并通过高压风管输送给风动机具。一般隧道施工是把空气压缩机集中安设在洞口空压机站内，承担压缩空气的供应。其空压机设备能力，应根据同时工作的各种风动机具最大耗风量和管路漏风系数等计算总耗风量来确定。每个洞口的一般耗风量见表 6-2。

不同长度隧道一个洞口的耗风量 表 6-2

隧道长度(km)	0.5～1	1～2	2～4	4～6
耗风量(m^3/min)	30～50	40～60	80～100	120～150

注:①表中数字未包括备用量;

②采用全新断面开挖,钻孔台车综合机械化施工时,一般配备压缩空气 120～150m^3/min。

三 供水

包括隧道工程施工、生活和消防用水供给。隧道施工中,由于采用湿式凿岩、喷雾洒水,不仅要考虑水源和水质问题,同时对水压也有一定的要求(一般风钻不小于 0.3MPa)。用水量的大小与隧道长度、施工进度、机械化程度、施工人数及当地气候等因素有关。施工现场常用概略估算来确定用水量,估算时可参考隧道施工作业单项用水指标及第二章有关计算公式,按施工高潮时的情况估算总用水量。也可参考表 6-3 所列指标估算或按公式(6-1)计算工程总用水量。

总用量参考指标 表 6-3

隧道长度(m)	最大用水量(t/h)	每昼夜用水量(t/昼夜)	说 明
<1000	8～10	50～100	1. 用水量包括施工用水、机械用水、生活用水; 2. 用储水池供水需考虑一定的储备量; 3. 需保证洞内工作面上水压≥0.3MPa
1000～2000	10～14	100～150	
2000～4000	14～16	150～200	

隧道洞内开挖用水量可按下列公式计算

$$Q=\left(N_Z \cdot q_Z \cdot n_Z + N_b \cdot q_b \cdot n_b + \frac{W_h \cdot q_s}{100}\right) \cdot K_1 \ (\mathrm{m^3/h}) \qquad (6\text{-}1)$$

式中:N_Z——同时工作凿岩机台数;

q_Z——凿岩机耗水量,一般为 0.18t/h;

n_Z——凿岩机同时工作系数,一般取 0.75;

N_b——同时工作喷雾器台数;

q_b——喷雾器耗水量,一般为 1.8t/h;

n_b——喷雾器同时工作系数,一般取 0.75;

W_h——隧道爆破石碴数量(m^3/h);

q_s——石碴耗水量,一般为 0.015t/m^3;

K_1——漏水系数,一般为 1.05。

四 供电

隧道供电必须满足动力和照明需要,并确保施工安全。一般中小隧道采用 400/230V 三相四线系统两端供电,长大隧道可用 6～10kV 高压送电。为了满足动力和照明用电的需要,在线路终端最大电压降应不小于 10%,据以选用经济合理的导线断面。隧道施工一般电压为:在开挖衬砌作业地段采用 12～36V;在成洞地段采用 110～220V;电动机具用电,其电压为

380V。照明灯光强度在作业地段每平方米不少于 15W，存在不安全因素地段可适当增加。在有瓦斯的隧道内，必须要有防爆措施。隧道施工用电可采用下面两种方式计算：

$$P_{bc}=K_d\cdot\left(\frac{\sum_{P_b}}{d_A\cdot\eta}\cdot K_1\cdot K_2+\sum P_C\cdot K_1\right)(\mathrm{kW}) \quad (6\text{-}2)$$

式中 K_d ——电线线路能力损失(1.05～1.10)；

d_A ——全部电力用户的功率因素(0.5～0.6)；

$\sum P_b$ ——动力用电总量(kw)；

$\sum P_C$ ——照明用电总量(kw)；

η ——电动机及其他动力用户的效率(0.83～0.88)；

K_1 ——同时用电系数，见表 6-4；

K_2 ——动力用户的负载系数(0.6～1.0)。

用电系数 K_1 表 6-4

电动机使用台数	1	3	5	>10
用电系数 K_1	1	0.75	0.6	0.5～0.4

五 施工通风

隧道施工通风的目的是送进新鲜空气，冲淡、排出有害气体和降低粉尘浓度，以改善劳动条件，从而保证施工安全、洞内工作人员身体健康和提高施工生产效率。

(一)施工通风方式的选择

施工通风方式应根据施工方法、设备条件、通风长度和工作面多少来确定。一般常见的通风方式见表 6-5。

施工通风种类及适用条件 表 6-5

通风种类	适用条件	优缺点
自然通风	300m 以下，岩层不产生有害气体的短隧道及导坑凿通后的隧道	1. 利用洞内温差及气压差，以造成的自然风流循环，不需机械通风设备； 2. 受气候影响很大
风管通风	3000m 以下隧道，可配合巷道使用	1. 向工作面送入新鲜空气或吸出污浊空气，使用比较普通和方便； 2. 管道直径大，运输不方便； 3. 管道达到一定长度后，必须增加一台风机串联补充动力消耗
巷道通风	有平行导坑的长隧道	1. 通风设备简单，随着坑道掘进只需将局扇向前移动，不必增加风机； 2. 能供应比较大的风量，向各工作面送风，较风管通风容易； 3. 空气随风道循环，供给的空气中混有污浊气体

(二)风量计算

施工通风量应根据下述条件分别计算，取其最大值。

1. 按洞内同时工作的最多人数及采用内燃机作业计算需要风量

$$Q_f = K_f \cdot P_{max} \cdot q_g + l_i \cdot Q_1 (m^3/min) \qquad (6\text{-}3)$$

式中：K_f ——风量备用系数，一般采用 1.10～1.15；

P_{max} ——洞内同时工作最多人数；

q_g ——每人需要的新鲜空气。长大隧道为 $3m^3/min$；一般隧道为 $2\sim3m^3/min$；一般坑道为 $1.5m^3/min$；

l_i ——洞内同时使用的内燃机作业的 kW 数；

Q_1 ——洞内使用内燃机械时，1kW 的需风量应不少于 $3m^3/min$。

2. 按爆破后有害气体计算通风量

爆破后稀释有害气体到许可浓度以下所需的风量可按下式计算：

$$Q_H = \frac{100 \cdot E \cdot b_e}{e' \cdot t} (m^3/min) \qquad (6\text{-}4)$$

式中：E——同时爆破的炸药量(kg)；

b_e ——1kg 炸药爆破后所产生的一氧化碳，使用硝铵炸药时为 $0.04m^3$；

e' ——允许有害气体的浓度，一般为 0.02；

t——规定通风时间(min)。

3. 按最小风速计算通风量

$$Q_u \geqslant V_f \cdot F \qquad (6\text{-}5)$$

式中：V_f ——最小风速(m/s)，见表 6-6；

F——坑道最大断面积(m^2)。

坑道内允许风速 表 6-6

正常温度	最小风速	最大风速	导坑内风速
不超过+25℃	0.15m/s	6.0m/s	保持不小于 0.25m/s

如隧道内有瓦斯，施工通风需保证将瓦斯稀释到允许浓度以下。上述各种情况确定的通风量，应取其中最大值选择通风设备。

六 施工排水

隧道施工常遇到地层渗水或大量涌水，尤其是穿过富水地层或褶曲、断层地带，地下水将严重妨碍工程进展和施工安全。因此，解决施工期间的防水排水问题，是隧道施工中的重要工作。在施工组织设计中，必须提出有效的排水措施。隧道施工中常见的排水方式见表 6-7。

排水方式和适用范围 表 6-7

排水方式	适用范围	排水方式	适用范围
顺坡排水	利用隧道自然坡度，将水集中于侧沟排除	人工排水	反坡较小、水量较少的短隧道
机械排水	反坡较大或涌水量大的隧道		

七 施工运输

运输是隧道开挖进度的保证，特别是在长隧道施工中，合理解决运输问题。对实现隧道快速施工有其重要意义。根据施工方法和开挖断面的大小，可选择有轨运输或无轨运输方法。

(一)有轨运输

隧道内一般采取轨道运输。常用轨距为 762mm。牵引类型有电瓶车、防爆机车(有瓦斯地段)等。轨道布置应保持运输畅通。尽量减少会车时间及编组调车时间，并保证列车运输和行人的安全。在出碴地点，宜铺设环形线路，可人为形成土驼峰，用来自动溜放车辆；也可铺设成单线多道岔的卸车线，以利于出碴、调车编组和会车。

(二)无轨运输

双线(或多线)隧道施工采用全断面开挖时，宜选用无轨运输的方法。选择大型自卸汽车配备装碴机装碴，具有机动灵活、高效、安全的特点。特别是在长隧道施工中，尤为有效。衡广复线大瑶山隧道施工中采用 20t 自卸汽车运输，2.7m 装碴机装碴，对加快施工进度起了很大的作用。但在单线隧道施工中，由于施工空间狭小、通风困难，不宜采用无轨运输。

第三节　隧道施工方法的选择

隧道施工方法的选择，应以地质条件为主要依据，结合工期、隧道长度、断面大小、施工单位的机械设备能力和施工技术水平等因素综合考虑。同时，应尽量采用新技术、新工艺、新设备，以加速施工进度，保证工程质量，提高生产效率，改善劳动条件。还应考虑到围岩发生变化时，施工方法的适应性和变更的可能。

新奥法施工是新近发展起来的隧道施工新方法。它具有支护速度快、结构受力性能好，作业空间大、能适应隧道机械化施工等优点，在安全性和经济性方面尤为突出。因此，在选择施工方法时应优先考虑。

一 洞口施工安排及进洞方法

(一)洞口施工安排

(1)隧道洞口工程应力争在进洞前基本完成，使隧道施工不受影响。如洞口工程数量较大，进洞前难以全部完成时，应配合洞内工程进度安排，分期分批进行。

(2)洞口仰坡及土石方应于进洞前做好，山坡危石应及时处理，同时应及早做好洞口排水工程，天沟随挖随砌。洞门宜早做，尤其是地质不良的洞门，更应尽早尽快完成，以增强洞口稳定，避免与洞内工程相互干扰。

(3)洞口的桥墩(台)、涵渠、下挡等工程，考虑场地布置及弃碴需要，应在进洞前完成。

(4)洞口土石方开挖，要控制药量，不宜使用集中药包，以保证边坡、仰坡的稳定。

(二)进洞方法

一般隧道洞口所处的地质条件较差,岩层较破碎,易风化,节理发育,岩层稳定性差。因此在进洞施工时,需要先护后挖,以保证洞口岩体稳定和施工安全。在施工方法选择上要尽量减少对岩层的扰动,工序安排必须紧凑,宜尽早尽快完成洞口工程。一般根据洞内施工方法采用半断面或全断面一次开挖完成。遇特殊地质、地形条件可按下列原则选择施工方法:

(1)当洞口岩层节理发育,切割成块状,边、仰坡不稳定时,可先采用锚杆锚固仰坡危石,并且在洞口10m内增设3m长超前锚杆,然后采用洞身施工方法进洞。

(2)当洞顶覆盖层很薄,正常开挖容易坍顶时,可采用管棚、小导管注浆、地面加固、钢支撑等辅助方法加固围岩,然后采用洞身施工方法进洞。同时需要进行地面沉降量量测和加强洞内量测。

(3)当洞口岩层节理发育,层面倾向洞口,开挖切断层面易坍滑时,可采用先做明洞支顶,然后再进上、下导坑的方法。

(4)洞口位于陡岩峭壁或地质不良地段,正线无进洞条件,洞口又为深路堑时,可采用绕行进洞方法。

(5)当山体外侧覆盖层极薄时,可采用横向导坑法进洞,但应加强支撑,及时砌拱。

二 洞身

单线隧道的施工方法主要有:全断面法、半断面法(正、反台阶法)、漏斗棚架法、蘑菇形开挖法(下导坑法)、上下导坑法、上导坑法(顶设导坑法)等开挖方法;双线隧道主要有下导坑先拱后墙法、上下导坑先拱后墙法、"品"字形导坑先拱后墙法及侧壁导坑法等。各种施工方法的特点、适用条件及各部开挖顺序均详见隧道教材及有关施工手册,本书不再赘述。如表6-8所示为单、双线隧道通常采用的施工方法,可供参考。

单、双线隧道的常用施工方法 表6-8

施工方法 \ 围岩分类 \ 单、双线	单线						双线					
	VI	V	IV	III	II	I	VI	V	IV	III	II	I
全断面法	V	V					V	V				
正台阶法	V	V					V	V				
反台阶法	V	V	V				V	V				
漏斗棚架法	V	V	V				V	V				
下导坑先拱后墙法(蘑菇形开挖法)		V	V					V	V			
上下导坑先拱后墙法			V	V	V				V	V		
上导坑先拱后墙法					V	V				V	V	
"品"字形导坑先拱后墙法							V	V	V	V		
侧壁导坑先拱后墙法											V	V

注:①选用施工方法时,除地质条件外,还需结合其他条件来考虑;

②反台阶法按先拱后墙法施工时,可用到IV类。

明洞应根据地形、地质条件，边仰坡稳定程度，地基承载力和结构类型特点等因素综合考虑选择施工方法。施工中应特别注意安全和结构稳定。明洞施工方法主要有先墙后拱法、先拱后墙法及拱墙交替法等。

棚洞形式分为墙式、柱式、刚架式和悬臂式四种。棚洞施工均为明挖，其施工方法及步骤与一般明洞内墙或路堑挡墙施工基本一样，外墙（柱）施工与明洞外墙施工相同。梁（纵、横）和盖板可就地灌注和预制，用轨行吊车或利用绞车、千斤顶等架设。

三 整体道床

中小隧道内一般采用普通碎石道床，长大隧道内多采用整体道床或混凝土宽轨枕道床。整体道床具有线路质量高、使用寿命长、线路稳定、轨距水平不易变动、维修工作量少等优点，但整体道床弹性较差、扣件复杂、现场施工精度要求高、工作量大、造价高。如基底和地下水处理不当易发生病害，修复较困难。其类型有钢筋混凝土支承块式、整体灌注式、短木枕式、预制框架式等，以钢筋混凝土支承块式使用广泛。支承块式整体道床的施工顺序和各工序间隔距离如图 6-1 所示：

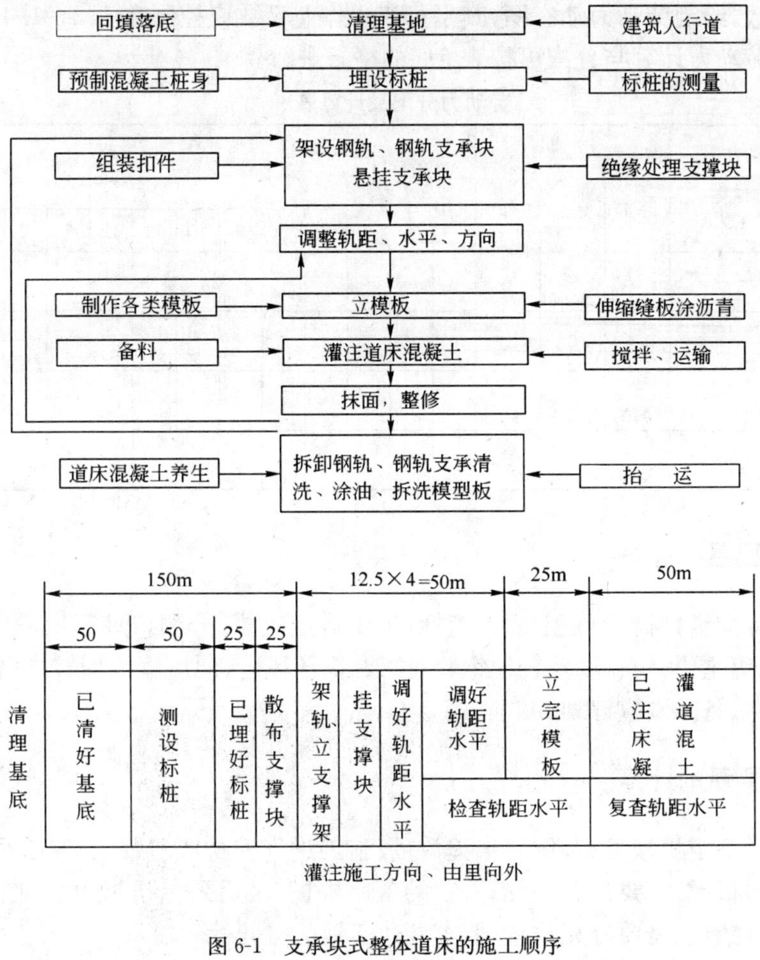

图 6-1　支承块式整体道床的施工顺序

第四节 隧道工程施工组织设计

一 劳、材、机数量的计算

(一)劳动力需要量的计算

按施工进度图安排的各作业项目的工程数量及劳动定额指标，计算劳动工天需要量，再根据工作面及进度要求，计算出各作业项目每日出工人数。并根据劳动力组织，确定各工种人数，如开挖工（机械开挖时每个凿岩机应配风钻工两人和撬顶药工 1 人）、支撑工、衬砌工（包括砌筑或灌注拱圈、边墙及制、立、拆模型、脚手架等工人）、出碴运输工（包括洞内装饰碴及卸料工、洞外卸碴及装料工、运输工、养路工、轨道铺设及电瓶车指挥工）、机械工（修理房、水泵房、充电房、管线房等按每日 1～2 班，空压机房、发电机房等按每日开 3 班考虑，各房每班可配 2～4 人，修理房可酌增加）、备料运输工等。最后按生产工人出工率，计算生产工人全员人数。

各作业项目每日（或每班）生产工人数（包括洞内运输及机械工）确定后，加上备料、运输、修理等辅助工人数，绘制劳动力动态图，其平行流水作业系数应控制在 1.2～1.4 范围内。

各作业项目劳动力计算与分配可按表 6-9 的格式进行。

劳动力分配及计算表

表 6-9

顺号	工程名称	劳动力总数（工天）	工期			平均每日出工人数		年						年			
			开工	完工	工作天			7	8	9	10	11	12	1	2		12

(二)材料需要量的计算

根据隧道工程数量，材料消耗定额或指标，施工进度安排，分洞口计算所需钢材、木材、水泥、火工品、砂、石等主要材料，以及轻便钢轨、拱架、高压风管、通风管等周转性（备品）材料，并分季（月）编制材料、备品供应计划。

(三)机械需要量的计算

根据施工方法确定机械类型，按照工程数量、施工进度安排和机械台班定额计算机械（包括辅助机械和一般机械）需要量，并考虑一定的备用机械，最后列出机械设备配备表。表中应注明施工单位现有数量、需要补充数量、要求到达工地的时间等。

二 施工进度的确定及劳动力、机具设备组织

(一)施工进度的确定

隧道工程的总进度,往往受开挖或运输等关键作业项目的进度所控制。如采用全断面开挖法,则开挖为关键作业项目;采用以导坑引进的其他各种开挖方法,则导坑开挖将控制隧道的进度,而开挖又受运输的控制,因此在安排施工进度时,必须配备相适应的运输能力,以满足出隧道和进料的需要。

1. 隧道开挖作业进度的计算

影响隧道开挖进度的因素很多,如围岩类别,岩石硬度,炮眼的个数、布置、深度等都直接关系到开挖的进度,而这些因素又是千变万化的,可根据施工定额或施工统计资料和有关参数进行开挖作业进度计算。

隧道开挖工期是以钻眼、装药、爆破、通风、安全处理、出碴、支护等一次循环作业时间为基础,选定有关参数进行计算确定;也可运用网络技术,分工序绘制循环作业网络图分析计算,并以此作为分析月平均施工进度指标的依据。

【例 6-1】 某单线隧道采用瑞典二臂台车全断面法施工,围岩为次坚石,开挖断面为 $45m^2$ 采用进口钻具。根据《铁路工程劳动定额标准》,每天开挖作业循环时间如表 6-10 所示,试确定单口月开挖进度。

开挖作业循环时间 表 6-10

项目	测量划线	钻爆破眼	钻锚杆眼	装药起爆	安全处理	插锚杆	喷射混凝土	装载机装碴	综合循环时间
时间(h)	0.930	3.43	0.360	1.89	1.06	1.08	2.45	4.61	15.81

【解】 每一循环开挖进度为 2.80m,据此可确定单口月开挖进度为:

$$\frac{24}{15.81} \times 2.8 \times 30 = 128(\mathrm{m})$$

因此,隧道施工进度指标可以该数据为依据,并综合考虑各种因素选用。

2. 衬砌作业进度的计算

衬砌作业的进度受到相应开挖作业进度的控制。在实施性施工组织设计中,通常是以开挖进度来安排衬砌进度的,只有铺底作业为避免影响洞内运输,往往放在各开挖、衬砌项目完成后进行,衬砌作业施工进度也可根据施工定额或有关指标计算。

现隧道衬砌已普遍采用喷锚技术。喷锚是喷射混凝土、喷射混凝土与锚杆、钢筋网喷射混凝土与锚杆等类型的支护或衬砌的总称。正常施工时,一个喷射混凝土工班(8h)可喷射干拌料 $5 \sim 15m^3$,以单线铁路隧道喷射混凝土衬砌厚 10cm 计,可完成 $30 \sim 90m^3$,折合拱部 3.3～9.0 延长米或墙边(两侧)2.7～8.1 延长米。一个锚杆工班(8h)可插锚杆 50～100 根,以单线隧道每延长米 8～9 根计,可完成 6.3～10.1 延长米。

3. 隧道各作业项目月平均综合施工进度指标(见表 6-11)

隧道分项月平均进度指标(m)　　表 6-11

项　　目	正洞工区(无轨)	斜井工区(有轨)	平行导坑(有轨)
II 类围岩断面开挖	25～35	25～30	40～60
III 类围岩断面开挖	47～60	40～55	60～80
IV 类围岩断面开挖	110～145	90～110	120～150
V 类围岩断面开挖	145～180	110～140	150～200
下半断面开挖	200～300	150～200	
单模板台车拱墙灌注	150～180	100～125	
双模板台车拱墙灌注	250～300		
铺底、水沟	300	150	
斜井建井开挖		30～50	

(二)隧道施工劳力和机具设备组织

隧道施工劳动力组织和机具配备类型、规格、数量,应结合隧道施工方法、工期要求、地质情况、机具来源、运输条件以及工作面等因素综合安排,并尽可能采用隧道综合机械化施工。做到施工机械的配套使用,以充分发挥机具的效能。

(1)采用新奥法施工的隧道,劳动力组织应按开挖喷锚、衬砌两条机械化流水作业线安排,分别见表 6-12 和表 6-13。

机械化开挖喷锚流水作业线劳动力组织　　表 6-12

工　　班	人　　数	说　　明
测量班	12	中线水平 5 人,断面组 4 人,量测组 3 人
台车班	22	班长 2 人,台车司机 2 人,司钻工 10 人,电工 4 人,维修 4 人
装炮班	24	班长 2 人,炸药加工 4 人,装药爆破 13 人,洒水清危 5 人
通风班	16	班长 1 人,粉尘测定 3 人,电工 6 人,通风管安装维修 6 人
喷锚班	35	班长 2 人,拌和司机 2 人,喷射机司机 2 人,喷射手 6 人,锚杆 7 人,其他 16 人
装运班	25	班长 2 人,装载司机 8 人,汽车司机 10 人,修理工 5 人
辅助班	16	班长 1 人,清底,水沟开挖,避人车洞开挖,其他辅助工作 15 人
合计	150	

注:表中劳动力组织为无轨运输,如采用有轨运输,则需要增加电瓶车司机和调车员。

衬砌作业机械化流水作业线劳动力组织　　表 6-13

工　种	人　数	说　明
碎石生产线	40	
拌和楼生产	27	负责 1 人,搅拌司机 4 人,拉铲司机 4 人,辅助 3 人,配料工 15 人
混凝土灌注	34	负责 1 人,模板台车作业 15 人,混凝土输送车司机 12 人,混凝土输送泵司机 6 人
防水板粘贴	15	
模板台车移位	18	脱立模 10 人,钢轨铺拆 8 人
铺底水沟灌注	20	
合计	154	

(2)每一洞口常用施工机具配备,见表6-14。

每一洞口常用施工机具的配备 表6-14

顺序	机具名称	规 格	单位	隧道长度(m)				说 明
				500～1000	1000～2000	2000～4000	4000～6000	
1	空气压缩机		M3/mi	30～50	40～60	80～100	120～150	以电动的为主
2	凿岩机(带气腿)	YT－23、YT－25	台	15～20	2～30	25～35	40～50	
3	锻钎机	IR－50	台	1	1	1～2	1～2	
4	装岩机	电动或风动	台	1	1～2	2～4	3～5	
5	胶带运输机		台			2～3	2～3	也用在洞外配合碎石机
6	电瓶车	XK8-7/132A	台	1～2	3～4	4～5	6～8	
7	充电机	14.5kW	台	1～2	2～3	3～4	5～6	
8	混凝土拌和机	250或400L	台	1	1	2～3	2～3	
9	混凝土捣固机	插入式	台	4	6	8	10	
10	砂浆拌和机		台	1	1～2	1～2	2～3	
11	风动压浆机		台	1	1～2	1～2	2～3	
12	电动压浆机		台	1	1～2	1～2	2	检查压浆用
13	喷混凝土机		台	1	1～2	1～2	2～3	视围岩条件而配
14	混凝土输送泵		台		1	1～2	1～2	视需要而定
15	金属活动模板台车		台		1	1～2	1～2	与混凝土输送泵配套使用
16	卷扬机	电动0.3～1t	台	3～4	4～5	5～6	6～7	洞内提升用
17	通风机	主扇70B2－12型	台			1	1	平行导坑主扇另备用1台
18	通风机	局扇JBT-52,61,62	台	4	4～6	6～8	8～10	
19	潜水泵		台	1～2	2～3	3～4	3～4	
20	抽水机		台	2	4	4～6	4～6	用于排水,大量涌水时另配
21	低压变压机	5kVA380/220－36V	台	2～4	4～6	6～8	6～8	
22	钢拱架	38kg旧钢轨	榀	50～60	60～80	80～100	100～120	
23	斗车	0.75～2.0m³	辆	40～50	50～70	80～100	120～150	
24	平车	1t	辆	12～15	15～21	24～30	36～45	运料用,按斗车的30%计
25	平移调车器		台	2	2	2～4	4～6	开挖面调车用
26	伸缩式凿岩机	YXP－24型	台	1	1	2～3	3～4	锚杆支撑钻眼用
27	碎石机	电动17kW	台	1	1	1～2	2～3	
28	磨砂机		台	1	1	1～2	2～3	无天然砂源或供应不足时使用
29	电焊机		台	1	1	1	1	洞口修配所用
30	氧焊机		台	1	1	1	1	洞口修配所用
31	磨钻机		台	1	1	1	1	洞口修配所用
32	车床		台	1	1	1	1	洞口修配所用
33	钻床		台	1	1	1	1	洞口修配所用
34	砂轮		台	1	1	1	1	洞口修配所用
35	钻杆对焊机		台	1	1	1	1	洞口修配所用

注:①洞外无高压电源可利用时,需另配发电机供电;

②上列机具数量和压缩空气量均未包括备用量。

(3)三管两线配备(按每一洞口负担的施工长度计算),见表 6-15。

三管两线需要量 表 6-15

顺序	名称		规格	单位	洞口负担的施工长度(m)					说明
					300～500	500～1000	1000～15000	1000～1500 有平导	2000～2500 有平导	
1	高压风管		ϕ200mm	m	450～650	650～1150	1200～1650	2100～2600	2700～3100	包括机房至洞口 150～200m
2	高压水管		ϕ100～150mm	m	500～700	700～1250	1300～1800	2400～2900	3000～3700	包括水池至洞口 200m～300m
3	通风管		ϕ500～600mm	m	400～600	600～1100	1100～1600	500～600	600～800	
4	钢轨		18～24kg/m	双 m	1050～1450	1700～2700	2750～4000	5000～7000	7500～8500	包括洞场外地
5	道岔		6 号	组	10～15	14～18	16～22	30～38	40～50	包括洞场外地
6	电缆	主线		m	—	400～700	700～1100	1150～1730	1800～2300	动力线自洞外变压器起算
7		支线		m	500～650	1000～1200	1500～1750	2400～2800	3000～3600	动力线自洞外变压器起算

注:①较长隧道距导坑工作面 300～400m 以外的成洞地段,可少设置道岔,仅在适当地点设置会让线;
②1000m 以下的隧道可不用主电缆,1000m 以上的隧道距导坑工作面 500m 以外用电缆。

三 施工进度的编制方法

(一)确定施工作业间距

为了安全生产,减少作业之间的干扰,保证施工质量,提高生产效率,必须保持各作业间的最小间距。不同的开挖方法有不同的间距要求,可参见隧道教材有关章节。

(二)施工进度图编制步骤和方法

(1)绘出隧道纵断面示意图,标出隧道中心里程、进出口里程及隧道长度,并在纵断面图下,分别说明地质水文情况,开挖方法,衬砌类型及线路情况等。

(2)确定隧道开挖顺序、导坑类型、断面尺寸及各作业间隔长度,并绘制出开挖顺序及作业间距示意图。

(3)按开挖顺序示意图及各段开挖进度,绘出各段的开挖进度线。如有辅助导坑或开挖方法有变更,应在进度线中表示。一般以横坐标为里程,纵坐标为时间,按各作业项目的进度用坐标法绘出进度线。可将开挖、衬砌等项目的各道工序单独绘出,亦可按开挖、衬砌的综合作业绘制。一般实施性施工组织设计多采用前者,只有在投标报价中可采用后者。进度线按下述方法绘制;在不同地质不同衬砌地段,计算出各段需要的天数,即:天数=每段长度/该段长度,然后以长度为横坐标,天数为纵坐标,从隧道开工的起点作直线即可。

(4)进度线绘出后,进行劳动力分配,绘制劳动力动态图,一般绘在进度线的右侧。最后绘制图例图标,注写必要的说明。

(三)绘制进度图的应注意事项

(1)注意进度变换点,并在绘制中加以标明。两端各作业项目完工时间应相交在同一断面上，以利于工作量的划分。

(2)水沟及压浆工作：若为混凝土衬砌时，可在边墙或拱圈完工后7～14d完成；若为砌石圬工时，可在边墙及拱圈完工后3～4d完成。

(3)边墙及拱圈的衬砌，可随开挖进度进行。铺底工程应在墙拱主体衬砌及水沟、电缆槽完工后开始铺砌。洞门工程可根据地址情况及工程数量来确定工期，地质不良的洞门应尽早尽快完成，以保证施工安全。

四 洞内管道、线路布置

(一)风(水)管道

(1)管道尽可能平、顺、直，转弯少，管径一直。

(2)分风、分水接头和闸阀必须满足施工要求，但数量应尽量减少。

(3)有平行导坑者，管道从横通道穿入正洞时，可以从轨下穿过，平导支管可考虑向前倒用。

(4)无平行导坑者，布置在靠空压机旁一侧。

(5)管道与水沟不宜在同一侧，以免影响排水。

(二)动力及照明电线

(1)动力、照明电线的截面积和长度必须根据施工最大用电负荷考虑，一次假设，逐渐随施工掘进向洞内延伸。

(2)动力电缆与照明电线，可悬挂在同一侧，但必须上下分开悬挂，不得同悬挂于一个横担上。

(3)电线与电缆，必须与风管、水管以及爆破用电线，分别悬挂在隧道两侧。

(4)爆破电线主线应用绝缘电缆，其主线与区域线均不能与其他电线靠近和交叉。

(5)电线电缆悬挂高度，距人行道地面不得小于2m。

(6)在较长隧道应考虑信号线路和电话线路的设置。

(三)洞内管线布置(见图6-2)

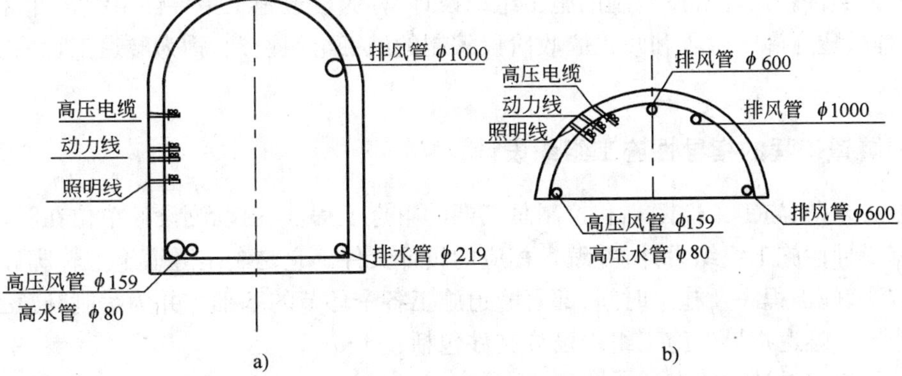

图6-2 隧道洞内管道和电线路布置示意图(尺寸单位：mm)

a)全断面开挖地段；b)半断面开挖地段

五 洞外施工场地布置

洞外施工场地布置的合理与否，关系到隧道施工能否迅速、正常与安全的进行，也关系到隧道的文明施工。为此，根据洞口处地形、地质、水文条件，考虑有利于施工生产，也方便职工生活，合理布置弃碴场、堆料场、各种机械房、油库、炸药雷管库、办公室、宿舍、食堂、洞口排水系统、运输道路、三管两线等各种设施。

洞外施工场地布置内容包括：

(1)弃碴场应设在低洼的空地为宜，并尽量不占或少占农田，距隧道洞口不宜过远；同时应防止弃碴时，阻塞河流及危害相邻建筑物。如石质隧道弃碴可为利用，则应在弃碴场旁设置碎石选筛及加工场地。

(2)材料库和材料堆放场地应尽量布置在运输道路附近，避免出现交叉运输和反向运输。

(3)机械房、空压机房应设置在离洞口较近，进洞管道顺直的地方，以随时减少风力；发电机房应设在用水、用油方便的地方，但不应与空压机房靠在一起；充电机房应设在靠近洞口，调车方便的轨道上；混凝土搅拌机应靠在近砂、石料对方地点及装料入洞运输线旁；机修房应设在各种机械重心地区，避免机械长距离搬运。

(4)炸药、雷管、油料均为危险品及易燃品，其库房应设在隐蔽、安全、远离民房、厂房、工棚的偏僻山洼之地，且炸药、雷管应分别存放，库房间距不小于40m，距线路不小于300m，并有放火、防雷和降温措施。

(5)临时生活用房、办公用房应集中布置，离洞口不宜过远，要利于指挥施工生产和方便职工上下班。

(6)管线路布置最好不跨越运输道路，以免管线路埋设或架空困难。

(7)所有库房布置均应充分考虑防洪、防潮、防水和防泥石流等，尤其是水泥、炸药库，并应避开高压线。

六 隧道各阶段施工组织设计的内容

在隧道工程的设计阶段、施工准备阶段、施工阶段及竣工验收阶段，都必须编制相应的施工组织设计文件。设计阶段编制的施工组织设计，称为隧道施工指导性组织设计；隧道施工前的准备阶段、隧道施工阶段和竣工验收阶段编制的施工组织设计，称为隧道工程的实施性施工组织设计。

(一)隧道工程的指导性施工组织设计

对地质复杂、施工条件困难和控制总工期的重点工程，应由勘测设计单位在隧道工程设计阶段编制指导性施工组织设计，并编入相应的设计文件。它是制定隧道施工轮廓计划，初步拟定施工方法、施工程序及施工时间、部署隧道施工各个环节的基础。并为编制隧道工程设计概算提供依据。隧道指导性施工组织设计文件包括：

1)施工组织设计说明书

主要内容如下：

(1)设计依据
(2)工程概况
(3)当地自然条件
(4)施工条件(含材料供应)
(5)辅助工程
(6)过渡工程
(7)施工期限安排及其依据
(8)施工准备工作
(9)施工方法及工序安排
(10)不良地质和特殊地质地段施工的原则
(11)施工通风、防尘、排水及动力照明的布置和必要措施
(12)采用新技术、新工艺、新材料和新方法
(13)劳动力安排意见
(14)其他有关事项
2)主要工程数量表
3)主要机具设备表
4)隧道进出口及斜井、竖井、横洞、平行导坑洞口施工场地布置图
5)隧道各口施工通风设计图
6)隧道各口施工通风风道及机械安装设计图
7)施工排水设计图
8)施工动力及照明线路布置图
9)隧道防尘及其他必要措施设计图
10)指导性施工组织设计图(含劳动力动态图)
11)过渡工程设计图
12)其他必要的布置图或设计图

(二)隧道工程的实施性施工组织设计

实施性施工组织设计是由施工单位根据指导性施工组织设计和工地具体情况,对隧道施工中各项分部工程,各工序及施工队或班组的人力、机具等配备情况,分期、分部位、分项目编制的更为具体详细的计划安排。实行施工组织动态管理,其目标是为了达到安全、经济、保质、保量、按期或争取提前圆满地完成施工任务。

实施性施工组织设计的主要内容有:

1. 工程概况

包括隧道名称、起止里程;中线平面位置及纵向坡度情况;隧道所处围岩的工程地质和水文地质情况、所处地区的气候条件、地形地貌;当地可供利用的运输道路、电力、水源和当地建筑材料等情况;本隧道与洞外其他工程的关系及工期等。

2. 施工准备工作的安排

提出复测或控制测量的要求及其完成期限;计算洞口工程和临时工程(如临时便道、给水、供电、通信、施工房屋等)的工程数量,合理安排施工顺序和施工期限;合理布置为隧道施工服

务的整套附属生产设施，如当地砂石料的开采场地、木工场、机修房、变电站、空压机站、水泵站等；各种机械的安装、配套及试运转；材料库的建立及部分材料的储运工作等。

3. 工程数量

计算包括洞内外的各种工程数量并列表汇总。

4. 材料数量

包括主要材料及辅助材料并将供应计划列表汇总。

5. 机械(具)配备

将各种施工机械(具)的配备数量及其耗油量(列入材料表中)列表汇总。

6. 劳力及工班组织

将劳动计划、各工序需要的工天数列表汇总；工班组织也即各工序具体劳力分工安排情况。

7. 提供各种施工设计

包括开挖、支护设计，钻爆设计，运输计划设计，施工监测计划，施工通风设计，作业循环图，高压风、水、电设计等。

8. 洞口平面布置图

9. 施工组织进度图

隧道各工序施工进度及劳动力动态用坐标图形式表示，并附上主要材料、机械表等。

10. 质量及安全措施

特别要对新技术的工艺提出质量要求，对各工序要提出相应的安全措施。

七 隧道实施性施工组织设计编制依据原则及程序

(一)编制依据

(1)隧道的各种设计文件、标准图、工程数量。

(2)工期要求、劳力、材料、机械(具)、运输等条件。

(3)现场调查资料、预先选定的施工方案。隧道施工方案一般包括辅助坑道方案，开挖方案，支撑与预加固方案，支护与衬砌方案，风、水、电作业方案，场地布置方案，运输方案，施工进度和劳材计划及机具设备计划等。

(4)各种定额指标，包括劳动定额、材料定额和机械定额。根据定额可计算出全部工程所需的劳动工天、材料总消耗量、机械总台班数。它是编制施工计划、经济核算的依据。

(5)各种质量、安全规划及管理制度。包括主要技术组织措施；采用推广新技术；提高劳动生产率，节约人力、物力，降低工程成本；检查和提高工程质量的制度；施工安全措施；开展劳动竞赛及施工奖惩制度等。

(二)编制原则

根据隧道工程的技术与经济特点，在编制隧道施工组织设计时应贯彻以下原则：

(1)严格遵守签订的工程施工承包合同或上级下达的施工期限，保证按期或提前完成隧道施工任务。

(2)遵守隧道施工技术规范和操作规程,确保隧道工程质量及施工安全。

(3)采用新技术、新工艺、新方法,不断提高机械化施工及预制装配化施工进度,降低成本和提高劳动生产率,减轻劳动强度,统筹安排施工及尽量做到均衡生产。

(4)开源节支,精打细算,充分利用现有设施,尽量减少临时工程,降低工程造价,提高投资经济效益。

(5)认真贯彻就地取材的原则,尽量利用当地资源。

(6)合理组织冬、雨季施工和隧道工程建筑材料运输、储备工作,增加全年施工工作日,力求降低冬、雨季施工的附加费用。

(7)节约隧道施工用地地,少占或不占与田,注意水土保持和重视环境保护。

(8)统筹布置隧道施工场地,以确保施工安全,要方便职工的生产和生活。

(三)编制程序

编制隧道施工组织设计时,既要遵守一定的程序,还要按照隧道施工的客观规律,协调和处理好各个因素的关系,采用科学的方法进行编制,编制程序如图 6-3 所示。

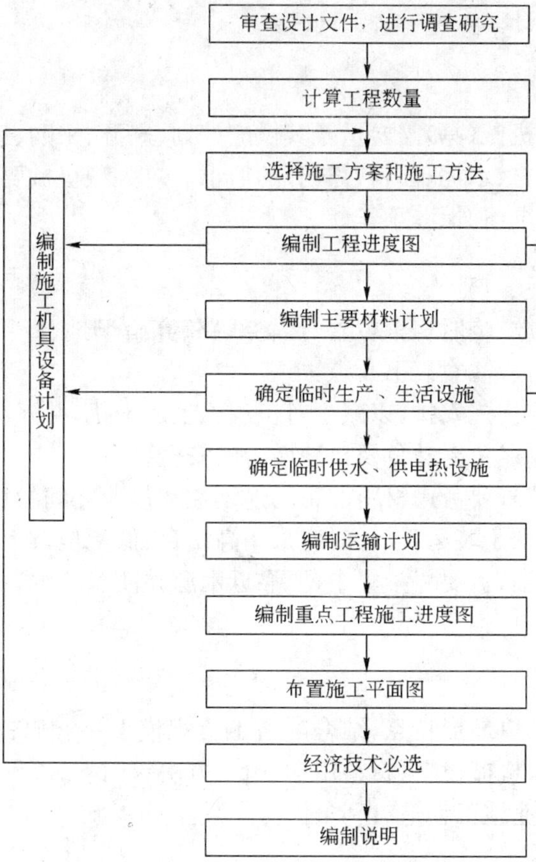

图 6-3　施工组织设计编制程程序

八 隧道施工前的准备工作

(一)技术准备

(1)审核设计文件,熟悉设计文件,并核对平纵剖面、地质资料等是否和现场条件相符,洞口位置、辅助坑道位置、排水系统以及洞口工程与其他工程安排等是否合理。

(2)控制桩的复核和复测。对洞口投点及水准点要做好交接工作,仔细复核和复测,当桩较少不便施工时应进行补设。

(3)施工调查。为给施工组织设计提供依据,要进行施工调查,主要内容有:地质的现场核实;砂、石料来源及场地布置;二、三类料来源;劳力、电力、交通运输以及房屋拆迁生活供应、水源等。调查完毕写出详细报告。

(4)确定施工方案。在熟悉设计文件和现场调查的基础上,本着能适应地质变化,与施工单位人力、物力、技术相适应的原则,在安全、按质、按时完工的前提下,选择隧道的施工方案。选择隧道施工方案的基本要求是:优质、高速、安全、经济、均衡生产和文明施工等。

(5)培训专业人员。对技术工人及基层管理人员如爆破工、喷射工、电工、安全员、质检查员等,要进行专门培训后方能上岗。特别是采用新技术施工前一定要进行施工前的技术培训。

(6)编制实施性施工组织设计。

(二)物资准备

对隧道施工中的各种材料、机械(具)需要量及其供应计划、来源、采购、运输等都要件件落实,特别要保证五大材(木材、钢材、水泥、油料、炸药)的需求。对大型机械要做好其运进、试运转等工作,并要做好对旧机械的维修、保养工作。

(三)施工场地布置

根据洞口地形,做好材料堆放、临时房舍位置、运输线路、弃碴场地、专用机械及搅拌站场地等的规划。在施工场地布置时应注意以下几点:

(1)洞口相邻工程(桥、涵)应优先安排,以减少对正洞施工的干扰,并开辟场地;

(2)弃碴场要少占良田,并要避免弃碴危及已建墩台的安全;

(3)机棚、料库等临时房屋位置要考虑材料加工的连续性和作业之间的相互关系;

(4)砂、石、水泥场地要考虑便于装运,设计时应采用高站台、低货位;

(5)生活区离工地要远近适当,且要尽量集中,要靠近水源并注意防洪。

九 隧道施工场地布置

隧道施工场地布置应根据洞口地形特点,结合隧道工程规模大小、洞口地形特点、水源情况及工期要求,结合劳动力安排,机械设备、材料用量、施工方法等因素,进行全面规划、统筹安排,合理布置,要为安全生产、快速施工创造有利条件。

(一)弃碴场

(1)弃碴场宜设在空地的低洼处,并尽量少占用农田。碴堆不得流失、坍滑而影响下游工农业设施及相邻建筑物。

(2)如无弃碴场地而弃于河道中时，应满足水流畅通和通航要求；并应检查各种水位时弃碴是否会形成挑水乃至影响本岸和彼岸坡面的稳定。

(3)运距不远时可考虑弃碴做洞外路基填方、桥头路堤填土、施工场地的填筑及填补沟壑造田。

(4)注意环境保护。

(二)材料库

大宗材料(如砂、石料、水泥、木材、钢材等)的存放地点(砂、石料堆放场地、水泥仓库、木材仓库、钢材仓库)及木材、钢材加工场地的布置，应考虑材料运进工地方便，易于卸车，靠近使用地点，注意防洪、防潮及防火的要求，并应便于加工搬运和施工使用等。

(三)隧道施工生产房屋和生产设施布置

(1)通风机房和空压机房应靠近洞口，尽量缩短管道长度，以减少管道能量损失，尤其要尽量避免出现过多的角度弯折。

(2)搅拌机应尽量靠近洞口，靠近砂、石料，便于装车运输等。

(3)炸药和雷管要分别存放。其库房要选择离工地300～400m以外的隐蔽地点，并安装避雷装置。

(4)隧道施工机械场所的位置，要求便道可直达，并使用电、用水方便。

(5)隧道工地的临时道路：工地的主干道宜呈环状布置，次要道路可布置成枝状，应有回车的调头场地。路面宽度双车道6m，单车道3.5m。

(6)行政管理和生活福利设施，应方便生产及方便工人生活。工地项目部办公室可位于工地出入口附近，便于有效指挥隧道施工和管理。

(四)隧道工地生活房屋的布置

生活用房要与洞口保持一定距离，以保证工人和工作人员有一个较安静的休息环境，但又不宜过远以保证工人上下班行走方便。整个生活区要适当集中，以便学习和管理。要考虑职工室外文体活动场地的布置，要注意防洪防水，做好环境保护和卫生的要求。

所有库房及生活用房的布置，均应充分考虑安全因素，如应避开坡面坍滑、危岩落石及泥石流等的危害；还应考虑防潮、防水、防洪(特别是水泥、炸药库)。

总而言之，隧道施工场地布置要尽量做到“占山不占地、占地不占田、修路又造田”。施工单位通过对隧道施工现场的详细踏勘，对投标文件认真分析，充分考虑各种因素，本着合理、实用、经济的原则，进行隧道施工设施及场地平面布置。

十 施工进度计划

隧道施工进度计划，反映工程从施工准备工作开始直到工程竣工为止的全部施工过程，并反映隧道工程各方面之间的配合关系，反映工程各分部及工序之间的衔接关系。隧道施工进度计划有助于指挥部门抓住关键，统筹全局，合理布置人力、物力，正确指导施工生产的顺利进行；有助于工人群众明确施工目标，更好地发挥主动精神；有利于施工企业内部及时配合和协同作战；有利于加快施工进度。

隧道施工进度计划是按照流水作业原理编制的。

隧道施工组织必须研究隧道的施工过程。隧道施工过程一般可分为施工准备过程、基本施工过程、辅助施工过程和服务施工过程。

隧道施工过程的组织，主要解决“施工空间组织”和“施工时间组织”两方面的问题。

隧道施工过程的空间组织，主要解决施工单位的机构组织和人员配备问题，以及具体工程项目的各种生产、生活、运输、行政管理及临时设施的空间分布问题。

隧道施工过程的时间组织，主要解决工程项目的施工作业方式和施工作业工序的安排及衔接问题。

(一)隧道施工作业方式

隧道施工作业方式有：

1. 顺序作业

按工艺流程和施工程序安排作业，即按先后顺序进行组织施工操作，例如隧道坑道开挖。这一份临时工程的施工程序是：放样、钻眼、装药、引爆、通风除尘、寻帮找顶、装碴、出碴等。

2. 平行作业

线形隧道工程施工作业面特点是很长，因此，根据隧道各分项工程和施工技术的需要，分为几段或几个施工点，同时按程序施工。这种平行作业施工方式可缩短工期，但一般隧道施工仅有两个工作面，为了加快掘进，需设置辅助坑道，如横洞、斜井、竖井、平行导坑等，以增加坑道开挖施工工作面和采用平行作业方式组织生产，加快施工速度及改善施工条件等。

3. 流水作业

这种作业方式是将隧道工程划分为若干个施工段或工区，某一工种的工人队(组)先在第一施工段完成第一道工序，再转移到第二施工段完成同一道工序，同样，另一工种的工人队(组)紧跟其后，依次在各施工段完成下一道工序，依此类推，像流水一样前进，直到完成全部施工任务为止。流水作业以施工专业化为基础，优点是前一工序可迅速为后一工序让出工作面，从而加快工程进度；各队(组)在各施工段上连续均衡施工，可合理地使用劳力、材料和机具(如模板和支撑等材料能在各施工段周转使用)；各工种的工人队(组)连续进行同一种工作，可提高熟练程度，有利于保证工程质量和提高劳动生产效率。流水作业是顺序作业和平行作业相结合的一种施工方法，它保留了习行作业和顺序作业施工的优点，消除了它们的缺点。在工序相同的多个施工段的隧道线形工程施工组织中，其优越性是显而易见的，故较多采用。

(二)隧道施工进度图

隧道施工进度计划一般采用隧道施工进度图来表示。隧道施工进度图有横道图、垂直图和网络图三种形式。

1. 横道图

横道图如图 6-4 所示，一般由两大部分组成：左面是以分项工程为主要内容的表格，包括相应的工程量、定额和劳动量等计量依据；右面是指示图表，它是由左面表格中的有关数据经计算等得到的。指示图表用横向线条形象地表示分部、项工程的施工进度：横线的位置表示隧道施工过程，横线上的数字表示劳动力数量；横线不同的符号表示作业队(组)或施工段；横线长度表示隧道各施工阶段的工期和总工期，并综合反映各分部分项工程相互间的关系。可采用此图进行资源综合平衡。

序号	工程项目	单位	数量	定额	劳动量（工日）	工期 开始	工期 结束	每班平均人数	工作日（天）
1	准备工作				178			23	8
2	彩砂石料	m^3	3963	2.56	10133			105	96
3	运输材料	t	595	0.12	2490			24	104
4	洞外石料	m^3	1638	0.49	803			50	16
5	下部坑道	m^3	2640	1.61	4259			40	108
6	上部坑道	m^3	1553	1.59	2474			54	106
7	扩　大	m^3	3330	1.62	5729			58	106
8	挖　底	m^3	3804	1.61	6138			25	106
9	浇边墙	m^3	847	3.17	2681			35	106
10	浇拱圈	m^3	1168	3.17	3704			5	106
11	拱背填片石	m^3	338	1.31	112			23	96
12	压　浆	m^3	439	2.77	1214			13	96
13	浇水沟混凝土盖板	m^3	19.4	6.94	204			9	24
14	整修路拱	m^3	1486	0.26	393			25	16
15	浇路面	m^3	1486	0.28	414			25	16
16	砌洞门水沟	m^3	185	2.10	388			15	26
	总　计				41644				

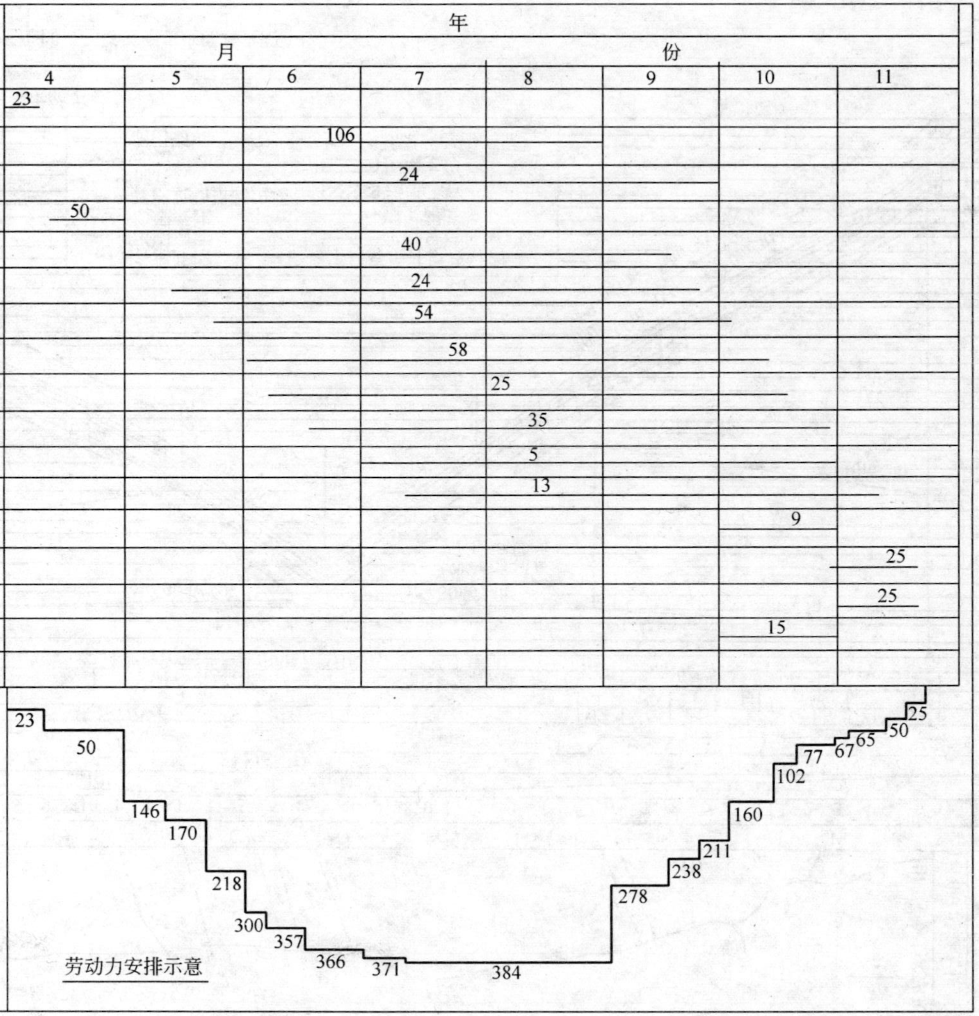

图 6-4　隧道工程施工进度横道图

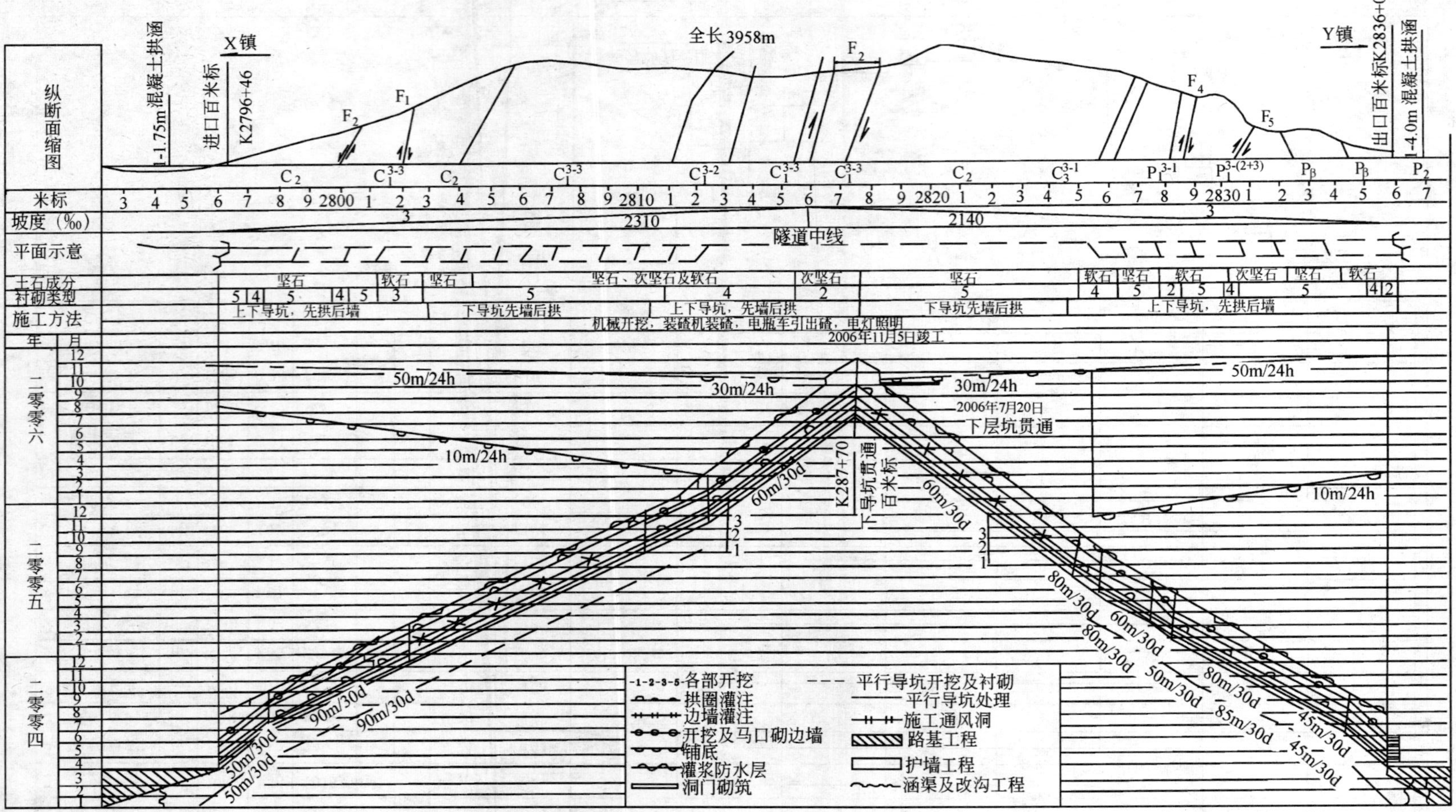

注：施工方法，劳动力动太，主要工程数量，主要施工机具数量等本图未予显示。

图6-5　隧道施工进度垂直图

横道图表示方法适用于绘制集中性的工程进度图、材料供应计划图，或作为辅助的图示附在说明书中向隧道施工单位下达任务。

2. 垂直图

垂直图如图 6-5 所示，一般用坐标图的形式绘制。以横坐标表示隧道长度(以百米标表示里程)，以纵坐标表示施工年月(日)。用各种不同的线形代表各项不同的工序。每一条斜线都反映某一工序的计划进度情况，开工计划日期和完工计划日期，某一具体日期进行到哪一里程位置上以及计划的施工速度(月进度)。各斜线的水平方向间隔表示各工序的距离，其竖直方向间隔表示各工序的拉开时间。各工序均衡推进表示在进度图上为各斜线的相互平行。垂直图可用于隧道工程的进度分析和控制，施工日期一目了然。

3. 网络图

隧道施工具有较强的循环性，在每一循环中，各项工作的平行作业，网络图工程主次清晰，可一目了然地找出“交接准备”到“放炮通风”的关键线路，便于保证主要关键线路的人力和物力供应。同时，对次要线路上的工作也能掌握，避免导致因未完成而影响关键线路上的作业进程。整个循环作业过程有条不紊，完成各作业项目的工期准备，以保证整个循环作业顺利进行。

采用网络图形式进行隧道施工工序分析，既能反映施工进度，又能反映各工序和各施工项目相互关联相互制约的生产和协作关系。可采用网络图表示隧道施工中集型工程或线型工程的进度，还可以通过计算机对施工计划进行优化。它是一种较先进的施工进度图的表示形式。

(三)隧道施工进度计划编制步骤

(1)对隧道工程分部项目的施工划分工序
(2)计算各工序的工程量
(3)计算各工序的劳动量和机械台班量
(4)计算各工序的生产周期
(5)安排各工序的施工进度
(6)检查和调整施工进度计划
(7)隧道施工资源需求量计划及其他图表
(8)特殊地段的施工进度图绘制

思考与练习

1. 隧道工程有哪些特点？编制其施工组织设计的意义何在？
2. 简述隧道工程实施性施工组织设计的文件组成及内容、编制依据、编制程序。
3. 隧道施工中有哪些辅助设施，各起什么作用。如何计算？
4. 洞内施工运输有几种方法？各有什么特点？
5. 选择隧道施工方法应考虑哪些因素，注意哪些问题？
6. 隧道洞口施工应如何安排？怎样选择进洞方法？
7. 单(双)线隧道有哪些开挖方法？各有什么优缺点？根据施工条件，如何合理选择？

8. 怎样计算隧道劳、材、机需要量？如何合理进行劳动力和机具设备组织？
9. 隧道工程各作业项目施工进度指标如何确定？试举一例说明。
10. 简述隧道施工进度图的编制方法及注意事项。
11. 隧道洞口施工场地布置包括哪些内容？怎样合理安排？
12. 隧道洞内管线如何合理布置？
13. 试比较书中例题施工进度图的两种表示方法的优缺点。

第七章　轨道工程施工组织设计

【本章提要】：本章主要讲述铺轨、铺碴工程的意义；铺轨前的施工准备工作；机械铺轨和人工铺轨的施工过程、铺轨施工的意义、道碴场的选择、道碴运输、铺碴施工（人工和机械）等内容。

本章是铁道工程专业的重点内容之一。通过学习，了解铺轨铺碴施工的特点；熟悉铺轨铺碴的施工作业程序、施工方法和技术要求，特别是要认真掌握施工前的技术准备工作和进度计划的编制，力求通过理论学习和参观实习，掌握单悬臂铺轨机施工的组织施工全过程，对单线往复式组装轨排作业程序，所需机具和劳动力组织建立起一个系统的概念，同时学会对轨道工程量的相关计算。

第一节　概　　述

一　铺轨铺碴工程的意义

铺轨是铁路建筑中一项重要的基本工程。铁路建筑的最终目的，就是要在正式完工的路基上及建成的桥隧建筑物上铺轨通车。所以，铺轨不仅是要把轨道连接铺设起来，而且还要进行铺碴，把轨道整修到能使列车安全运营，达到根据运量及最高行车速度等设计的运营条件，正式交付使用的标准。

路基工程及桥隧建筑物能否按施工组织设计所规定的期限如期完成，直接影响到铺轨工程的进行，而铺轨工程能否如期完成，又直接影响到铁路的交付使用期限。尽早通行工程列车与分段分期办理临时客货运业务，对加速站后工程的进展、降低工程成本，以及搞活和发展铁路经行地区的国民经济，实现我国经济发展战略和加快四个现代化的建设，都具有极其重要的意义。因此，在编制全线施工组织设计时，除应按工程顺序妥善加以安排外，还应着重考虑如何根据具体情况采取强有力的技术措施，加快铺轨进度，并仔细分析研究铺轨时可能遇到的各种问题，制订出切实可行的解决方案，以便保证铺轨施工的顺利进行，达到按规定期限或提前交付运营。

二　铺轨工程施工前的准备工作

(一)技术准备

1.审核设计文件资料

在铺轨前除审阅复核已有的设计文件外，同时还应向有关工程处(段)索取路基和桥涵、隧道的竣工资料，查明铺轨起讫里程、正线站线公里数、桥梁架设座数与孔数(分清正线与便线)等。主要资料有：中线控制桩表、水准基点表、断链表、曲线表、坡度及设计高程表、车站表、桥梁表、隧道表、线路有无路拱地段表、整体道床地段表、陡坡地段表、道口表、路基整修表、架桥岔线表等，作为编制铺轨铺碴工程施工组织设计的依据。

审核复制轨道铺设技术标准和车站平面布置图。其中主要内容为：钢轨类型、数量，轨枕根数，道岔类型、开向、数量及中心里程，股道坐标及附带曲线半径、长度，引轨及插入短轨的类型、长度，异型接头及轨道电路绝缘接头位置等。

2.选定铺轨方式

1)铺轨工程　就其性质可分为正常铺轨、临时铺轨及紧急铺轨三类。

(1)正常铺轨是在正常情况下，把正式的永久轨道铺设在预先完成的正式路基以及桥梁、涵洞上和隧道内。因此，为了保证正式交付运营期限，正常铺轨期限就成为决定路基、桥涵、隧道等工程完工期限的主要因素。

(2)临时铺轨是为了满足工程运输上的需要而临时铺设的轨道。

(3)紧急铺轨是在通车期限特别紧迫(例如抢修时)时的铺轨。

上述三类铺轨方式，在要求和工序的安排上都不同，这里只讲述正常铺轨。

2)一条铁路线的铺轨　依其铺轨工作面的不同，又可分为单面铺轨和多面铺轨。

(1)单面铺轨是由线路的一端向前铺轨，自线路起点循序铺设至线路的终端。其开始的一端为铺轨材料的来源地，一般都是新建铁路线与既有线的接轨点，这是铺轨中最常见的一种形式。

(2)多面铺轨是从铁路线的两端或线路中间点所展开的铺轨工作面进行铺设的。例如线路的两端都有既有线路接轨的条件时，即可考虑两面铺轨的方案。在既有线上增建第二线时的铺轨，由于利用既有线运输铺轨材料和机具较为方便，所以多采用多面铺轨的方案。

无论是单面前轨或多面铺轨，都有先铺轨后铺碴和先铺碴后铺轨两种方案。先铺轨后铺碴可利用火车运送道碴的优点，一般在新建线路道碴需要数量极大时选用，其缺点是易损坏轨枕，易造成道碴槽和日后的路基病害。对增建第二线或新线沿线盛产道碴的情况，先铺道碴极为有利，则可以选用先铺碴后铺轨的方案。

3)依铺轨的方法不同，可分为人工铺轨和机械铺轨。

3.铺轨前的路基整修工作

不论采用何种铺轨方案及方法，在铺轨前都必须根据测量的结果进行路基整修，使之达到规范规定的技术要求后才可铺轨。

在进行此项工作时，要向工程处、队索取线路竣工资料，查明铺轨起止里程和工程数量，用经纬仪将线路中心线恢复钉设，并用桩橛将其固定。在直线上每隔 50m，圆曲线每隔 20m，缓和曲线上每隔 10m 各钉一个桩。平交道中心、道岔中心及其附带曲线起止点均应钉设中线桩。铺设钢筋混凝土宽枕地段，中线桩在直线和曲线上的桩距均为 10m，并移置于上股道床坡脚之外。线路中线桩是轨道铺设保持正确位置的依据，要加以保护，不得碰动和拔松。对于妨碍轨枕的中线桩，应将轨枕位置暂时移动，待起道时再将轨枕就位。然后做水平测量，测出路基纵断面高程并编制路基纵断面整修表，将结果列入表 7-1。

路基纵断面整修 表 7-1

里程（km）	百米标（m）	路基设计高程（m）	包括沉降量的路基高程（m）	路基测量高程（m）	应铲去量（m）	应填补量（m）	备　注
							曲线始终点在本栏内注明

当路基高程与设计高程不符时，在线路长度 100m 内的个别地段，其高差在 5cm 以内者，可在铺碴时用道碴调整；当超出 5cm 时，必须进行铲除或填补修整。用以整修填补的土壤必须与路基所填土壤相同并需夯实。路基宽度不得小于设计规定，路拱应与规定形状相符，铺轨队应对此项工作认真检查。

4. 预铺道碴

在桥头铺轨时，两端路基上应先铺足碎石或卵石道碴（如道碴供应不便，可用填土或轨枕暂行承垫，铺轨后再更换）。桥梁全长 10m 及 10m 以上的桥头，应铺足长度不小于 30m 的道碴平台，且桥头道碴面应比桥台挡碴墙高出 5cm，顺坡坡度可采用 5%，以便临时通车。钢筋混凝土桥的道碴槽，必须在铺轨前将梁上道碴铺好。

为保证铺轨列车的安全行驶，防止压断轨枕和破坏路基面，铺轨前应在已整修好的路基上先铺设底层道碴。有垫层的道床按垫层厚度铺足，无垫层的道床一般厚 15cm 左右，要求顶面平整，中间拉槽，以免混凝土轨枕中部受力折断。如碴源困难，可先在每根钢轨下铺设厚度不小于 10cm，宽度不窄于 60cm 的碴带，石碴带厚度应均匀一致。

5. 埋设临时线路标志

铺轨用的临时里程标，曲线标及坡度标等线路标志，均应在铺轨前钉设齐全。

（二）施工调查

施工调查是施工准备的关键，需进行深入细致的施工调查，以便取得编制实施性施工组织设计的资料。施工调查的内容如下。

（1）各项材料的供应情况。施工机具和设备的技术状态。

（2）机车用水、隧道内照明及架梁需要的电源。

（3）道碴采集场及其可能供应范围。关于碴场的调查，要求资料详尽，并附碴场区的等高线平面图；对于铺设的实施，应考虑能采用的运输方案和道路系统。

（4）路基是否已按规定完成，其他有关建筑物完成情况是否符合铺轨要求。横跨通信和电力线路的高度及其他接近限界是否满足铺轨、架梁用的超限机械安全通过要求。

（5）线路中线桩和线路标志是否符合规定钉设齐全，如有缺损，应在铺轨前补齐。

（6）预铺道碴地段的已铺道床是否符合规定。

（7）了解小桥的河床概况，并提出铺轨时可能的临时通过方案。

（8）了解平交道口地形地貌和运输情况，并提出维持道路交通的临时措施。

（9）选定储备材料的基地和轨节组装基地。其位置的选择，应考虑列车进出方便，少与营业铁路干扰和供应距离短等主要因素，并充分合理利用新建站场的各项设备。

（三）编制实施性施工组织设计

铺架队经过对已有的设计文件和有关路基、桥涵、隧道的竣工资料的审核，以及到现场作周密的施工调查后，判明铺轨工程任务和获得材料机具供应情况的基础上，选定施工方法，确定施工程序和劳动组织，编好铺轨、架梁、铺碴进度图，并做好计划安排。把一切可能影响施工进度的问题，解决在铺轨铺碴工程正式开工之前。

第二节 轨道工程量计算

轨道工程的工程量，由于受线路平、纵断面的条件，以及桥隧、道口、路肩挡土墙等建筑物的制约，应详细计算。尤其是钢轨及接头配件、轨枕及中间扣件、道碴数量等要求计算正确，以保证铺轨工程不受材料影响而拖延工期。

一 钢轨及接头配件数量的计算

(一)区间钢轨用量

区间钢轨用量按线路设计长度进行计算，但应考虑以下因素：

(1)平面曲线的影响：平面曲线内外股轨线长度不同，曲线地段上铺轨长度按外轨线计算，而内轨线应设置缩短轨；

(2)坡道的影响：应计算纵断面长大坡道引起的钢轨长度影响；

(3)轨道常备用轨的数量；

(4)有关地段设置护轨数量。

(二)站内钢轨用量

车站线路上，与区间线路直接贯通的称为正线；车站到发线和走行线通称站线，按站场设计要求，详细计算出钢轨数量以及道岔设备数量。

(三)钢轨数量计算方法

1. 曲线地段钢轨数量计算

曲线地段配轨以外股为依据，内股应配置缩短轨。计算出整个曲线的总缩短量后，选用缩短量为 k 的缩短轨，即可求出整个曲线上所需的缩短轨根数 N

$$N=\frac{\Delta l_z}{k} \tag{7-1}$$

显然 N 不能大于外股线上铺设的标准轨根数 N_0，否则应改用缩短量更大的缩短轨。确定所采用的缩短轨类型，并计算出缩短轨根数后，即可从曲线起点开始，计算每个接头对应的总缩短量。当实际缩短量小于总缩短量且差值大于所用缩短轨缩短量的一半时，就应在该处布置一根缩短轨。

【例 7-1】 已知××曲线，圆曲线半径 $R=600$m，缓和曲线长 $l_h=100$m，圆曲线长 $l_y=119.73$m，铺设标准钢轨长度 $L=25$m，曲线起点至第一根钢轨进入曲线的长度为 5.5m，配轨计算如下。

【解】 (1)选配缩短轨类型： $L_0<L\left(1-\frac{S_1}{R}\right)=25\left(1-\frac{1.5}{600}\right)=24.9375\text{m}$

式中：S_1——轨道钢轨中心距离(m)，一般取 1.5m；

k——标准缩短量，对于 25m 的钢轨，ε 可取 40mm、80mm、160mm。

选用 $L_0=24.92$m(缩短量 $k=80$mm)

(2)曲线内股钢轨的总缩短量 Δl_z：

$$\Delta l_z=\frac{1500(l_y+l_h)}{R}=\frac{1500(119.73+100)}{600}=549\text{mm}$$

(3)缩短轨的根数 N：$N=\dfrac{\Delta l_z}{k}=\dfrac{549}{80}=6.8$ 根，采用 7 根。

外轨标准轨的根数 N。(预留轨缝按 8mm 计)

$N_0=\dfrac{119.73+2\times100}{25.008}=12.79$ 根 $>N$，说明选配的钢轨类型合适。

(4) 缩短轨的布置

缩短轨的布置一般列表进行，表中第 5 栏符号中，“○”表示钢轨类型为标准轨，“×”为缩短轨，第 7 栏符号中“+”表示内轨接头超前，“-”表示内轨接头落后。

配轨里程	K259+186.45～506.18	缩短轨长度 l_0	24.92m
圆曲线半径 R	600m	曲线总缩短量 Δl_2	549mm
圆曲线长度 l_y	119.73m	使用缩短轨根数 Δl_2	7 根
缓和曲线长度 l_h	100m	进入曲线第一个接头后的长度	5.5m

轨排编号	接头号数	由 ZH 或 HY 点到接头处的长度(m)	计算缩短量	钢轨类型	实际缩短量(mm)	接头错开量(mm)	附注
1	2	3	4	5	6	7	8
K259-8	1	至 ZH 5.5	$\frac{1500}{2\times600\times100}\times5.5^2=0.0125\times5.5^2=0.38$	○	0	+0.38	进入缓和曲线 5.5m
9	2	30.508	$0.0125\times30.508^2=11$	○	0	+11	
10	3	55.516	$0.0125\times55.516^2=38$	○	0	+38	
11	4	80.524	$0.0125\times80.524^2=80$	×	80	0	
12	5	至 HY5.532	$125+\frac{1500\times5.532}{600}=125+5.532\times2.5=138$	×	160	-22	进入圆曲线 5.532m
13	6	30.540	$125+30.540\times2.5=201$	×	240	-39	
14	7	55.548	$125+55.548\times2.5=264$	○	240	+24	
15	8	80.556	$125+80.556\times2.5=326$	×	320	+6	
16	9	105.564	$125+105.564\times2.5=389$	×	400	-11	
17	10	至 HZ89.158	$549-0.0125\times89.158^2=450$	×	480	-30	进入缓和曲线 10.842m
18	11	64.150	$549-0.0125\times64.150^2=498$	○	480	+18	
19	12	39.142	$549-0.0125\times39.142^2=530$	×	560	-30	
20	13	14.134	$549-0.0125\times14.134^2=547$	○	560	-13	

2. 坡道上钢轨长度计算

$$L = L'\sqrt{1+i^2} \tag{7-2}$$

式中：L——铺轨长度，m；

L'——坡度设计长度，m；

i——线路纵坡，‰。

3. 轨道常备钢轨的数量

轨道常备钢轨的用量可按表 7-2 所列规定备存。

轨道常备材料数量 表 7-2

材料名称		每千米数量
钢轨	25m 及缩短轨	1 根
	12.5m 及缩短轨	2 根
接头夹板		4 块
接头螺栓及垫圈		4 套
扣件		5 套
轨枕		2 根

注：表中数量按单线计，双线时材料数量应加倍。

4. 护轨用量计算

根据《铁路线路设计规范》(GB 50090—2006)规定：

符合下列条件的地段，应在基本轨内侧铺设护轨：

(1)特大桥及大中桥上；

(2)桥长大于或等于 10m，且曲线半径小于或等于 600m，或桥高(轨底至河床最低处)大于 6m 的小桥上；

(3)双线桥的两线，分别设于分离式桥跨结构的多线桥的各线，以及铺设于同一桥跨结构(如整体钢构桥)上多线桥的两侧外线；

(4)跨越铁路、重要公路的城市交通要道的立交桥上；

(5)轨道中心至立交桥的支柱距离小于 3m 时，立交桥下的轨道上；

(6)轨顶高出地面 6m，墙趾下为悬崖陡坡或地面横坡大于 1∶0.75 的山坡，且连续长度大于 20m 的路肩挡土墙及其两端各 5m 范围内，应设单侧护轨；

(7)道口铺面范围内。

5. 钢轨接头配件数量计算

钢轨接头夹板、结构螺栓及螺母式钢轨的主要配件，每套钢轨接头的配件的数量为：接头夹板 2 块，螺栓、垫圈、螺母 6 付。接头配件常备数量按表 7-2 取值。

二 轨枕及扣件数量计算

(一)轨枕数量计算

轨枕数量计算应根据技术设计所规定的轨枕类型及每千米铺设根数，分别计算出轨枕及桥枕的数量。如设计没有规定具体类型及每千米铺设根数，可参照设计规范规定的要求如表7-3进行计算。

正线轨道类型 表7-3

项目				单位	特重型	重型		次重型	中型	轻型
运营条件	年通过总量			Mt	＞50	25～50		15～25	8～15	＜8
运营条件	旅客列车设计行车速度			km/h	≤140	140		≤120	≤120	≤100
轨道结构	钢轨			kg/m	75或60	60	60	50	50	50或43
轨道结构	轨枕	混凝土枕	型号	—	III	III	II或III	II	II	II
轨道结构	轨枕	混凝土枕	铺枕根数	根/km	1680～1720	1680	1840或1680	1680～1760	1600～1680	1520～1640
轨道结构	轨枕	防腐木枕	型号	—	—	—	I	I	I	II
轨道结构	轨枕	防腐木枕	铺枕根数	根/km	—	—	1840	1760～1840	1680～1760	1600～1680

1. 轨枕用量影响因素

下列地段应增加轨枕的铺设数量：

(1)半径小于或等于800m的曲线地段(包括两端缓和曲线)；

(2)坡度大于12‰的下坡地段；

(3)长度大于或等于300m，且铺设木枕的隧道内。

上述条件重叠时，只增加一次。

2. 轨枕加强地段每千米增加的数量和最多铺设的根数

轨枕加强地段每千米增加的数量和最多铺设根数应符合表7-4所示。

每千米增加的数量和最多铺设的根数(根) 表7-4

轨枕类型	III型混凝土枕	II型混凝土枕	木枕
每千米增加的轨枕数量	40	80	160
每千米最多铺设根数	1760	1840	1920

3. 轨道常备轨枕数量

轨道常备数量可按表7-4取值。

(二)钢轨扣件数量计算

钢轨扣件数量计算可根据技术设计所规定的扣件类型及铺设的轨枕根数计算。

扣件是联结钢轨和轨枕的重要部件。其作用是保持钢轨在轨枕等轨下基础的正确位置及钢轨与轨枕的可靠联结，阻止钢轨的纵向移动，为轨道结构提供一定的弹性，因此扣件不仅要具备足够的强度和扣压力，还应具有良好的弹性和一定的调整能力。表7-5为规定的扣件类型。扣件常备数量按表7-2取值。

扣件类型 表7-5

轨道类型	特重型、重型	重型、次重型及重型	轻型	中型及以上	轻型
轨枕类型	III型混凝土枕	II型混凝土枕	II型混凝土枕	木枕	木枕
扣件类型	有挡肩轨枕用弹条II型 无挡肩轨枕用弹条III型	弹条I型	弹条I型或70型扣板扣件	分开式扣件	普通道钉

注：半径小于或等于600m的曲线地段，使用70型扣板扣件时，在钢轨外侧用采用加宽铁座。

第三节　轨道工程施工方案

轨道工程施工方案与铁路线路在全国路网中的地位，高速重载的发展趋势以及轨道结构类型等因素有关。铁路干线上扩大铺设无缝线路，繁忙干线上推广铺设跨区间无缝线路，高速铁路及客运专线建设时应一次铺设无缝线路。

我国无缝线路通常在既有线上换铺。换铺无缝线路的既有轨道，必须基础稳定、道碴清洁、道床密实、断面正确、轨向和水平符合技术要求。新建铁路的轨下基础，一般施工条件下很难达到上述要求，因为新建路基需要一定的时间完成沉陷变形，新铺的轨道也需渐趋稳定的过程，所以，一般新建铁路无缝线路的铺设多采用二次铺设的方法，即首先铺设普通线路，待线路稳定达到铺设无缝线路的要求时，进行无缝线路换铺。

一　普通轨道机械化铺设

机械化铺设普通轨道主要包括轨节组装、轨节运输、轨节铺设、铺碴整道等 4 个基本环节。

(一)轨节组装

1.轨节组装基地的设置

(1)轨排组装基地位置的选择

轨排组装基地位置的选择，宜从全线考虑，统绍安排。在选择时应考虑下列因素：

①基地最大经济供应半径：新建线为 200～300km，既有线改建为 100～150km；

②基地场地宜平坦宽敞，以减少基地建设的土石方量；

③铺轨列车进出方便，与运营线路干扰少并能充分利用新建站场与机务设备；

④水源、电力供应方便的新线或既有线中间站为宜；

⑤一般选在新线与既有线接轨点附近，由站线出岔。

(2)基地平面布置

基地的平面布置，主要包括轨排组装车间、轨料存放场和轨排储备场三个部分(图 7-1)，这些场内的料具应统一规划、合理安排，达到互相配合、协调一致，使轨排组装工作顺利进行。

①布置轨排装车间时，应按照进料、轨排组装、轨排装车的次序来考虑，一般设有进料线、组装作业线及装车线。进料线与装车线分别设于组装作业线的两侧，进料线连接轨料场，便于向组装车间迅速供料。装车线连接轨排储备场和车站站线，应便于运出轨排和推送空车，组装作业线的两旁，放置组装用的机具设备，以便进行组装作业。

②布置轨料存放场时，应根据铺轨进度和基地距轨料来源地的远近，运输等情况确定。基地存放轨料的数量，一般应保证铺轨日进度的十倍左右或至少能满足铺设一个区间的轨料。

为了便于轨料的装卸搬运，场内应设有必要的吊车等起重设备及其走行轨道和进料卸车的股道。

③布置轨排储备场时，要求场地平坦坚实，以免底层轨排钢轨变形或轨排倾斜。场地大小视计划铺轨日进度与组装能力而定，一般应储存铺设 2～3 天所需的轨排。

储备场的布置应便于装卸，力求简化调车编组作业。由于在储备场存放轨排，增加了不少倒运装卸工作量，所以一般由组装车间直接装车远往工地，仅在轨排供应紧张时，才从储备场补充，或因工地架桥等原因停止铺轨时，才将轨排储存起来。储备场设有两台龙门吊车担负轨排的装卸。

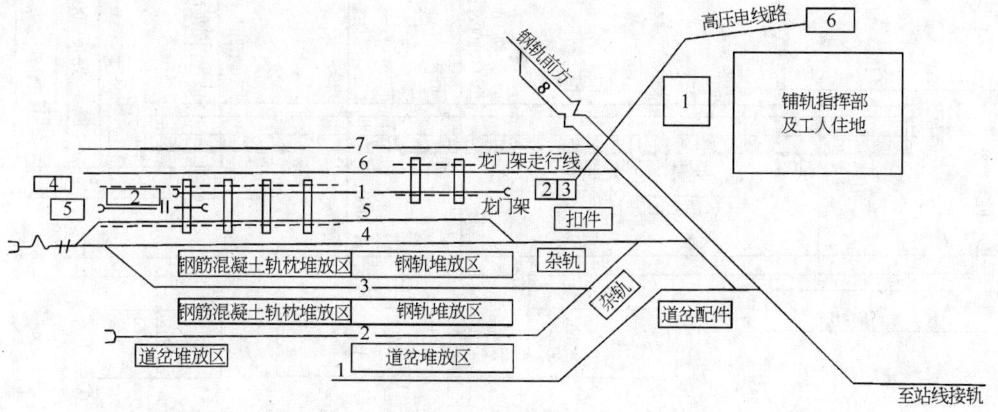

图 7-1 轨节组装基地平面布置示意图

注：方框 1～方框 6 依次为材料库（80m^2）、卷扬机棚两栋（32m^2×2）、配电室（40m^2）、硫磺水泥库（100m^2）、熬硫磺砂浆棚（50m^2）、发电机房（120m^2）；股道编号 1 为停留线，2、3 为材料装卸线，4、5 为材料供应线，6～8 依次为轨节装车线、轨排储备线、调车线。

此外，还应布置供调车走行、机车整备和上水、停放车辆的股道等。并能使调车满足走行距离短，通过道岔少，作业迅速方便。

为了满足基地作业需要，还应设置动力、照明、机械维修等设备，修建必须的生产和生活房屋。

(3)股道技术条件

由站线出岔进入基地的联络线，其限制坡度及最小曲线半径最好与正线标准一致，在基地内的线路股道应设在平坡或不陡于 2.5‰的坡道上，曲线半径不小于 250m，道岔不低于 9 号。

2. 轨节组装

轨节组装方式主要有固定台位式和单线往复式两种。由于单线往复式能提高轨节组装的机械化程度，故被广泛采用。

单线往复式的基本原理是依靠能够升降的台位和能作往复运动的台车之间的配合，将待加工的轨节依次通过组装线的各个台位完成全部材料组装。

单线往复式组装轨排作业是在一条流动的工作台上进行的。随着现场施工方法不断改进和提高，这种用流动工作台组装轨排在我国各铁路局、工程局均普遍采用，下面简单介绍钢筋混凝土轨枕节组装生产线布置、机械设备的配置、作业程序、劳动力组合和生产能力等。

(1)轨节生产线的布置

轨节生产线生产布置如图 7-2 所示。作业线设置在基地 I、II 股道之间，I 道为进料线，II 道为轨排装车线。在 I 道与作业线之间设置熬制锚固硫磺浆的锅炉，熬制硫磺砂浆。

(2)机械设备的配备

整个作业线配备龙门吊 7 台。其中跨度为 14m(10t)两台用于上枕；跨度为 21m(5t)1 台，用于吊钢轨；跨度为 17m(10t)4 台，两台用于吊轨节装车，另两台在轨节存放场用于倒装轨节。机械设备的配备详见表 7-6。

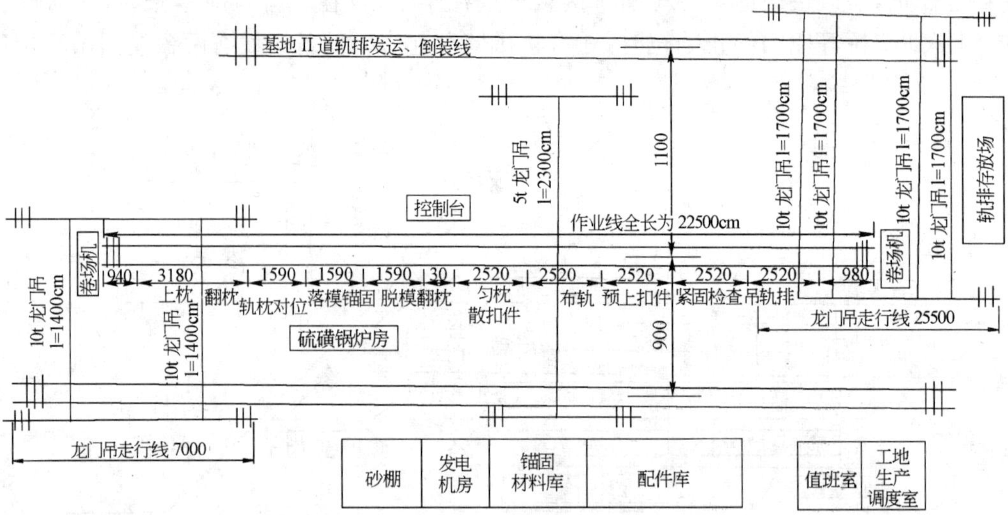

图7-2　单线往复式组装作业生产线

铺轨基地轨节生产线机械配备　　表7-6

序号	机械名称	规格	数量	序号	机械名称	规格	数量
1	走行龙门架	10t	6台	16	手电钻	单相	4台
2	固定龙门架	5t		17	电焊机		2台
3	锚固台车		1套	18	氧焊设备		2套
4	翻枕器		1套	19	充电机		1台
5	电力控制柜		1台	20	发电机	75kW	1台
6	硫磺转炉		2台	21	汽车吊	25t	1台
7	慢动卷扬机	3t	1台	22	机车		1台
8	慢动卷扬机	5t	2台	23	滚轮平板车	N_{60}	80辆
9	快动卷扬机	3t	1台	24	车床		1台
10	快动卷扬机	1t	1台	25	刨床		1台
11	散枕台车			26	钻床		1台
12	工作台车	8t	39台	27	台钻		1台
13	电动扳手		2台	28	翻斗汽车		2台
14	起落架		38个	29	小翻斗车	0.5t	2台
15	锯轨机		2台	30	卡车		1台

(3)轨排生产作业线的作业程序和劳动组织

单线往复式组装轨节作业，全部工序分为10个工段，按工序的先后将人员和所需机具固定在相应的台位上。工作台一般可用39辆8t台车组成。在组装时，每完成一个工序后，利用作业线两端设置的电动绞车拉动工作台前移一个台位，再由升降架将轨节托起，工作台退回原位，然后落下升降架，轨节即留在下一工序的工作台上。各工段均以规定的时间来工作，工作台定时前后往返一次，升降架也相应升降一次，直至轨节生产工序全部完成(表7-7)。

轨节生产劳动组织　　表 7-7

序　号	工作项目	人　数	说　明
1	上枕	6	将车上轨枕吊放在作业线上
2	翻枕	3	将轨枕由正翻反
3	整理对位	4	将翻反的轨枕整理好、准备套钢模
4	落模锚固	19	熬浆 7 人、落模插道钉、提浆、灌浆等 12 人
5	脱模翻正	2	检查脱模情况，指挥机械翻枕
6	匀枕散扣件	10	刷绝缘涂料、螺栓涂油各 1 人，搬、散扣件 8 人
7	上枕	16	丈量、拨轨、吊轨各 2 人
8	预上扣件	4	将挡板、铁座、垫片、螺帽用人工预先套上
9	紧固	3	2 人操作 2 台电动扳手，助手 1 人
10	检查、吊装	7	2 人检查轨节质量，5 人吊装轨节
11	指挥、司机	7	指挥 1 人，司机 6 人
12	供应轨料	6	各种轨料供应（除钢轨、轨枕）
总计		77	

作业线的生产速度为每节 10min，轨节作业线两班作业日产 1600m。

(二)轨节运输

经过检查合格的轨节，按照轨节编号次序装车运到铺轨前沿工地，这是机械铺轨的重要环节之一，它直接影响到铺轨进度。

1. 轨节运输方式

目前，我国运输轨节主要有三种方法。

(1)滚轮车从基地直接运送到铺轨前沿工地，利用牵引设备和车上的滚轮直接将轨节拖进铺轨机内；

(2)先用普通平板车将轨节运到轨节换装站（该站一般设在有三股道的车站上，其中一股道为轨节换装线，另一股道为停放车辆和机车的整备线，正线为列车到发线），在站内设置其中能力为 65～100t 的一套换装龙门架，将整车轨节从普通平板车上，倒装到专用滚轮车上，运到铺轨前沿工地；

(3)用普通平板车直接将轨节装运到铺轨前沿，由紧跟在铺轨机后不远的倒装龙门架将轨节倒装到设有滚轮的机动平板车上，并由此车短距离送到铺轨机尾部，拖进铺轨机。

2. 轨节运输机械配备

做好轨节运输工作需要机、车、工、电等各部门密切配合，同时需配置一定数量的机车车辆。

1)机车需要量

一般情况下需要 5 台，其中轨节基地至换装站 2 台，换装站至铺轨前沿需用 3 台。

2)滚轮车需用量

滚轮车一般需要 3 列，其中一列在工地铺轨，一列在途中运输，另一列在换装站倒装。每列可挂 16 辆车，需 48 辆，另外增加 2～4 辆作为备用。

3)普通平板车需用量

由轨节组装基地到换装站所需的平板车数可按有关公式计算并另加备用量确定。

(三)轨节铺设

新建铁路的轨排铺设，大多采用铺轨机进行施工，少数情况下可采用龙门架进行施工。

1. 铺轨机铺设轨排

铺轨机在自己铺设的线路上作业和行走。

1)铺轨机械种类及适用范围

低臂铺轨机系主梁前端支撑在路基上，主梁后端安装在车辆底架端部，龙门小车在主梁上运行，并通过设有吊轨节的起重机吊轨节。此类铺轨机适用于单线拆铺 50kg、60kg 级 25m 长的钢筋混凝土轨节，并可在区间线路曲线半径 $R\geqslant350$m、线间距$\geqslant5.0$m；$R\geqslant400$m、线间距$\geqslant4.5$m；$R\geqslant650$m、线间距$\geqslant4.0$m 时，拆铺复线轨节。

高臂铺轨机系主梁用立柱或桁架安装在整机的高处，轨节依靠装在主梁的起重设备及吊轨小车起吊和运行。此类铺轨机的性能同低臂铺轨机大致相同。随着轨排质量、长度的不断增长，铺轨机的性能也不断提高，由简易铺轨机发展到目前的 PG-28 型、PGX-15 型(东风 I)、PGX-30 型(图 7-3)三种铺轨机，其技术性能见表 7-8。其中 PGX—30 型铺轨机能在单线和复线拆铺 50kg、60kg 级钢筋混凝土轨节；能双向拆铺轨节，适用于站场和逆向支线进行铺轨作业；能悬臂铺设宽枕轨枕节。

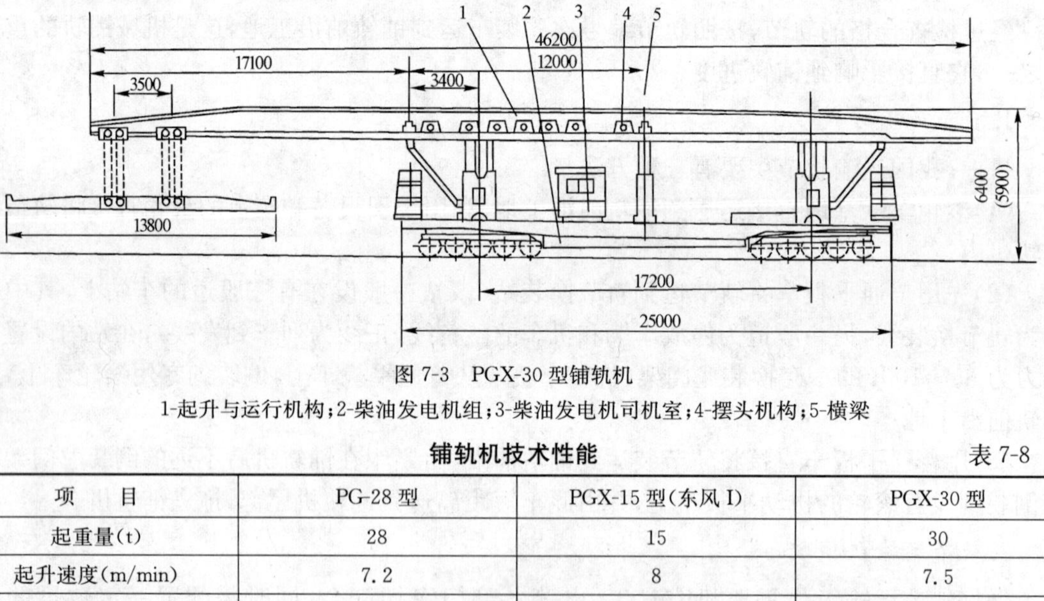

图 7-3 PGX-30 型铺轨机

1-起升与运行机构；2-柴油发电机组；3-柴油发电机司机室；4-摆头机构；5-横梁

铺轨机技术性能 表 7-8

项 目	PG-28 型	PGX-15 型(东风 I)	PGX-30 型
起重量(t)	28	15	30
起升速度(m/min)	7.2	8	7.5
运行速度(m/min)	50	37	45
铺轨最小曲线半径(m)	300	300	300
能否架桥	能	否	能
轴向架轴数(根)	4	4	5
铺轨时最大轴重(kN)	330	313	300
主机自重(kN)	1300	1100	1560
外形尺寸(长×宽×高)(m)	45.8×3.56×6.55	47.3×3.6×5.7	46.5×3.5×6.4
装运轨排层数	7	8	7

2)铺轨程序

无论何种类型的铺轨机，当轨节已经运送到铺轨机的后端时，一般均按一下程序进行铺轨作业。

(1)将轨排推进主机。用铺轨机自身的卷扬设备挂千金绳推进轨排组。

(2)主机行走对位。铺轨机自行走到已铺轨节前端的适当位置(铺轨机前轮接近已铺轨节前端第三根轨枕)，制动对位。需要支腿的铺轨机，在摆头以后立即放下支腿，按要求支承固定。

(3)吊运轨节。利用吊重小车在主机内对好轨节的吊点位置，落下吊钩，挂好轨节，然后吊高轨节至离下面轨节 20cm 处，开始前进至吊臂最前方。

(4)落铺轨节。吊重小车吊轨节走行到位时立即停下，并开始下落轨节至离地面约 30cm 时停住，然后缓缓落下后端，与已铺轨节前端对位，插上轨缝片，上鱼尾板，用撬棍使轨节前端对正线路中线，并立即落铺到路基上。

(5)吊重小车回位。铺好一节轨节后立即摘去挂钩，将扁担升到机内轨节之上，吊重小车退回主机，准备再次起吊。有支腿的铺轨机应立即升起支腿，主机再次前进到位，并重复以上工序。待一组轨节全部铺设完成后，立即翻倒拖船轨，再按以上工序进行铺设。

(6)补上夹板螺栓。为了提高铺轨的速度，铺设轨节时仅上了两个螺栓，在铺轨机的后面还要组织人员将未上够的夹板螺栓补齐、上紧。

高臂和低臂铺轨机作业程序如图 7-4 所示。

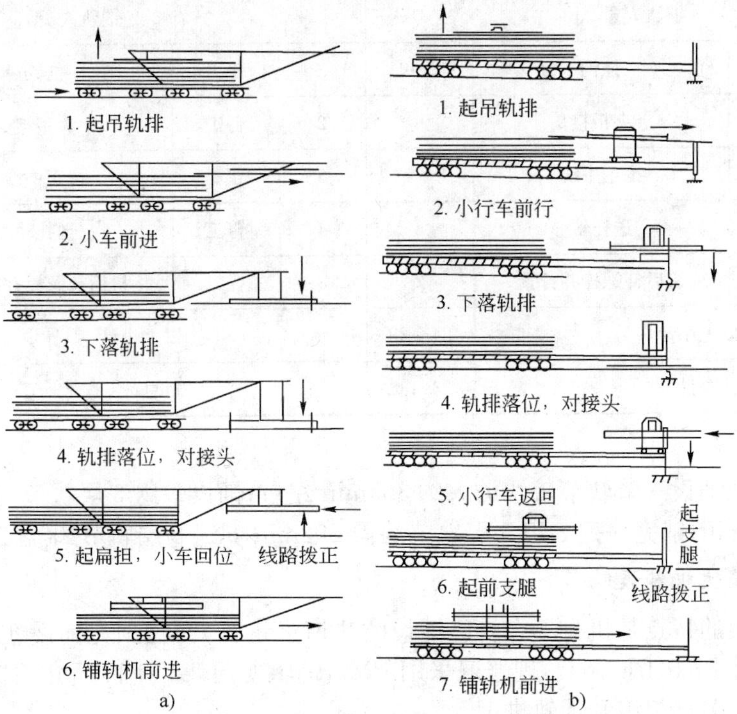

图 7-4　铺轨机作业程序

a)高臂铺轨机作业；b)低臂铺轨机作业

3)劳动组织和铺轨速度

(1)铺轨劳动组织

铺轨劳动组织(不包括供应轨节的人员)，可参见表 7-9。

机械铺轨劳动组织表　表 7-9

序号	工种	主要作业内容	人数	序号	工种	主要作业内容	人数
	高臂铺轨机				低臂铺轨机		
	机组人员				机组人员		
1	领工员	指挥主机铺轨	1	1	领工员	指挥主机铺轨	1
2	司机	司机室操纵司机	1	2	司机	主机牵引走行	1
3	司机	内燃发电司机	1	3	司机	龙门小车运行提升	1
4	司机	操纵拖拉卷扬机	1	4	司机	内燃发电司机	1
5	电工	接线、检修电器设备	2～3	5	司机	前支腿对位	1
6	钳工	机械设备修理	2	6	司机	摆头油缸操纵	1
7	列检	车辆检修	1	7	电工	电器检修	2
				8	钳工	机械检修	2
				9	列检	车辆检修	1
以上小计			9～10	以上小计			11
铺轨人员				铺轨人员			
1	普工	挂钩	2～4	1	普工	挂钩	4
2	普工	上夹板接头	8	2	普工	上夹板接头	10
3	普工	拨正中线	8～10	3	普工	拨正中线	10
4	普工	送托轨	4	4	普工	送托轨	0～4
5	普工	机后补螺栓并拧紧	2	5	普工	机后补螺栓并拧紧	2
以上小计			24～28	以上小计			26～30
总计			33～38	总计			37～41

(2)铺轨速度

周而复始地铺设一节轨节较快的大约 3.5min 左右；铺设一组 6 层轨节约需 29min，铺设 8 层轨节约需 36min；铺完一列 8 组 6 层轨节约需 292min，6 组 8 层轨节约需 276min。

2. 龙门架铺轨机铺设轨节

铺轨龙门架的特点是机身不在自己铺设的轨道上走行，而在预先铺设在线路两侧的轨道上吊重和走行(图 7-5、图 7-6)。现普遍采用 $PM_{b\text{-}4}$ 铺轨龙门架。下面简介该机械的构成、适用范围、铺轨程序、劳动组织和铺轨进度。

1)$PM_{b\text{-}4}$ 型龙门架铺轨机的构成

该机由平车、滚轮、升降设施、走行轨、铺轨龙门架、电缆卷筒、拖拉卷扬机、柴油发电机等组成。

2)适用范围

铺拆 50kg 级钢筋混凝土轨节。复线铺拆轨节在正常情况下间距不得小于 5.0m，在限制条件下不得小于 4.0m；在曲线上作业时，需人工现场拨正。

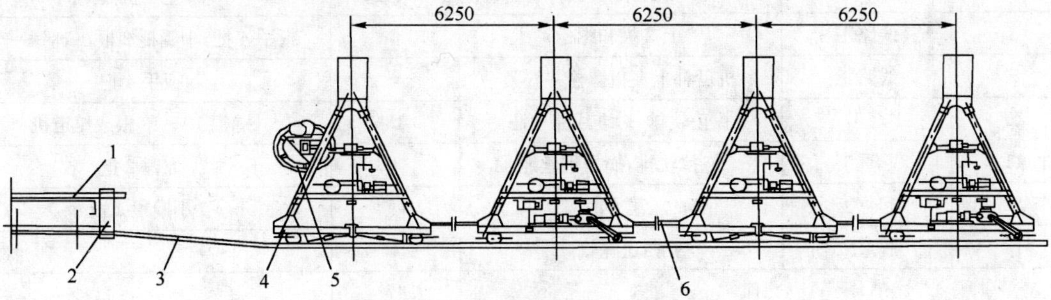

图 7-5　PM_{b-4}型龙门架铺轨机外形图

1-平车；2-升降机构；3-走行轨道；4-铺轨龙门架；5-电缆卷筒；6-连接杆

3）铺轨程序

（1）在轨节组装基地或换装站，对轨排列车进行编组，由机车推送到工地。

（2）设置车下长于 50m（含 50m）的移动走行轨道。铺轨工作开始后，由铺轨列车推移，人工拨正。

（3）放下车上固定走行轨，并与车下移动走行轨连接好。

（4）喂送轨节。开动卷扬机，将轨节从滚轮车上送到最前端或托架车上，供龙门架吊铺。

（5）吊运轨节。四台龙门架同时降落，钩挂轨节，起升至离下面的轨节约 20cm 时停住，开动龙门架在移动走行轨上迅速前进 25m 对位。

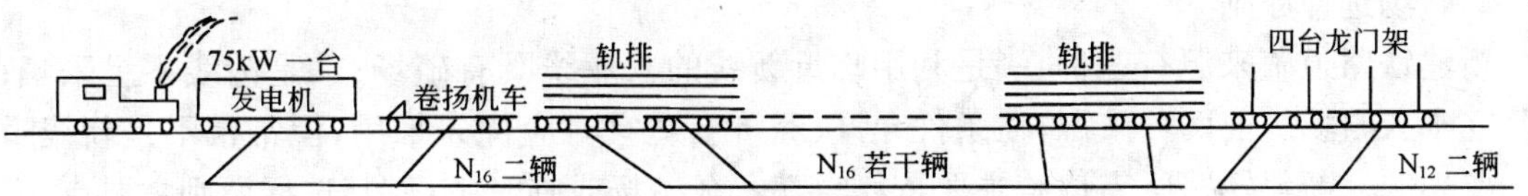

图 7-6　铺轨龙门架铺轨列车编组

（6）落铺轨节。当悬吊的轨节后端与已铺线路的前端将近相齐时，停住龙门架，一齐落下轨节至铺轨面 20～40cm 处，然后先落后端，插入轨缝片，再将整个轨节落下，调整轨缝，安装鱼尾板和螺栓，拨正轨节，龙门架退回固定走行轨上。

4）劳动组织及铺轨进度

按滚轮车装运轨节，4 台龙门架架设，人工拨正龙门架走行轨等条件，一班（8h）作业的生产人员及机具配备见表 7-10。一般情况下，每班平均日进度为 0.8～1.0km。

龙门架铺轨机铺轨劳动组织表　　表 7-10

顺序	工　种	主要作业内容	人数	主要机具
1	领工员	指挥全部工作	1	
2	发电司机	操作柴油发电机组	1	
3	卷扬机司机	操作拖拉轨排电动卷扬机	1	
4	龙门架司机	操作龙门架的其中和运行	4	
5	电工	日常接电和电器维修	1	
6	钳工	日常机械设备维修	2	
7	普工	按线路中桩划出中线	2	划线绳及划钩

续上表

顺序	工　种	主要作业内容	人数	主要机具
8	线路工	上夹板和螺栓	6	扳手4把,小撬棍2根,6磅锤一个
9	线路工	机后补上夹板螺栓并拧紧	4	扳手4把
10	普工	拨正轨排,对准线路中心	13	撬棍10～13根或压道机
11	起重工	拖拉轨排,摘挂钢丝绳	4	大锤2把
12	起重工	挂钩	4	小撬棍4根
13	起重工	回送托轨	4	
合计			47	

(四)上碴整道

铺碴整道是指将道碴垫入轨枕下铺成设计要求的道床断面,并使轨道各部分符合《新建铁路铺轨工程竣工验收技术标准》的要求,主要包括包括道碴采备、道碴运输及上碴整道等作业。铺碴整道的工作量大,要求标准高,因此必须严格按照铺碴整道的有关规定组织施工。

1. 道碴采备

1)用碴数量计算

铺碴整道所需的道碴数量,可根据道床横断面计算,再加运输、卸碴、上碴时的损失和捣固后道床挤紧及沉落等原因,其增加率一般为:碎石道碴11.5%,卵石道碴11%,砂子道碴14%。

2)碴场选择原则

新建铁路道碴来源有三种:一是利用临近新线的营业线既有碴场;二是沿线零星采集;三是建立永久碴场。前两种碴源,在条件允许、经济上适宜时应优先采用,但常常不是新线道碴的主要来源。新建铁路所需道碴主要依靠自建永久碴场或临时碴场,其选择原则主要有:

(1)碴场的选择应考虑开采费用、施工难易程度及运输距离等;

(2)建场前必须采集样品及进行钻探或挖探,试验其质量是否合乎道碴技术条件和其储量是否满足产量的要求;

(3)应考虑防洪、排水、冬季施工及环境保护等因素。

2. 道碴运输

一般底碴的运输多采用汽车等机动车辆进行运输,面碴采用风动卸碴车。图7-7所示K13型风动卸碴车(载重60t,容积$36m^3$),由走行部分、钢结构车体、漏斗装置、启门传动装置以及工作室等组成。

3. 上碴整道

上碴整道是使用配碴整道机械将卸在线路两侧的道碴铺到轨道内,并将轨道逐步整修到设计规定的断面形状,达到稳定程度。铺碴整道到规定的高程,经过列车走压不少于50次后,在交工前应按规定作一次全面的整道作业,使轨道的轨距水平、高低方向等达到规定的技术标准。

1)铺碴技术要求

(1)铺轨前应先铺部分道碴。双层道床最好按底层厚度铺足;单层道床铺设厚度为150～200mm。道碴料源困难时,可在每股钢轨下的位置先铺设两条厚度不小于100mm,宽度不小于800mm的垫碴带。

(2)铺轨后应及时上碴整道。该项工作应跟在铺轨后一至两个区间进行，在不影响铺轨作业的前提下尽量缩短距离。

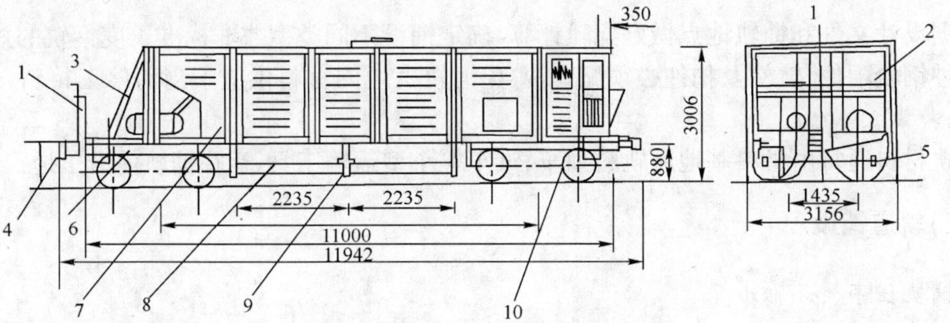

图 7-7　K13 型风动卸碴车(单位：mm)

1-风手制动装置；2-端墙；3-扶梯；4-车钩及缓冲装置；5-转向架；6-底架；7-侧墙；8-启门传动装置；9-漏斗装置；10-工作室

(3)分层铺碴、铺整结合。铺轨后第一次上碴厚度不宜大于 100mm。经整道后的轨道应保障铺轨列车按 30km/h 的速度安全运行。第二次上碴整道后，随着轨道质量的提高，工程列车速度可逐步提高。

2)道碴铺设

上碴整道工作包括上碴、起道、串碴、填枕盒、拨道、捣固、整道及修整排水等单项作业。

机械铺碴整道作业可完全由机械完成。目前铺碴机械主要分单项作业机械和联合作业机械。

单项作业机械指少数人可以搬运、安装、拆卸的小型机具，适用于在列车间隔时间小和比较狭窄的地段上作业。目前使用的有上碴机械(如上碴犁)、匀轨缝机械(如液压轨缝调整器)、起道机械(如矮型齿条式起道机)、拨道机械(如液压起拨道机)、捣固机械(如液压捣固机)、道碴夯实机械(如单、双面夯实机)。

联合作业机械是将几种作业联合在一台机械上进行施工的一中大中型轨行机械。目前使用的有配碴整形机械(如 YZC-1 型、PZC-1 型)、起拨道机械(该机械设有激光准直仪)、道碴捣固机械(该机械有抄平装置)、道床夯实机械。

二 普通轨道人工铺设

人工铺设轨道是指主要依靠人力辅以简易施工机机具，将轨道材料在现场就地钉连轨节，继而上碴整道的施工方法。一般在工程量小的便线、专用线、既有线局部平面改建、站线延长和增加股道的施工中采用。

(一)材料基地

1. 基地位置选择

材料基地的位置应设置在交通便利处。一般应设在新旧线连接的分界点上，靠近车站或码头以便于进料。当铺轨工地往前延伸，运料距离较远时，可考虑设置中间材料基地。

2. 基地布置

基地内应设有配合铺轨材料装车及列车编组的专用铁路线，同时要选好堆料位置，按照规范要求堆放材料。为保证铺轨工作连续进行，应储备10天以上的用料。

(二)铺轨材料的配备和运输

依据设计文件和铺轨地点做好配轨计算，确定铺设不同类型或非标准长度钢轨的规格、数量。各种钢轨配件、轨枕及扣件必须配套，避免铺轨工地因材料供应不当而停工待料，影响铺轨进度。

铺轨材料通常由材料基地用轨料列车、汽车等小型运输工具，运往铺轨前沿工地。

(三)轨道铺设

1.铺轨程序

人工铺轨施工主要按以下施工顺序进行：检配钢轨、挂线散枕、排摆轨枕、混凝土枕硫磺锚固(木枕打印、钻孔、注油)、散布钢轨及构配件、钢轨划印、方正轨枕、安装扣配件、初步整修。

2.铺轨的进度及劳动组织

人工铺轨每班(8h)进度一般为0.8～1.0km。各工种人数组合约为140人左右。编制实施性施工组织设计时，应以施工定额为依据编制施工进度计划。

(四)铺碴整道

完全由人工和手动工具完成铺碴作业称为人工铺碴。通常由起道作业组(8人)、散碴串碴作业组(12人)、整修作业组(6～8人)辅以单项作业机械分工协作完成。

第四节　轨道工程实施性施工组织设计的编制

一　施工组织设计编制程序

(1)熟悉设计文件及指导性施工组织设计；
(2)调查研究铺轨铺碴施工条件；
(3)确定铺轨铺碴施工方案；
(4)安排施工顺序；
(5)确定施工进度计划；
(6)计算劳、材、机等资源需要量；
(7)编制主要材料、机具供应计划；
(8)拟定加快铺轨铺碴进度措施；
(9)拟定保证施工质量及安全措施。

二　合理确定轨道工程施工方案

正确选择轨道工程施工方案对控制整个工程的工期和造价至关重要，因此，首先要正确选择铺轨铺碴施工方案。

(1)确定铺轨方向。铺轨方向应根据轨料供应点的位置确定，铺轨方向可为单向或多向，对一般工期允许多采用单项铺轨。

(2)确定道碴铺设方式。道碴来源决定铺碴方向,对沿线生产的道碴应充分利用,以便于预铺或紧随铺轨进行铺碴工作。

(3)确定先铺轨后铺碴或先铺碴后铺轨方案。

(4)选择人工或机械施工方法并确定各自的施工范围。

三 确定铺架作业时间

铺轨作业时间与工作量、铺轨方法、轨节生产能力、施工水平及日工作班数等有关,同时要考虑铺碴工程的影响及架梁作业、铺架转换作业所占的时间。

铺碴作业时间取决于道碴的生产能力,每昼夜运送能力及铺设方法等因素。

四 轨道工程实施性施工组织设计文件组成及其内容

(一)铺轨工程实施性施工组织设计

1.说明书

(1)工程概况及工期要求;

(2)铺轨、架梁的施工方法;

(3)轨道材料和轨节的运输方法;

(4)铺架施工进度计划;

(5)铺架的组织、组装基地和换装站的组织等;

(6)主要材料、机械设备、运输工具需要量的计算和供应计划的编制;

(7)轨料或轨节列车编组说明。

2.附图

(1)铺轨架梁施工进度图;

(2)铺轨材料基地、轨节组装基地、换装站的平面布置图;

(3)曲线配轨图;

(4)轨梁列车或轨节列车的编组图和运行图。

3.附表

(1)铺轨架梁主要工程数量表;

(2)主要材料和机具需要量及供应计划表;

(3)劳动力需要量及调配计划表;

(4)临时设施数量表。

(二)铺碴工程实施性施工组织设计

(1)确定碴场位置并拟定道碴数量;

(2)确定道碴装、运、卸的机具及其数量;

(3)确定铺碴方式方法;

(4)安排铺碴工程施工期限及进度；

(5)编制施工进度图及有关施工措施。

思考与练习

1. 为什么说铺轨铺碴工程是铁路工程中非常重要的一项基本工程？

2. 铺轨前应做哪些技术性的准备工作？

3. 轨道工程量计算除直线、曲线地段外，还应考虑哪些因素？

4. 轨枕用量计算应考虑哪些因素？

5. 某线××号曲线，圆曲线半径 $R=600\text{m}$，缓和曲线长度 $L_h=100\text{m}$，圆曲线长度 $L_y=118.30\text{m}$，铺设标准轨长度 $L=25\text{m}$。曲线起点至第一根钢轨进入曲线的长度为6.5m。根据已知条件完成曲线缩短轨配轨计算(要求列表计算)。

6. 简述轨节组装基地设置原则、轨节组装的工序。

7. 简述铺轨机械种类及其铺轨作业程序。

8. 简述铺碴整道的技术要求及作业程序。

9. 简述铺轨、铺碴工程实施性施工组织设计文件的编制程序及其内容。

10. 参观附近轨节组装基地，绘制其平面示意图，并列出劳动组织及主要机具配备表。

参考文献

[1] 侯惠茹.铁路工程施工组织设计.北京:中国铁道出版社,2005.
[2] 李明华.铁路及公路工程施工组织与概预算,2006.
[3] 赵君鑫.铁路工程施工组织设计.成都:西南交通大学出版社,2004.
[4] 马敬坤.公路施工组织设计.北京:人民交通出版社,2006.
[5] 余德池.建筑施工与项目管理.西安:陕西科学技术出版社,2002.
[6] 周建国.建筑施工组织.北京:中国电力出版社,2002.
[7] 铁道部.铁建设[2000]95号《铁路工程施工组织调查与设计办法》.北京:中国铁道出版社,2000.